Uwe Kräuter · Reisen ins Unbekannte

Uwe Kräuter

Reisen ins Unbekannte

Besuch bei den Menschen in Nordkorea

neues leben

Neues Leben – eine Marke der
Eulenspiegel Verlagsgruppe Buchverlage

ISBN 978-3-355-01918-7

1. Auflage
© 2023 Eulenspiegel Verlagsgruppe Buchverlage GmbH, Berlin
Bildrechte liegen beim Autor

Umschlag: Buchgut, Berlin
Druck und Bindung: buchdruckerei.de

Die Bücher des Verlags Neues Leben erscheinen
in der Eulenspiegel Verlagsgruppe.

www.eulenspiegel.com

Inhaltsverzeichnis

Vorwort

Drei Monate nach dem offiziellen Ende des Zweiten Weltkriegs brachte mich meine großartige Mutter auf die Welt. Meinem Vater bin ich nie begegnet, er kam aus dem Krieg in Russland nicht zurück. Ich fing frühzeitig an zu begreifen: Krieg ist Teil unseres Lebens. 1950 begann der Koreakrieg. Täglich hörte ich aus dem zu Hause eingeschalteten Rundfunkgerät: »Korea ... Korea ... Krieg ... Krieg ...« Der Krieg dort dauerte bis 1953, als ein Waffenstillstand durchgesetzt werden konnte. Es gibt bis heute keinen Friedensvertrag.

Mein Gesprächspartner Om Son Guk erklärte mir bei einem Treffen in Nordkoreas Hauptstadt Pjöngjang: »Die Wahrheit ist, um 1950 lebten in Pjöngjang 400.000 Menschen. Die Wahrheit ist außerdem: Es wurden über 420.000 Bomben auf Pjöngjang geworfen! Das heißt: Sogar die ungeborenen Babys wurden mit Bomben bedacht!«

Schon als sehr junger Mensch fing ich an, mich für die Welt und die Menschen in fernen Ländern zu interessieren, las Bücher über Afrika, Asien, Lateinamerika, hasste Kolonialismus und Rassismus. Ich schätzte den Romanautor Henry Miller für seine in damaliger Zeit rebellische Haltung: »Als Revolutionäre und Künstler bezeichne ich Menschen, die den Mut aufbringen, sich in fremde Länder und Kulturen zu begeben, und diese miteinander verbinden, um eine neue Welt zu schaffen!«

Etwa von der Gymnasialzeit an lebte ich in Heidelberg und studierte dann an der Universität Soziologie, Ethnologie, Psychologie. Heidelberg ist bis heute meine Basis, jedenfalls wenn ich plane oder die Gelegenheit habe, Deutschland zu besuchen. Denn ich lebe seit 1974 in Peking, China.

Wie kam es dazu, dass ich in China lebe? Und wie gelang mir von einem bestimmten Zeitpunkt an immer wieder der Sprung in das Nachbarland Nordkorea?

Es war die Zeit der Demonstrationen gegen Amerikas jahrelangen Krieg in Vietnam, in dem Millionen Vietnamesen getötet wurden. Dann, im Jahr 1970, erschien auf einmal der ehemalige US-Kriegsminister Robert McNamara in Heidelberg, um einer internationalen Konferenz vorzusitzen. Das wollte die Masse der Heidelberger Studenten, alle um das Weltkriegsende geboren, nicht hinnehmen. Es kam zu großen Demonstrationen. Ich war mit in der ersten Reihe, und wir alle aus der ersten Reihe trafen uns später wieder in derselben Reihe, als Angeklagte vor Gericht. Während des langandauernden Prozesses erhielt ich plötzlich eine Einladung von einem »Verlag für fremdsprachige Literatur« in Peking zur Mitarbeit als Berater, Lektor, Übersetzer, für zwei Jahre. Ich nahm die Einladung an und flog im Juli 1974 nach China. Ein knappes Jahr später, Mitte 1975, traf aus Deutschland die Aufforderung ein, ich solle zurückkehren und wie die anderen aus der vordersten Reihe der Demonstration eine Gefängnisstrafe antreten. Aber für mich war es so eindeutig wie für meine Anwälte: Ich hatte keine strafbare Handlung begangen. Ich entschied mich, in China zu bleiben. Die chinesischen Verantwortlichen drückten Sympathie aus und akzeptierten. Die Strafe verjährte im Jahr 1980, und ich konnte mich für meine damals neben der Verlagstätigkeit entwickelten vielseitigen kulturellen Aktivitäten wieder frei bewegen, brachte zum Beispiel im selben Jahr das Drama »Das Teehaus« mit dem Ensemble des Pekinger Volkskunsttheaters nach Europa. Ich empfand mein Leben in Asien insgesamt als überaus spannend, in all der Vielfalt wahrhaft bereichernd, lernte von dem permanenten Vergleichen zwischen Ost und West, den Entwicklungen hier und dort.

Im Jahr 2002 erklärte George W. Bush, Präsident der Vereinigten Staaten von Amerika, Nordkorea sei zusammen mit dem Irak und dem Iran Teil einer »Achse des Bösen«. Im Jahr darauf überzog er den Irak mit einem Krieg, dessen Begründung auf Erfindungen und Lügen basierte. Die Welt fragte sich: Welche weiteren Kriege würden folgen?

So war das Umfeld, als ein Freund und ehemaliger Studienkollege mir eine Mail schrieb und fragte, ob ich interessiert sei, Nordkorea zu besuchen und an einer Konferenz zu Fragen der Wiedervereinigung Koreas teilzunehmen. Ich überlegte nicht lange: Ich war interessiert. Also reiste ich 2005 erstmals und überaus gespannt in das vom Westen als geheimnisvoll und gefährlich beurteilte Land – das mich seither nicht loslässt.

Uwe Kräuter
Peking / Heidelberg

Einführung

Annäherung an ein unbekanntes Land

Nordkorea schien mir viele Jahre lang sehr fern, geographisch wie auch im Verständnis, irgendwie außerhalb, als dass ich mich mit dem Land hätte näher auseinandersetzen wollen.

Seit 2006 besuche ich das Land regelmäßig, unter anderem im Rahmen des »Pyongyang International Film Festival«, das alle zwei Jahre und mit wechselnder internationaler Jury stattfindet. Welche Eindrücke und Erlebnisse brachten mir das Festival und meine ersten Besuche in dem mir unbekannten Land? Was weckte mein Interesse? Folgend ein paar Beispiele und Beobachtungen.

Die angereisten Gäste des Festivals wohnten im Yanggakdo International Hotel auf der Insel Yanggak im Zentrum von Pjöngjang, unweit vom Hauptbahnhof und über eine Brücke erreichbar. Das Hotel ist 47 Stockwerke hoch, mit einem Drehrestaurant ganz oben, und wurde 1995 von einem französischen Bauunternehmen errichtet. In unmittelbarer Nähe des Hotels befindet sich die International Cinema Hall, die für einen Teil der Filmvorführungen des Festivals genutzt wird. Hin und wieder sah ich, wie Gruppen von Menschen, wenn Eintrittskarten ausverkauft waren, den Haupteingang zu stürmen suchten. Tatsächlich werden die Filme aber noch in mehr als zehn weiteren Kinos der Stadt gezeigt.

Das Hotel verfügt im Erdgeschoss über eine weitläufige Bar, die ihr eigenes vorzügliches Bier produziert und auch übliche internationale Getränke anbietet. Des weiteren gibt es mehrere Restaurants mit koreanischer, chinesischer und japanischer

11

Küche, auch einen Massage-Club, ein Hallenbad, eine Bowlingbahn, einen Raum für Billard, überdies einen größeren Buchladen, der vor allem aus dem Koreanischen übersetzte Literatur insbesondere in Englisch, aber auch in Deutsch und Japanisch anbietet.

Die ausländischen Festivalteilnehmer wurden neben den Filmveranstaltungen auch zu kurzen Reisen ins Land eingeladen, etwa nach Panmunjom an der Grenze zu Südkorea entlang dem 38. Breitengrad, auch zu Besuchen bestimmter Einrichtungen in und um Pjöngjang, etwa der Pjöngjang Filmstudios. Ebenso besuchte man Schulen, Sportanlagen, landwirtschaftliche Kooperativen, Fabriken, den Zoologischen Garten der Hauptstadt oder verschiedene Vergnügungsparks, wo wir auf der Rasenfläche an lustigen Wettkämpfen unter uns Festivalbesuchern teilnahmen. Ein besonderes Ereignis in manchem Jahr war die Einladung in das Stadion *Erster Mai* zu dem berühmten und, wenn man es gesehen hat, unvergesslichen Massenfestival Arirang mit tausenden teilnehmenden Kunstturnern. Ursprünglich ist »Arirang« der Titel des beliebtesten Volkslieds der Koreaner, das dem Süden wie dem Norden als Hymne gilt und von der UNESCO in der Liste der Meisterwerke des mündlichen und immateriellen Erbes der Menschheit aufgeführt wird.

Immer wieder gab es neben den Filmvorführungen Überraschungen, etwa ein unerwartetes Zusammentreffen im kleinen Kreis mit der Schauspielerin Hong Yong Hee, dem Star aus Nordkoreas bis heute auch international hochgeschätzten Film »Das Blumenmädchen« von 1972 über das Leben der Koreaner unter der japanischen Besatzung in den 1930er Jahren.

Jeder internationale Teilnehmer des Pjöngjang Filmfests kriegt vom Tag seiner Ankunft an einen Dolmetscher oder eine Dolmetscherin von ausgezeichnetem Fremdsprachenniveau zur Seite gestellt. Sich auf eigene Faust, ohne lokale Begleitung in der Stadt umzusehen, wurde nicht gern gesehen und zuweilen auch nicht akzeptiert. Bei solcher Nachricht erschrak erst einmal so mancher Besucher, abgesehen davon, dass die meisten von ihnen wirklich nicht die koreanische Sprache beherrschten und sich mindestens würden verlaufen können. Aber für die paar Tage konnte man mit solcher Regel ohne viel Aufhebens umgehen und vielleicht sogar Verständnis aufbringen.

Die längerfristig in Nordkorea wohnenden Ausländer, etwa Diplomaten oder Mitglieder internationaler Organisationen, konnten sich allerdings unbegleitet bewegen, auch mit dem Auto. Da gab es für mich manche Überraschungen. So holte mich der 2005-2007 akkreditierte deutsche Botschafter in Pjöngjang, Friedrich Ludwig Löhr, mit dem ich seit seiner Zeit als Gesandter und Ständiger Vertreter des deutschen Botschafters in Peking bekannt war, eines Tages mit seinem Auto vom Hotel ab, zeigte mir bei einer Rundfahrt die Stadt, und in einer Konditorei gleich neben dem bekannten Hotel Koryo mit den Zwillingstürmen hatten wir bei Kaffee und geradezu perfekten Tortenstücken eine spannende Unterhaltung.

Eine weitere unvergessliche Begegnung im gleichen Jahr 2006: Zwei Schritte vor mir, am Eingang der International Cinema Hall auf der Insel Yanggak, erkannte ich plötzlich zu meiner Freude Dieter Kosslick! Die Überraschung des Wiedersehens an diesem Ort war beidseitig. Ich hatte Kosslick Jahre zuvor in Düsseldorf besucht, als er Geschäftsführer der Filmstiftung Nordrhein-Westfalen war. Seit 2001 war er Direktor der Berlinale. Bei dem nun von der Leitung des Pjöngjang Festivals für ihn organisierten und etwas anstrengenden Bankett traf er genau den angemessenen lebhaften und verbindenden Ton.

Nordkorea war und ist das in vieler Hinsicht unbekannte Land, zu dem wir normalerweise kaum oder keinen Zugang finden und das nach unserem Gefühl seine Geheimnisse bewahrt. Ich konnte jedoch bei meinen Besuchen Menschen jeglicher Herkunft und Profession kennenlernen: Hochschullehrer, Politiker, Bibliotheksangestellte, Geschäftsleute, Barkeeper,

Sozialwissenschaftler oder einfach interessante Jugendliche, die, ein Buch lesend, auf dem Bürgersteig gingen und die ich dann über die mich begleitende Dolmetscherin ungeniert fragte, welches Buch denn da gerade studiert wurde. Oder auch Menschen von Mitte zwanzig, die als Kleinkinder mit den Eltern nach Europa gekommen waren, da die Eltern dort arbeiteten, in Frankreich, Österreich, Spanien. Kinder, die erst jetzt, wegen der Rückkehr der Eltern in die Heimat, tatsächlich begannen, bewusst in Nordkorea zu leben und die also harte Widersprüche, Unsicherheiten und Fragen zwischen den Welten in sich tragen … Fragen, die sie ihrer aktuellen Umgebung, wie sie mir offenbarten, kaum angemessen stellen können.

Mit den Jahren entwickelten sich immer neue Kontakte. Ich lernte – und genau das war mein Wunsch – viele Menschen kennen, darunter viele Filmkünstler, aber auch Menschen aus anderen Bereichen. Irgendwann wurde ich auf ein Komitee aufmerksam, das für kulturelle Beziehungen mit dem Ausland zuständig war, und es war dieses Komitee, das für ein von mir schon länger geplantes Buchprojekt die Wege bahnte, Unterstützung einholte, Personen und Organisationen kontaktierte.

Als ausländischer Besucher weiß ich für gewöhnlich nichts oder kaum etwas über den Nordkoreaner und sein Land, und umgekehrt, auch er weiß für gewöhnlich nichts oder kaum etwas über mich und mein Land. Entsprechend gingen wir, wenn wir ein gemeinsames Projekt überlegten oder bereits konkret vorhatten, in der Kommunikation mit großem Interesse und ganz normal aufeinander zu und stellten die Fragen, die wir stellen wollten. Das kann in Verlauf und Ergebnis insgesamt sehr spannend sein. Ich war bei manchen Themen, auch sehr persönlichen Fragen, nicht selten überrascht über die Offenheit, mit der man mir begegnete. Selbstverständlich ist in solcher Kommunikation ein allgemeines Maß an Sensibilität erforderlich, ein Gefühl für Situation und Umfeld des anderen, und zwar von beiden Seiten.

Von gegenseitigem Respekt und Offenheit war auch der Umgang mit Vertretern des Komitees für kulturelle Beziehungen mit dem Ausland geprägt, die mich bei meinem Buchprojekt unterstützten. Über die Themen und Vorhaben für das Buch hatten wir keine prinzipiellen Verständigungsprobleme, jedenfalls nicht in den Formulierungen. Es war stets klar, beide Seiten müssen hinsichtlich ihrer jeweiligen Haltung und ihrer Wünsche bestrebt sein, den anderen, die Situation des anderen, die ganze Vielfalt von Ansichten und Auffassungen nachzuvollziehen und zu begreifen.

Meine Partner kannten die Fragen, Beurteilungen, Angriffe wie auch die feindlichen Haltungen und vielschichtigen Unsicherheiten im Westen bezüglich Nordkorea. Vor eben diesem Hintergrund erklärten sie, dass sie meine Beweggründe verstanden und akzeptierten, und im Verlauf unserer Kommunikation – diese später dann fortgesetzt über Mail und Telefon – ihre Bereitschaft, auch konkrete Gespräche, Begegnungen, Besuche vorzubereiten. Das soll hier betont werden, auch um zu zeigen, dass die allgemeine wie ablehnende Haltung im Westen, Nordkorea betreffend, in der Bevölkerung des Landes und bei den Menschen, mit denen ich mich austauschen konnte, nicht unbekannt ist und sie dennoch bei aller Vorsicht und Kompliziertheit einen nach nordkoreanischem Verständnis normalen Kontakt mit dem Westen erhoffen.

Zur Durchführung des Programms besuchte ich das Land drei Mal, bei einer gesamten Aufenthaltsdauer von über zwei Monaten. Im Verlauf kam es zu einigen Programm-Verschiebungen, manchmal mit, manchmal ohne Erklärung. Denn das Komitee entschied selbstverständlich nicht allein, und verschiedentlich gab es eben auch Absagen. So hatte ich gefragt, ob ich ein Gefängnis oder ein Arbeitslager würde besuchen können. Man sagte darauf: »Sicher, kein Problem.« Doch nach zwei Tagen wurde mir erklärt, solche Besuche seien nach den Bestimmungen nicht möglich, da meine Arbeit in meinem Land nicht in einer entsprechenden offiziellen Verbindung stehe. Nun, ich war nicht wirklich überrascht. Solche Ablehnung war wohl zu erwarten gewesen. Ebenso – ganz anderes Thema – kam ein Treffen mit der höchst erfolgreichen Band junger Frauen »Moranbong« leider nicht zustande. Die Shows dieser Band, die ich mehrfach im Fernsehprogramm gesehen hatte, sind faszinierend, der Rhythmus, die ganze äußerliche Aufmachung glamourös, wobei die Liedtexte, erfuhr ich, stark politisch gehalten sind. Nun, man suchte mich mit der Möglichkeit eines Termins zu einem späteren Zeitpunkt zu beruhigen. Abgesagt wurde etwa auch, ohne dass man mir einen Grund nannte, ein Interview mit Spielerinnen der nordkoreanischen Damen-Fußball-Nationalmannschaft, die als eine der stärksten Mannschaften in Asien gilt und dreimal Asienmeister wurde.

Ein anderer Fall: Ich hatte gefragt, ob ich ein Bergwerk besuchen könnte. Man stimmte zu, man bot an, mich zu einem der bekanntesten großen Kohlebergwerke des Landes zu bringen. Doch dorthin zu gelangen, per Zug und dann per Jeep in die Berge, war zeitlich aufwendig, daher nahm ich am Ende davon mit Bedauern Abstand, denn dies hätte bereits geplante andere Programmvorhaben zu sehr in Mitleidenschaft gezogen.

Folgt man unseren Medien, erscheint Nordkorea als ein angstverbreitendes Land. Folgt man der offiziellen Politik der westlichen Länder, herrscht in dem Land, allemal seit der Stellungnahme von George W. Bush vom 29. Januar 2002 in seiner Rede zur Lage der Nation, »das Böse«, bezeichnete er doch Nordkorea zusammen mit Irak und Iran als »Achse des Bösen«. Bald darauf überzogen die USA den Irak mit einem furchtbaren Krieg, basierend auf der erfundenen Behauptung, im Irak würden »Massenvernichtungswaffen« produziert. Dieser Krieg mobilisierte Nordkorea, eigentlich voraussehbar, entschieden zu militärischer, besonders nuklearer Aufrüstung. Klar, der Präsident einer Supermacht, der versucht, sich selbst als den zu propagieren, der in der Welt im Gegensatz zum Bösen das Gute repräsentiert, wirkt, abgesehen davon, dass so jemand fähig ist, ungemein gefährliche Entscheidungen zu fällen, unsagbar lächerlich. Es war genau die furchtbare wie weltpolitisch bedrohliche Stellungnahme von Bush im Jahr 2002, die damals mein besonderes Interesse an Nordkorea wachrief und mich die Einladung nach Pjöngjang annehmen ließ.

Ich will mich jedoch auf den folgenden Seiten weniger darüber auslassen, wer in Geschichte und Gegenwart mehr für »das Böse« und wer mehr für »das Gute« eintritt. Meine Absicht ist recht einfach. Da im Ausland nur wenig über das tatsächliche Leben der Menschen in Nordkorea bekannt ist, soll wesentlich an Beispielen von persönlichen Begegnungen gezeigt werden, wie Menschen aus verschiedensten Bereichen der nordkoreanischen Gesellschaft, die ich treffen konnte, aktuell ihr Leben und ihre Umwelt reflektieren, wie sie arbeiten und wohnen und überhaupt ihre persönliche Rolle sehen. Die Menschen stehen in den folgenden Kapiteln im Vordergrund. Und dies – so die unbedingte Absicht – eben nicht, wie vielfach üblich, als ein von einem fremden Besucher oder Beobachter *beur*teiltes oder auch *ver*urteiltes Wesen, sondern sich selbst, persönlich erklärend, im Spiel von Frage und Antwort, aus seinem täglichen Umfeld, aus der uns zumeist völlig unbekannten Normalität seines täglichen Lebens heraus.

In asiatischen Ländern ist in der Kommunikation bekanntlich weniger Direktheit üblich, als man es im Westen gewohnt ist. Verlangt ist eine gewisse Zurückhaltung, besonders in der Zeit des gegenseitigen Kennenlernens. Dies trifft aufgrund der einmaligen historischen Entwicklungen von Kolonialismus und Krieg sowie Jahrzehnten internationaler Isolation und gegenwärtiger rigider Sanktionen verstärkt auf Nordkorea zu.

Sicher, man kann, so meine Erfahrung, als ausländischer Besucher vieles oder auch (fast) alles sagen oder fragen. Doch es dreht sich darum, wie, auf welche Weise das geschieht. Wenn man da nicht »mitspielt« oder unfähig zur Anpassung ist, kann es passieren, dass man als »kulturlos« betrachtet wird, als arrogant, aggressiv oder, ernster noch, als riskant, und die Kommunikation wird kaum weit führen. Mein Vorteil war, dass ich seit vielen Jahren in China lebe und also einiges an Verständnis für diese Art kultureller Unterschiede zwischen West und Ost aufbringe. Solche Unterschiede sind in jedem Fall spürbar und also besonders zu berücksichtigen bei offiziellen Gesprächen oder Interviews. Weit weniger trifft es auf den Austausch mit persönlichen Freunden zu. Auch dazu finden sich im Buch Beispiele.

Bei meinen Begegnungen und Besuchen wurde ich begleitet von meiner Dolmetscherin (für Englisch) Hong Ja Yong sowie einem verantwortlichen Leiter des Komitees.
In westlichen Medien ist gewöhnlich von »Aufpassern« die Rede. Nun, wer will, kann gern solche Bezeichnung verwenden. Ich wurde bei meinen vielen Besuchen in Nordkorea insgesamt von zahlreichen solcher »Aufpasser« begleitet – männlichen wie weiblichen, im Schnitt etwa 25 bis 35 Jahre alt, gewöhnlich zuständig fürs Dolmetschen – und kann sagen, ich stellte ihnen beim Zusammensein, bei gemeinsamen Fahrten und Spaziergängen viele Fragen, wie auch umgekehrt sie mir das Ausland betreffende interessierte Fragen stellten, und hatte dabei immer wieder auch lebhafte, mich berührende persönliche Gespräche. Wichtig ist zu verstehen oder zu wissen, wie miteinander oder mit Situationen in einem nach westlichem Verständnis exotischen, merkwürdigen und gefährlichen Land umzugehen ist. Das Land hat seit dem Krieg, an dem mehrere Länder unter dem Titel der Vereinten Nationen als Gegner Nordkoreas beteiligt waren, keinen Friedensvertrag und ist seit Generationen international isoliert. Entsprechend ist für einen ausländischen Besucher die persönliche Unterhaltung mit den Menschen dort fraglos ein Ereignis oder kann dies zumindest

sein. Das gilt umgekehrt ebenso für den nordkoreanischen Gesprächspartner. Eine Von-oben-herab-Haltung des Ausländers, die davon ausgeht, anderswo habe man maßgeblich »von uns« zu lernen, unsere Sichtweisen zu übernehmen, sich an unsere Bestimmungen zu halten, wird kaum zu sinnvoller Kommunikation führen. Entscheidend ist, Fragen zu stellen und vor allem den Menschen als Menschen zu sehen.

Bei meinen letzten Besuchen in Pjöngjang hatte ich überdies keinen Anlass, mich durch offizielle Begleitung in meinen Bewegungen eingeschränkt zu fühlen. Wenn ich etwa den Wunsch hatte, mich allein in der Stadt, in den Straßen, Kaufhäusern und Parks umzutun oder ins Café zu gehen, war das unproblematisch. In dieser Hinsicht stellte ich tatsächlich eine Entwicklung fest.

Die Dolmetscherin Hong Ja Yong, mit der ich mich sehr gut verstand, erzählte mir während meiner Aufenthalte viel über die Menschen, über das Land, über vorherrschende Ansichten in der Gesellschaft, über sich selbst, ihr persönliches Leben und ihre Eindrücke von unseren Begegnungen mit Interview- und Gesprächspartnern im Rahmen meines Programms. Wenn zwischendurch ein paar Stunden Zeit waren, gingen sie und ich auch mal zusammen spazieren, ließen uns irgendwo nieder, ich stellte hundert Fragen, und ebenso stellte sie Fragen, sie, die bis dahin auch schon einige ferne Länder besucht hatte.

Hong Ja Yong hatte, wie alle jungen Menschen, die ich in den letzten Jahren in dem Land kennenlernte, ein Mobiltelefon. Das war völlig normal. Landesweit gibt es Millionen Mobiltelefon-Nutzer. Manchmal verglichen Hong Ja Yong und ich etwa die Fotos, die sie und ich hier und da geschossen hatten. Nur ihre Mobilnummer über meine ausländische Mobilnummer anzurufen war technisch leider (noch) nicht möglich.

Der Ansprechpartner für das Buchprojekt, Ri Yong Min, war bemüht, mich hinsichtlich meiner Kontakt- wie Besuchswünsche zufriedenzustellen. Zum Abendessen saßen wir alle häufig zusammen, waren wir doch als eigene kleine Delegation in Pjöngjang wie auch bei Besuchen in anderen Städten im gleichen Hotel untergebracht. Häufig saß unser Fahrer mit am Tisch. Er beherrschte ein wenig Englisch und hatte eine Zeitlang in Hauptstädten anderer Länder koreanische Diplomaten chauffiert.

In Pjöngjang benutzten wir manchmal auch die U-Bahn, dieses vor über vierzig Jahren geschaffene, äußerlich enorm gepflegte und mit seinen Mosaiken und Wandmalereien und den architektonisch unterschiedlich gestalteten Bahnhöfen und Korridoren alle Besucher in Bann ziehende *künstlerische Meisterwerk*. Es ähnele, so hieß es schon, »einer unterirdischen Kathedrale mit riesigen Propagandabildern«, was mich häufig veranlasste, zur Kamera zu greifen. Es handelt sich übrigens um das tiefstliegende U-Bahn-System der Welt. Warum so tief? Um in drohenden schweren Kriegszeiten als umfassender Bunker zu dienen. Einige der U-Bahn-Waggons, in die wir hier einsteigen, stammen ursprünglich aus Berlin und waren dort vor vielen Jahren ausgemustert worden.

Abends speisten wir manchmal im Hotel, besuchten aber auch häufig eines der vielen ausgezeichneten und angenehm gestalteten Restaurants. Hier konnte ich als Ausländer, übrigens ebenso im Taxi und anderswo, immer auch in Euro oder chinesischer Währung zahlen. Manche der Restaurants erscheinen einem Westler in Ausstattung und Beleuchtung fast wie Bars. Wie ich erfuhr, sind sie vielfach privat geführt. Bei gut und reichlich Essen tauschten wir uns über die Erlebnisse des Tages aus, über die aktuelle Politik in der Welt, über Nordkorea gestern und heute, über Eltern und Kinder, über Männer und Frauen, über Pläne und Erinnerungen. Ja, auch über die aktuelle Politik in der Welt sprachen wir viel. In meinem Hotelzimmer sah ich immerhin doch die Deutsche Welle, BBC, Al Jazeera oder die internationale Ausgabe des japanischen Fernsehens, auch Programme verschiedener chinesischer TV-Stationen, und wir verglichen dann die Neuigkeiten mit den täglichen internationalen Nachrichten und Berichten, die die koreanischen Partner in ihren Programmen gesehen hatten, über die Lage in Afghanistan, im Jemen, in Pakistan, über Stellungnahmen zu diesem und jenem aus den USA, auch aus Deutschland, Frankreich, natürlich über Reaktionen im Ausland auf Nordkoreas Raketentests, von denen eininge gerade an Tagen meiner Aufenthalte stattfanden. Oder sie sprachen über den russischen Actionfilm vom Vorabend.

Eine bemerkenswerte Szene mit der Dolmetscherin Hong Ja Yong erlebte ich am 3. September 2017 (einem für die Nordkoreaner bis heute wichtigen Datum, wurden doch in Teilen der Welt Erdstöße gleich einem Beben von der Stärke 6,3 gemessen, und hatte der damalige US-Präsident gerade im August wieder schwere verbale Angriffe gegen Nordkorea von sich gegeben). Sie kam im Korridor des Hotels wahrhaft freudestrahlend und in schnellen Schritten auf mich zu und *rief* regelrecht die Nachricht heraus: Nordkoreas Test einer H-Bombe sei diesmal um ein Vielfaches stärker als bei früheren Detonationen dieser Art gewesen und höchst erfolgreich verlaufen!

Warum solche Freude? Es ist die Hoffnung der Menschen auf Sicherheit …

Panmunjom in der demilitarisierten Zone – 130 Kilometer südlich von Pjöngjang auf gerader Straße zu erreichen und acht Kilometer südöstlich von der malerischen Stadt Kaesong gelegen – ist der einzige Verbindungsort zwischen Nord- und Südkorea. Die demilitarisierte Zone hat eine durchgehende Breite von vier Kilometern, zwei Streifen von je zwei Kilometern Breite, parallel auf der nördlichen wie auf der südlichen Seite der Grenze. Die Erstellung dieser Zone verlangte laut nordkoreanischer Dokumentierung die komplette Beseitigung von 514 Dörfern. »Keiner Person, weder militärisch noch zivil, ist erlaubt, die Militärische Demarkationslinie zu überqueren«, heißt es in Paragraph 7, Artikel 1 des »Koreanischen Waffenstillstandsabkommens«. Dieses wurde am 27. Juli 1953 in Panmunjom von China, Nordkorea und den Vereinten Nationen – letztere repräsentiert von den USA – unterzeichnet, nachdem, so konservative westliche Schätzungen, über 4,6 Millionen Koreaner ums Leben gekommen waren, einschließlich drei Millionen nordkoreanische Zivilisten und 500.000 Zivilisten im Süden. Laut offiziellen chinesischen Angaben im Oktober 2020 zum »70. Jahrestag des Eintritts der Chinesischen Volksfreiwilligenarmee in den Krieg zur Unterstützung der Demokratischen Volksrepublik Korea in dem Widerstand gegen die US-Aggression« ließen 197.000 chinesische Kämpfer ihr Leben. Es starben über 33.000 amerikanische Soldaten und 5000 Soldaten anderer Nationalitäten. Im Norden wie im Süden wurden Hunderttausende zu Waisen und Witwen. Millionen Menschen hatten keine Wohnung mehr. Und weitere Millionen sind es, die durch die Schaffung der Grenze zwischen dem Norden und dem Süden für immer von Mitgliedern ihrer Familien getrennt wurden.

Wir besuchten die Stadt Kaesong unweit von Panmunjom, die von riesigen Ginseng-Feldern umgeben ist, wo Koreas anerkannt bester Insam (Ginseng) produziert wird. Kaesong ist, mit zahlreichen um tausend Jahre alten Bauwerken wie Pavillons, Tempeln, Brücken, Toren, Hallen sowie der zum Weltkulturerbe erklärten Ausbildungsstätte Koryo Songgyungwan, die höchst beeindruckende alte Hauptstadt aus der Zeit der Koryo-Dynastie (918–1392). Deutschland hat für die Erhaltung bestimmter lokaler Kulturdenkmäler dort sehr geschätzte Unterstützung geleistet. Die Bezeichnung Koryo ist der Ursprung für den Namen Korea und wurde eingebracht in Nordkoreas Vorschlag für die Schaffung einer gemeinsamen »Föderation Koryo« des Nordens mit dem Süden.

*Am Originaltisch der Waffenstillstandsverhandlungen von
1953 in der demilitarisierten Zone zwischen Nord- und
Südkorea in Panmunjom*

Wir wohnten in der an einem breiten Bach gelegenen traditionellen, unvergleichlichen Hotelanlage Minsok Ryogwan mit ihren separaten Häuschen und romantischen Innenhöfen. Wie kommt es, dass in Kaesong so viele für unsere Augen außergewöhnliche historische Bauten, Anlagen, Einrichtungen erhalten geblieben sind, obwohl der Norden im Krieg doch flächenmäßig zerstört worden ist? Der Grund ist wohl, dass die langanhaltenden Waffenstillstandsverhandlungen in Panmunjom in unmittelbarer Nähe nicht in Mitleidenschaft gezogen werden sollten.

Der japanische Journalist Ishikawa Sho erzählt dazu eine treffliche, vielleicht etwas naive Anekdote: Die Bodenqualität, wisse man aus alter Zeit, sei für die spätere Wirksamkeit traditioneller koreanischer Medizin, besonders von Ginseng-Insam, ausschlaggebend. Entscheidend ist, wo angepflanzt wird. Und das Gebiet um Kaesong gilt in dieser Hinsicht immer schon als herausragend. Ishikawa Sho besuchte die Militärische Demarkationslinie vom Norden her. Sein lokaler Begleiter erklärte ihm: »Insam braucht fünf oder sechs Jahre natürlichen Wachstums, um medizinisch nützlich zu sein. Südkorea behauptet bekanntlich, dass wir nach Süden vordringen wollen. Aber wenn wir wirklich Krieg führen wollen, warum sollten wir solch langsam wachsende Pflanze gerade hier in dieser Gegend anbauen? Die Behauptung, wir wollten nach Süden marschieren, ist absurd!«

Keineswegs naiv ist es, auf konkrete historische Hintergründe hinzuweisen. In der Zeit der Waffenstillstandsverhandlungen galt der amerikanischen Seite die Einbeziehung von Kaesong in den Südteil des Landes als »ein Muss für die Verteidigung von Seoul«. Schließlich sei Kaesong militärisch höchst wichtig, befinde sich die Stadt doch nur ungefähr 40 Kilometer entfernt von Südkoreas Hauptstadt Seoul. Wie es in westlichen Medien damals hieß, beanspruchten die Streitkräfte der Vereinten Nationen Kaesong. Die Stadt habe bereits vor dem Koreakrieg als zum südlichen Teil Koreas gehörig gegolten und sei insgesamt ein wichtiges Bollwerk für Südkorea nicht nur militärischer, sondern überdies politischer, wirtschaftlicher und psychologischer Art. Auf solche Ausführungen in den Verhandlungen habe der nordkoreanische Delegierte »höhnisch geantwortet«: »Sie sagen, Sie brauchen Kaesong zur Verteidigung von Seoul. Wenn wir zur Verteidigung von Pjöngjang Gebiete in Südkorea fordern, was werden Sie tun?« Die im weiteren Verlauf zahlreichen militärischen Offensiven der US-amerikanischen Seite bzw. der Vereinten Nationen, Kaesong einzunehmen, blieben erfolglos.

Den Nordkoreanern gilt das Waffenstillstandsabkommen als ein großer Sieg, waren die westlichen Mächte sich doch sicher gewesen, sie würden den Norden einfach überrennen können

– und erlagen damit einer gewaltigen Fehleinschätzung. Die Menschen im Norden, würden sich, nachdem befreit vom jahrzehntelangen japanischen Joch – wie in der entsprechenden interntionalen Literatur hervorgehoben – nicht zu dem Einverständnis zwingen lassen, sich erneut fernen Mächten zu unterwerfen, diesmal unter dem Titel einer sogenannten und jahrelangen Treuhandverwaltung. Mächten also, die nach Ansicht Nordkoreas versuchten, es der Welt darzustellen, als müssten sie Korea den Weg in die Zukunft weisen. Die Nordkoreaner hatten nicht das von ihnen verlangte Vertrauen – waren überdies ebenso wie die Südkoreaner in keiner Form an solchen Entscheidungen beteiligt – und sagten selbstbewusst, dass Korea auf eine beispiellos ältere eigene Zivilisation zurückblicke als all jene, die da als treuhänderische Verwalter auftreten wollten. Die Idee von US-Präsident Franklin D. Roosevelt, Korea in einen Süd- und einen Nordteil zu trennen, wobei die Vereinigten Staaten für den Süden, die Sowjetunion für den Norden verantwortlich sein sollte, war Stalin übermittelt worden, der ihr zustimmte. Diese Teilung war eine ausschließlich fremdländische Entscheidung, und, wie bis heute von internationalen Fachleuten bestätigt, in der Tat ein Fehler historischen Ausmaßes.

Zentral stehen in Panmunjom drei einfache blaue Baracken, die jeweils eine Tür nach Nord- und nach Südkorea haben. Die militärische Demarkationslinie verläuft durch die Mitte dieser Baracken. Und es waren diese Baracken, in denen die maßgeblichen Verhandlungen zwischen den betreffenden Seiten stattfanden.

Ich wurde in die mittlere Baracke geleitet, die streng abwechselnd von Besuchern aus dem Norden wie aus dem Süden betreten werden darf. Die Grenze ist tatsächlich auch in dem Raum markiert, darf aber von den Besuchern der Baracke überschritten werden. Ein völlig gelassen wirkender nordkoreanischer Offizier erklärte mir: Insgesamt fanden in diesen

*Ein nordkoreanischer Grenz-
offizier berichtet über die
militärischen Aktivitäten
Südkoreas*

Räumen 765 Konferenzen zwischen den beteiligten Seiten statt. Am 27. Juli 1953 wurde hier der Waffenstillstand unterzeichnet. Die Tische und Stühle sind original. Die USA fühlten sich als diejenigen, die die Halbinsel von den Japanern befreit hatten, und ihre Absicht war, die gesamte Halbinsel Korea zu besetzen. Das Ziel war eindeutig, nämlich die ganze Halbinsel als Basis zu benutzen, um von hier aus Asien politisch und wirtschaftlich zu dominieren. Die USA sagen seither, wenn sie Südkorea verlassen, werde Nordkorea Südkorea besetzen. Im Gegenzug flehen die Mächtigen von Südkorea die US-Amerikaner an, nicht wegzugehen.

Es sei jedoch klar, sagt der Offizier, der Abzug der US-Armee und überhaupt die Abwesenheit äußerer Einmischung sei die Voraussetzung für die Inangriffnahme der Wiedervereinigung. Nordkorea hoffe, dass die US-Armee Südkorea verlassen werde.

Weiter äußert der Offizier – und ließ mich dazu durch ein unweit auf einem Hügel aufgestelltes Fernglas schauen –, Südkorea habe südlich der Demarkationslinie auf Aufforderung der USA eine Betonmauer errichtet, die zwischen fünf und acht Meter hoch, am Boden zehn bis 19 Meter breit, im oberen Teil drei bis sieben Meter breit und insgesamt 240 Kilometer lang sei und durch das ganze Land Korea hindurch von Meer zu Meer reiche. Die mit diesem Objekt verbundene Absicht sei, sagt er, das Land auf ewig zu spalten.

Ein Kern der Strategie der Vereinigten Staaten war die Förderung des Widerstands weltweit und in jeder Form gegen die Ausbreitung des Kommunismus. Also unterstützten sie, wie überall nachzulesen ist, in Südkorea von Anfang an Personen als Machthaber, die zur Sicherung ihrer Macht jegliche demokratische Entwicklung unterdrückten, Wahlen fälschten, massenhaft morden und Studentendemonstrationen niederschießen ließen, vermittelst ihrer Befugnisse und Möglichkeiten die eigenen Bankkonten füllten, zur Sicherung der Präsidentschaft die Einführung des Kriegsrechts erklärten oder eben, wenn sich das Volk massenhaft erhob, bereits Vorbereitung getroffen hatten, außer Landes zu fliehen – wie Staatspräsident Syngman Rhee, der 1960 mit einem Flieger der CIA nach Hawaii floh. Die im Norden stationierten Truppen der Sowjetunion waren 1948 von Moskau komplett zurückgerufen worden. Die Vereinigten Staaten hingegen beließen ihre Soldaten im Süden. Bisher gibt es keine Anzeichen, dass die regelmäßigen gemeinsamen Militärmanöver der Vereinigten Staaten mit der lokalen Armee in Südkorea einmal ein Ende finden werden.

Es dauerte nach dem Krieg Jahrzehnte, bis in Südkorea gewisse demokratische Regeln Einzug hielten und Grundlagen geschaffen wurden, bis sich regierungsseitig etwa unter dem Titel »Sonnenscheinpolitik« eine Bereitschaft zur Kommunikation mit dem Norden Bahn brach. Das historische Treffen von Südkoreas Regierungsführer Kim Dae Jung mit Nordkoreas Regierungsführer Kim Jong Il in Pjöngjang im Jahr 2000 brachte für Kim Dae Jung den Friedensnobelpreis. Nordkorea war bewegt über die neue Haltung im Süden – doch das Misstrauen gegenüber den Vereinigten Staaten behielt die Oberhand.

Das Land in der westlichen Welt übrigens, das von der nordkoreanischen Regierung wie von der Bevölkerung explizit sehr geschätzt wird, ist – so muss gesagt werden – Deutschland. Gründe sind, hörte ich immer wieder bei verschiedenen Begegnungen und in direkten Aussagen, kulturelle wie wissenschaftliche, aber auch politische Aspekte. Hervorgehoben werden Deutschlands klassische Musik und Literatur sowie Leistungen in den Wissenschaften, besonders im medizinischen Bereich. Als ein herausragendes politisches Ereignis gilt bis heute der Kniefall von Bundeskanzler Willy Brandt vom 7. Dezember 1970 in Warschau, damals eine Aktion und Demutsgeste, die in ihrer Bedeutung eine Bitte um Vergebung war, mit der Brandt die Grausamkeiten Deutschlands während des Hitler-

Faschismus anklagte. Überhaupt werden die Bemühungen in Deutschland um eine angemessene politisch-moralische Haltung zu den im Zweiten Weltkrieg begangenen Verbrechen und um Entschädigung und Entschuldigung anerkennend hervorgehoben. Und nein, solche Äußerungen sind nicht allein Ausdruck von Höflichkeit gegenüber Besuchern aus dem fernen Land. Ein Hintergrund dieser besonderen Sympathie Nordkoreas ist, wie häufig betont wird, dass im Vergleich dazu Japan nach Meinung Nordkoreas – wie auch anderer asiatischer Länder – bis heute keine angemessen Reue oder Entschuldigung für seine Taten während des Zweiten Weltkrieges und davor ausgedrückt hat.

Zugleich ist sich die Bevölkerung der in Deutschland wie überhaupt im Westen gegenüber Nordkorea herrschenden Haltung bewusst, einer von Ablehnung, Sorge und Angst geprägten Haltung. In dem Zusammenhang erklärte mir Kim Kum Chol, ein Architekt mittleren Alters vom berühmten Paektusan Architekturinstitut in Pjöngjang, der fünf Jahre in Rom studiert hat: »Mein Gefühl sagt mir: Wo auch immer wir Menschen herkommen, wir können Freunde werden. Gleichzeitig, klar, ist wichtig, den Einfluss der Medien im Auge zu behalten.«

Hier möchte ich die Haltung einer westlichen Dame zitieren, die sich im Verständnis der erforderlichen Umgangsweise von Ausländern in Nordkorea überzeugt gibt. Wenn es um Gespräche, Interviews oder jegliche Begegnungen in Nordkorea geht, ist ihrer Meinung nach, schließlich gilt das Land als unberechenbar, hart zu erkunden:

»Wer war in Hörweite?«

»Wurden die Orte vorab bestimmt, so dass mit einer Überwachung zu rechnen war?«

»Wer hat die Treffen arrangiert?«

»Waren die Themen vorgegeben?«

»Von wem wurden die Gesprächspartner ausgewählt?«

… da stellt sich mir glatt die Frage: Hätte ich bei meinen Aufenthalten, Zusammenkünften und Gesprächen und zur Sicherheit auch bei den Spaziergängen womöglich besser von einem eigenen Geheimdienstspezialisten begleitet werden sollen?

Die vielfältigen Verhaltensweisen und Beweggründe, auch die menschlichen Seiten und politischen wie historischen Aspekte in Asien sind mir nicht unbekannt. Ebenso die vielleicht komplizierten, manchem unbegreiflich erscheinenden Haltungen oder Verhaltensweisen speziell westlichen Ausländern gegenüber nicht. Ich kann hier allgemein feststellen: Meine im Zusammenhang mit diesem Buchprojekt erlebte Kommunikation war weit weniger kompliziert, weit menschlicher als erwartet, und auftretende Probleme wurden direkt angesprochen, von mir wie auch von der koreanischen Seite. Es gab nach meiner Einschätzung keine Versteckspiele, auch wenn jeder seine Interessen hatte und ich die Grenzen der anderen Seite wesentlich zu kennen glaubte. Grenzen vor dem Hintergrund der Geschichte zu kennen und zu verstehen, damit angemessen umzugehen ist eine wichtige Voraussetzung für wirkliche Kommunikation.

Das vorgesehene Besuchs- und Begegnungsprogramm brachte mir unerwartete neue Einblicke. Das war genau die Absicht. Ich wollte und sollte einiges von den allgemeinen Umständen sowie lokalen Besonderheiten mitbekommen. So jagte ich zusammen mit Ri Yong Min und Dolmetscherin Hong Ja Yong mit einer kleinen gemieteten Jacht auf dem Fluss Taedong durch das Zentrum der nordkoreanischen Hauptstadt, sah dabei das Hotel Yanggakdo auf der Flussinsel und auch die ganze städtische Szenerie mal aus anderer Perspektive. Wir kamen vorbei etwa an dem weitflächigen, tatsächlich monumentalen Kim-Il-Sung-Platz, der für Paraden und Aufmärsche genutzt wird, und gegenüber, auf der anderen Seite des Flusses, am schlanken *Juche*-Turm, der 1982 errichtet worden war, mit einer Höhe von 170 Metern und gedacht als Symbol für die

Kraft und Unabhängigkeit des Landes. Dem Turm vorgelagert und ebenso weithin sichtbar ist die Bronze-Skulptur von drei Personen in majestätisch erscheinender Haltung, einem Intellektuellen, einem Arbeiter und einer Bäuerin. Wieder an Land an jenem frühen Abend, stieß die Kollegin Yom Jin Ok aus dem Büro von Ri zu uns, und wir besuchten ein Schiffsrestaurant auf dem Taedong, wo die Kellnerinnen nicht nur vorzügliche Speisen servierten, sondern, an die zehn von ihnen, auch singend auftraten und sich dabei mit Geige und Klarinette, Gitarre, Akkordeon und Schlagzeug begleiteten. Ich fand es umwerfend. Gegen 23:00 Uhr fuhren wir durch das verregnete Pjöngjang zurück ins Hotel.

Des weiteren zeigte man mir an manchem Tag Museen und traditionelle wie moderne Malereiausstellungen, auch große Kaufhäuser, die einem westlichen Blick vertraut erscheinen, etwa das Kaufhaus Potonggang oder den Supermarkt Kwangbok. Ich spazierte durch Boutiquen, die teilweise auf modernste Warenauswahl spezialisiert waren, in einem Fall und zu meiner Überraschung gar auf Waren, die man aus Deutschland importiert hatte (Fotografieren war dort allerdings nicht erwünscht). Ich lief dann wieder auf fast endlosen parallelen gassenhaften Wegen durch einen riesigen freien und überdachten und wimmelnd überfüllten Markt. An den Tischreihen, besetzt von lebhaften Verkäuferinnen und Verkäufern, wurden technische Geräte, importierte und auch solche aus nordkoreanischer Produktion, sowie bekannte westliche Alkoholika, auch Gemüse und Früchte, Fleisch und Fisch und Meeresfrüchte angeboten, und man freute sich über interessierte Blicke von daherkommenden Ausländern. Ich bedauerte nur, dass auch hier das Fotografieren untersagt war.

Etwas außerhalb der Stadt und unweit von einem Flughafen, auf dem man Kleinstflugzeuge für Rundflüge über der Hauptstadt mieten kann, besuchte ich den populären *Mirim Reitclub* mit seinen 124 Pferden von acht verschiedenen Rassen. Reiten gilt den Koreanern seit Alters her als von besonderer Bedeutung. Den heutigen Reitern stehen in dem Club mehrere Gras-, Sand- und Schotter-Bahnen von bis zu 1850 Metern Länge zur Verfügung. Zu der Anlage gehört eine im Winter wie auch bei Regen benutzbare ausgedehnte Trainingshalle, die Flächenmaße betragen 60 x 28 Meter. Früher war die gesamte Anlage allein für Soldaten reserviert. Jetzt steht sie allen Besuchern offen, die für ihr Hobby Eintrittskarten kaufen.

Anderntags wurde ich eingeladen, 70 Kilometer südwestlich von Pjöngjang den Westmeer-Staudamm zu besichtigen, ein acht Kilometer langes Dammsystem nahe der Stadt Nampho an der Mündung des Taedong in das Gelbe Meer (in Nordkorea: Westmeer). Der im Jahr 1986 nach fünf Jahren Bauzeit fertiggestellte Damm unterbindet die Vermischung von Flusswasser mit Meereswasser, dient auch der Bewässerung der Felder und bringt bestimmte Erleichterungen für den Schiffsverkehr. Durch den Staudamm entstand ein mächtiger See, und der Blick auf diesen von einer Anhöhe aus ist ein Hochgenuss. Vermutlich auch deshalb führte Nordkoreas Präsident Kim Il Sung den Ex-US-Präsidenten Jimmy Carter während seines Koreabesuchs an diesen Ort. Das war im Jahr 1994, und beide ließen sich dort mit strahlendem Lächeln fotografieren. Warum besuchte Carter das Land? Er kam als Vermittler, um die damalige Nuklearkrise mit den Vereinigten Staaten zur Zeit der Präsidentschaft von Bill Clinton zu entschärfen.

Die Gesprächs- und Begegnungsmöglichkeiten, die mir geboten wurden, waren so umfangreich, vielseitig und offen wie »niemals zuvor« einem ausländischen Autor gegenüber, betonten die koreanischen Verantwortlichen. Soll das heißen, die Einblicke, die man mir gewährte, und über die auf diesen Seiten berichtet wird, seien repräsentativ? Nein, keineswegs. Ich würde sagen und will hier meinen allgemeinen und sicheren

Eindruck hervorheben: Die Zustimmung zu dem im Verlauf der Diskussionen gemeinsam abgestimmten Programm erfolgte meines Erachtens – und der Leser möge es erkennen –, weil man dem Ausländer helfen wollte, die Richtung zu verstehen, den Ursprung, die Vielfalt, ja, die Modernität, in die sich das Land aus seiner Tradition sowie seiner jüngeren Geschichte heraus in die Zukunft bewegen möchte.

Ich hatte nicht erwartet, dass man mich in wenig entwickelte oder ärmliche Gebiete des Landes führen würde. Schließlich ist es ein Land, das Isolierung sowie internationalen Sanktionen ausgesetzt ist und sich tatsächlich in Not befindet, aber gleichzeitig und unbedingt glaubt, seinen Stolz bewahren zu müssen. Und wenig bereit ist, der Welt zu bestätigen, wie erfolgreich sich die als feindlich erachteten Aktionen auswirken – wobei Nordkoreas Haltung konkret etwa gegenüber dem Welternährungsprogramm WFP, dem Umweltprogramm UNEP oder auch der Weltgesundheitsorganisation WHO offener ist. Die durch Sanktionen gegen Nordkorea hervorgerufenen gravierenden Auswirkungen, zum Beispiel in Krankenhäusern, wurden vor mir keineswegs verheimlicht. Bei Fahrten durch das Land bekam ich allemal Rückständigkeit und Armut mit, sah Gebiete, wo die Felder mit einfachsten Landwirtschaftsgeräten bearbeitet wurden und nicht Traktoren, sondern Ochsen die Pflüge zogen.

Meine Hoffnung ist, dass beide Seiten, Nordkorea und der Westen, lernen, Wege hin zu gegenseitigem Vertrauen und zu direkten Gesprächen zu finden. Das ist machbar. Es gibt Initiativen in die richtige Richtung. So hat Tomás Ojea Quintana, Sonderberichterstatter und Menschenrechtsbeauftragter der Vereinten Nationen für Belange der Demokratischen Volksrepublik Korea, im März 2022 erklärt, die Menschenrechtssituation stehe in Verbindung mit der zunehmenden internationalen Isolierung des Landes. Er rief dazu auf, diese

Isolierung zu beenden und eine, wörtlich, »neue Denkweise« zu entwickeln. So könnten, sagte er, dem Land dringlichst benötigte Medikamente geliefert werden. Weiter warnend, die chronisch unsichere Lebensmittelversorgung sei »weit verbreitet«, und wenn keine Veränderungen einträten, werde es in einigen Gebieten zu Hungersnöten kommen. Eine Zunahme der Spannungen auf der Halbinsel könne die Lage in der Region gefährlich destabilisieren. Fortgesetzte diplomatische Anstrengungen in Richtung Denuklearisierung und Frieden und gleichzeitig engagierter Einsatz für Menschenrechte seien der einzig angemessene Weg.

Die Hoffnung, dass Normalität im Umgang mit Nordkorea zustandekommen wird, und umgekehrt, dass Nordkorea gegen alle Isolation seine objektive Rolle, Aufgabe, Chance erkennt und schrittweise Zugang auch zur westlichen Welt findet, setzt voraus, dass der Westen fähig ist, die Vorbedingungen jenes Landes, die das Bewusstsein der Menschen und ihr ganzes Lebensverständnis prägen, ernsthaft nachzuvollziehen. Dazu gehört anzuerkennen, dass die wesentlich feudale Gesellschaft des alten Korea über dreieinhalb Jahrzehnte bis zum Jahr 1945 eine unvorstellbare koloniale Unterdrückung und Ausplünderung durch Japan erfuhr. Dass überdies die Wahrheiten über den Krieg 1950-53 das Denken der Menschen in Nordkorea bis heute nicht verlassen haben.

Es packt einen das Grauen, es nimmt einem den Atem, liest man die dokumentierten Stellungnahmen der höchsten Repräsentanten der USA von damals über die Planung und Durchführung der flächenmäßig begangenen Aktionen zur Auslöschung der Bevölkerung, die Zerstörung sämtlicher Gebäude in den Städten, der Staudämme, Brücken, der gesamten Volkswirtschaft, den massiven Einsatz chemischer Waffen, den Versuch der Verunmöglichung gesellschaftlichen Lebens in Nordkorea. Von einem bestimmten Zeitpunkt an gab es keine konkreten Ziele mehr, die von den Bombern hätten bombardiert werden können ... Dazu gehört, dass die Bedingungen infolge des Krieges, Jahr auf Jahr, in Nordkorea als fortgesetzte Bedrohung und Fortführung des Krieges gewertet werden. Dass Bushs installierte »Achse des Bösen« Nordkorea, eigentlich voraussehbar, entschieden zu militärischer, besonders nuklearer Aufrüstung mobilisierte. Und auch, dass es seit Generationen – seit sieben Jahrzehnten! – keinen Friedensvertrag gibt. Das ist einmalig in der Geschichte der Welt.

Folgt man unseren Medien, erscheint Nordkorea als ein angstverbreitendes Land. Rufe aus dem Westen wie »Nieder mit der Diktatur!«, die gewöhnlich überhaupt nicht die konkreten historischen Hintergründe reflektieren, dienen dazu, die maßlosen eigenen Fehler vergessen zu machen. Wenn die Nachrichten über Nordkorea in unseren Medien Verwunderung, Ablehnung, Verständnislosigkeit hervorrufen, sollte immer auch überlegt werden, inwieweit die in den letzten hundert Jahren von ausländischen Mächten verursachten Schrecken wirken und was die Existenz als »halbes Land« an einer Grenze bedeutet, die als gefährlichste Landesgrenze in der Welt gilt. Nicht zu reden von dem permanenten Druck der allseitigen internationalen Isolation.

Ja, aber sagen Sie mal, wird mancher Leser fragen: Wie kann man oder soll man sich ganz praktisch den Austausch von Fragen und Antworten, eine inhaltliche Unterhaltung zwischen einem Nordkoreaner und einem Westler vorstellen, denn so verschlossen wie Nordkorea ist, ist uns das Land, sind uns die Menschen doch wohl unbegreifbar?

Nein, sind sie nicht! Und ich hoffe, dass die Fragen, die ich gestellt, und die Antworten, die ich bekommen habe, es dem Leser dieses Buches vermitteln. Denn Nordkorea hofft auf Austausch und Kooperation, hofft auf eine Normalisierung der Beziehungen mit den Ländern der Welt. Dem muss sich die Welt auf angemessene Weise stellen.

Kapitel 1

»Dort ist gerade die Kellnerin ... Sie können ihr dieselbe Frage stellen.«

Gespräch mit dem Romanautor Ri Yong Min

Ri Yong Min ist Intellektueller, Arbeiter, Soldat und Romanautor. Er ist verheiratet und hat eine kleine Tochter. Wie hatte ich ihn kennengelernt? Ich nahm, wie schon seit vielen Jahren, am Internationalen Filmfestival Pjöngjang teil. Anderthalb Monate darauf erhielt ich einen Brief von Ri Yong Min, der sich als Abteilungsleiter eines staatlichen Komitees für kulturelle Beziehungen Nordkoreas mit dem Ausland vorstellte. Dieses Komitee sei verantwortlich für die Förderung des Kulturaustauschs mit den Ländern der Welt, schrieb Ri (»Ri« ist vorangestellt und somit der Familienname), und in einem Nebensatz: Ebenso »unterstützen wir zum Beispiel auch ausländische Autoren, die Bücher über unser Land schreiben wollen«. Ah, sehr interessant, dachte ich, denn genau solch einen Kontakt hatte ich mir schon länger erhofft. Ich erinnerte mich, dass ich dem nordkoreanischen Kulturminister Pak Chun Nam anlässlich eines Zusammentreffens während des letzten Filmfestivals die chinesische Version eines von mir verfassten Buchs über mein Leben seit Mitte der 70er Jahre in China überreicht und bei der Gelegenheit auch meine vielseitigen Kulturaustauschaktivitäten erwähnt hatte. Dieser Hinweis, dachte ich weiter, war vielleicht zu dem Komitee gelangt. Jedenfalls antwortete ich Ri Yong Min, dass ich in der Tat sehr gern ein Buch über sein Land schreiben würde, ein Buch basierend auf Begegnungen mit den Menschen dieses Landes. So kam es, dass wir uns in Pjöngjang trafen, um über mögliche nächste Schritte zu sprechen. Auch bei meinen folgenden Besuchen trafen wir uns, tauschten uns aus über Nordkorea und die Welt und … wurden Freunde.

Ich mag die von Ri bevorzugte große Bierbar in Pjöngjang, die übrigens von seiner Frau, sagte er, noch öfter besucht werde als von ihm, und wo die zahlreichen Gäste, vor allem an hohen runden Tischen stehend, auch mir zuprosteten und manche mir die Hände schüttelten, um dem Ausländer Sympathie zu bekunden. Irgendwann fragte ich Ri, dessen Unkompliziertheit ich schätzte, ob ich mit ihm ein Interview führen könnte über sein bisheriges Leben, von dem ich zu diesem Zeitpunkt immerhin schon ein paar interessante Bruchstücke aufgeschnappt hatte. Er, ganz direkt: »Sicher. Kein Problem. Fragen Sie einfach los.« Daraufhin hatten wir dann mehrere längere Sitzungen, im Restaurant nach dem Essen oder in einem Café. Hong Ja Yong dolmetschte.

Ri legte gleich los, ich hatte noch gar nicht gefragt: »Ich bin 39 Jahre alt«, erzählte er. »Mit 17 Jahren bestand ich die Aufnahmeprüfung an der Universität. Das ist bei uns das übliche Alter. Ich habe Literatur studiert. Zu der Zeit hatte ich bereits einiges von Shakespeare, Tolstoi, auch – Sie sind Deutscher – von Goethe und Schiller gelesen. Ich kümmerte mich nicht sehr um Politik…«

»Sie kümmerten sich nicht sehr um Politik?«

»Nein. Über Politik und Wirtschaft machte ich mir keine Gedanken. Sie müssen wissen, oder vielleicht wissen Sie es bereits, aber in den Jahren meiner Schulzeit war der Lebensstandard im Land vergleichsweise hoch, es ging uns gut …«

»Da Sie das sagen, erinnere ich mich, dass ich schon Ende der 70er und dann in den 80er Jahren in Peking öfters Filme aus Nordkorea gesehen habe, Spielfilme, die mich wirklich staunen ließen über die im Vergleich, ich möchte sagen, Modernität der Straßen, der Wohnungen, der Kleidung, die Männer häufig in Anzügen nach dem Schnitt wie in Europa ... Das kam für uns Ausländer, die solche Szenen erstmals sahen, völlig unerwartet.«

»Doch im Jahr meines Studienbeginns, 1995, änderten sich die Verhältnisse dramatisch. Es begann unser ›Schwerer Marsch‹, wie wir sagen, von 1995 bis 1998, der Marsch durch eine sehr schlimme Hungersnot im ganzen Land, und wie man weiß, wenn das Unglück kommt, schließt sich oft weiteres Unglück an ... Aber ich blicke nicht gern auf diese schwierige Zeit zurück, kann aber sagen, sie gab und gibt uns Kraft für die Zukunft. Nach fünf Jahren schloss ich mein Studium ab. Neben dem Literaturstudium bekam ich auch Einblicke in Philosophie, Geschichte, Psychologie.«

»Wie haben Sie Ihr Studium in Erinnerung?«

»Manches gefiel mir, manches weniger. Mein Abschlussexamen war akzeptabel, aber nicht das beste. Ich hätte als Journalist arbeiten können, oder als Schriftsteller. Aber ich war mir meines Schwachpunkts bewusst, nämlich dass ich nichts vom wirklichen täglichen Leben in der Gesellschaft wusste. Also bemühte ich mich um Arbeit als Kumpel in einem Bergwerk. Ich wurde angenommen vom Werk Kumgol, einem der wichtigsten Bergwerke im Land, zwei Tagesreisen entfernt von Pjöngjang. Dort fuhr ich täglich 850 Meter tief unter Tage. Das war für mich ein anderes Leben als das des Studenten oder Intellektuellen. Das Arbeiterleben ist sehr direkt, da geht es schnell und unmittelbar zur Sache. Die Umstellung war für mich hart. Ich war damals starker Raucher. Die Arbeiter wickelten den Tabak in normales Papier. Nach der Arbeit, natürlich, tranken wir Schnaps. Am Anfang waren die Umstände für mich schwierig, und ich verhielt mich sehr vorsichtig und im alltäglichen Umgang. Doch ich gewöhnte mich, und, klar, die Kumpels halfen, wir aßen und tranken und lachten zusammen. Lassen Sie mich erwähnen, ich schaffte am Anfang keine fünf Minuten an der Bohrmaschine! Für die Kumpel waren dreißig Minuten normal. Es dauerte, aber nach einiger Zeit schaffte ich das auch. Erstmals lebte ich für mich, zusammen mit anderen Menschen, es war eine große Erfahrung. Ich habe immer noch Freunde dort, und auch später habe ich das Werk immer mal wieder besucht.

Eigentlich plante ich, drei Jahre im Bergwerk zu arbeiten. Doch die Konfrontation mit den USA nahm dramatische Formen an. Nach ungefähr einem Jahr verließ ich Kumgol und ging zur Armee. Grund war die politische Situation. Ich war 23 Jahre alt. Soldaten wurden und werden sehr respektiert. Übrigens besonders auch von den Frauen«, sagte Ri ohne zu lächeln und ganz ernst. »Unlängst wurden von den Vereinten Nationen neue Sanktionen gegen unser Land beschlossen. Daraufhin haben sich zahllose Menschen spontan bei der Armee beworben, und viele ehemalige Soldaten meldeten sich erneut. Ich meldete mich also, zusammen mit zwei Freunden. Einer war Arbeiter und schrieb nebenher Trickfilmbücher. Der andere war in der Filmakademie angestellt. Wir wurden alle drei angenommen. Eigentlich wollte ich schon 1998 zur Armee, wegen der politischen Lage. Aber die Reaktion und allgemeine Haltung war, ich solle zuerst das Studium abschließen. Diesmal klappte alles. Nach fünf Tagen bekam ich meine Uniform. Ich blieb insgesamt sieben Jahre. 2008 verließ ich die Armee. Jetzt nehme ich jedes Jahr an militärischen Übungen teil. Bei Erfordernis kann ich auch jederzeit komplett eingezogen werden.«

»Welche Bedeutung haben die Jahre bei der Armee für Sie?«

»Ich lernte, Vertrauen in Genossen und Menschen zu haben. In der Armee dreht es sich um den Kampf für das Leben. Der für mich verantwortliche Offizier war zwei Jahre jünger als ich. Er hatte nicht an der Hochschule studiert. Dennoch: Wir hörten auf den Offizier. Befehl ist Befehl. Manchmal fragte ich mich, ob wir das nicht alles etwas leichter und lockerer gestalten könnten? O ja, ich hatte damals viele Fragen! Später verstand ich, die Zeit in der Armee hatte für mich, für mein Leben, für meine Fähigkeit, Schwierigkeiten zu überwinden, enorme Bedeutung! Außerdem: Wenn ich nicht die Erfahrung im Bergwerk gehabt hätte, hätte ich die Armee vielleicht nicht geschafft.«

»Wie gingen Ihre Eltern mit Ihnen um, als Sie Kind waren?«

»Die Eltern kümmerten sich gedanklich nicht intensiv um uns Kinder. Wenn wir den Eltern Fragen stellten, wurden die Fragen manchmal für wert befunden, beantwortet zu werden, oder eben nicht. Ich las damals über Napoleon, der als Kaiser von Frankreich abdanken musste, und dem man stattdessen, jedenfalls verstand ich es so, die Insel Elba im Mittelmeer überlassen hatte. Ich war noch sehr jung, ich hatte nicht viel Einblick, ich verstand nicht, wie es hatte passieren können, dass sich der große Monarch Napoleon nach Elba versetzen ließ. Ich bekam darauf keine mich befriedigende Antwort. Ich hatte auch den Roman ›Der Graf von Monte Christo‹ von Alexandre Dumas gelesen. Da war ich wohl etwa zwölf Jahre alt. In jener Zeit waren Kinder nicht befugt, von den Eltern sozusagen unmittelbare Kommunikation zu erbitten oder zu verlangen. Heute ist das anders. Meine Tochter ist acht. Der Computer ist für sie sehr wichtig. Trotzdem stellt sie mir jeden Tag zehn Fragen.«

»Allgemein, wie verstanden die Eltern damals ihre Verantwortung?«

»Manche Eltern zwangen ihre Kinder, was zu denken, was zu lernen, was zu tun und was zu lassen war. Bis ich sieben war, zwang mich meine Mutter, Schlittschuhlaufen zu lernen, Violine und Akkordeon zu spielen. Ich weinte und wollte nicht. Mit sieben ging ich zur Schule. Mein Vater fragte mich, was ich denn lernen und werden wollte. Ich sagte: Schriftsteller! Wie Sie wissen, ist mein Vater Schriftsteller. Er sprach dann mit meiner Mutter, sagte ihr, sie solle mich nicht mehr wie bisher zu diesem oder jenem zwingen, denn ich wolle und solle Schriftsteller werden. Nicht missverstehen: Kinder waren und sind näher bei ihrer Mutter, die Kommunikation mit der Mutter ist auf bestimmten Ebenen leichter. Die Mutter konnte man um Geld für ein Eis bitten, den Vater nicht! Sicher, wir Kinder stellten den Eltern Fragen. Aber eine wirklich angemessene Kommunikation gab es erst nach der Hochschule.«

»*Ihre Haltung heute scheint mir ein wenig anders zu sein als die Ihres Vaters damals.*«

»Mein Respekt für den Vater ist derselbe geblieben. Mein Vater, Ri Chun Gu, war für mich gottähnlich. Da spielt auch der Konfuzianismus eine Rolle. Wenn ich mit meinem Vater zusammensitze und wir ein Glas trinken, sehe ich ihm aus Respekt beim Anstoßen nicht ins Gesicht. Wenn wir heute diskutieren, diskutieren wir auf gleicher Ebene. Dennoch, insgesamt zählt der Wille des Vaters.«

»*Wenn Ihre Tochter einmal zwanzig ist und mit Ihnen anstößt, erwarten Sie dann auch, dass sie dabei das Gesicht abwendet?*«

»Ja, das hoffe ich. Wir sind in der Tradition.«

»*Ihr ursprünglicher Wunsch war, Schriftsteller zu werden, wie der Vater.*«

Mit Ri Yong Min und Hong Ja Yong in unserem bevorzugten Cafe in Pjöngjang

»Ja, ich wollte in der Gesellschaft mit den Menschen in Kontakt sein und ... ich wollte schreiben. Ich hatte insgeheim für mich bereits Kurzromane verfasst. Etwa über eine Kommilitonin. Dieses kleine Werk wurde dann von der Hochschule herausgegeben, und die Verantwortlichen wollten die Geschichte gern verfilmen. Aber mein Vater, ja, mein Vater war dagegen. Er wollte nicht, dass der Sohn, so jung, schon bekannt und womöglich überheblich werden könnte! Also wurde kein Film produziert. Ich war ziemlich niedergeschlagen. Das Buch wurde damals geschätzt. Aber, offen gesagt, wenn ich es heute lese, bin ich zufrieden, dass es nicht verfilmt wurde. Ich würde heute genau wie mein Vater entscheiden.«

»Wie verbinden Sie Ihre gegenwärtigen offiziellen Aufgaben mit Ihrer Schriftstellerei?«

»Ich wollte gesellschaftliche Tätigkeiten ausüben und kam 2008 in unser Komitee für kulturelle Beziehungen mit dem Ausland. Aufgabe dieses Komitees ist, wie der Name sagt, unseren internationalen kulturellen Austausch zu fördern. Mein Vater ist jetzt nicht sehr zufrieden mit mir. Denn ich habe nicht mehr den Wunsch, ausschließlich professioneller Schriftsteller zu sein. Ich möchte neben meiner täglichen gesellschaftlichen Arbeit Schriftstellerei betreiben. Denn die Arbeit in dem Komitee betrifft meine tatsächliche Erfahrung, und eben auf dieser Erfahrung fußen meine Gedanken im Leben sowie auch mein Schreiben. Gegenwärtig schreibe ich an einem historischen Roman, der, so mein Plan, drei Bände umfassen soll. Das Thema verlangt, dass ich mich bemühe, viel über Geschichte zu lernen. Band 1 ist wesentlich abgeschlossen und kommt Ende des Jahres heraus. Der Titel des ersten Kapitels ist: ›Die Bewegungen des Gewands der Frauen‹. Ich meine, Literatur sollte immer auch von Liebe handeln. Aber keine Frage, jeder liebt anders.«

»Wie schaffen Sie es, ich meine, ganz praktisch, zeitlich, Ihre Arbeit im Komitee und die Schriftstellerei zu vereinbaren?«

»Ich habe mir die Regel gesetzt, abends von 18:30 bis 00:30 Uhr zu schreiben, und das halte ich ziemlich durch.«

»Wie lautet der Titel Ihres Romans?«

»Arbeitstitel ist ›Die dreibeinige Krähe, die giftige Pflanzen frisst‹. Jeder Koreaner kennt den von mir im Buch beschriebenen historischen Hintergrund. Der Inhalt bezieht sich auf sechs ganz bestimmte Jahre in der Dynastie Koguryo (277 v.u.Z. – 668). Damals gab es das Königreich Paekje, die Hauptstadt war Seoul, und es gab zwei weitere Königreiche. Unter den drei Königreichen strebte nur eines die Vereinigung an. Was bedeutet der Titel, was sind die giftigen Pflanzen? Wenn wir Koreaner in die Sonne blicken, dann sehen wir die dreibeinige Krähe. Sie ist uns Symbol. Sehr viele Südkoreaner heute, so verstehen wir es, kümmern sich nicht um die Wiedervereinigung. Sie sorgen sich primär um das eigene tägliche Leben. Dieser Aspekt repräsentiert die erste giftige Pflanze. Die zweite Pflanze sind die Behörden im Süden, die Bürokraten. Sie sagen zwar, sie wollen die Wiedervereinigung, aber tatsächlich sorgen sie sich, im Fall einer Wiedervereinigung könnten sie ihre Posten verlieren. Sie wissen um die Bedeutung der Wiedervereinigung, aber sie bemühen sich, sie zu ignorieren. Die dritte Pflanze ist der ›König‹, der die Wiedervereinigung ablehnt. Die letzte Präsidentin von Südkorea, Park Geun Hye, war entschieden gegen eine Wiedervereinigung.«

»Eine ganz andere Frage: Wie verstehen Sie sich mit Ihrer Frau? Wie gehen Sie miteinander um?«

»Wir verstehen uns gut und tauschen uns intensiv über alle Fragen des Lebens aus. Ich kann sagen, ich höre auf ihre Meinung. Wenn ich unterwegs bin, etwa auf Reisen, sehne ich mich spätestens nach zehn Tagen nach Hause zurück. Wenn in der Familie Fragen auftreten, spreche ich darüber mit meiner Frau und mit meinem Vater. Meine Familie und meine Eltern, müssen Sie wissen, wir leben zusammen in einer Wohnung.«

»Wie lernen sich Männer und Frauen für gewöhnlich kennen?«

»Der erste Kontakt von einer jungen Frau und einem jungen Mann, also unverheirateten Menschen, geschieht bei uns häufig durch Vermittlung. Ein Freund oder ein Verwandter stellt einen möglichen Partner oder eine mögliche Partnerin für ein erstes Treffen vor. Bis da endlich nach zahlreichen unterschiedlichen Begegnungen zwei zusammenfinden, die sich irgendwie mögen, können tatsächlich Jahre vergehen! Bei mir zum Beispiel gab es eine Begegnung mit einer jungen Frau. Ich war damals wohl 28 Jahre alt. Ich wusste sofort, sie war für mich nicht interessant. Aber ich wollte nicht unhöflich sein. Also musste ich sie dazu bringen, mich abzulehnen. Was tat ich? Entschuldigung, nein … ich sag's besser doch nicht! Übrigens, eine Art Regel hier bei uns: Paare, die sich mögen und sich mehrmals treffen, sollten nicht gleich zusammen essen gehen, sondern sich nur zum Getränk treffen. Der gemeinsame Besuch eines Restaurants ist gewöhnlich erst für die Zeit der Verlobung angesagt.«

»Ha, spannend, ja, solche Regeln muss man kennen, sonst macht man Fehler! Darf ich fragen, wie haben Sie Ihre Frau kennengelernt?«

»Als ich Offizier war und auch Japanisch studierte, lernte ich meine Frau an der Hochschule kennen. Ja, ich war interessiert an ihr. Ich sprach sie an. Ich erwähnte, wie nebenbei, mein Alter – und machte mich dabei gute zwei Jahre jünger, als sie war. Das funktionierte, da ich damals sehr jung aussah. In Wirklichkeit bin ich fünf Jahre älter als sie. Da sie Englisch studierte, sagte ich, ich würde von ihr gern ein wenig Englisch lernen. Warum habe ich mich als jünger als sie ausgegeben? Weil Frauen im Kontakt mit jüngeren Männern kein Problem haben, denn ein Mann hat gewöhnlich nicht die Absicht, eine Frau zu heiraten, die älter ist als er. Erst nach einem Monat gab ich mein richtiges Alter an. Da war sie sehr zornig und reagierte nicht mehr auf meine Anrufe. Doch nach fünf Wochen rief sie dann mich an ...

Nach insgesamt vier Monaten entschieden wir uns, zu heiraten. Einen Monat später war Verlobung und nach einem weiteren Monat feierten wir Hochzeit. Meine Frau spricht neben unserer Muttersprache und Englisch auch Chinesisch. Sie ist Geschäftsfrau. Zu Hause bei uns herrschen demokratische Verhältnisse, aber wesentlich folge ich meiner Frau. Zusammen mit meinen Eltern sind wir zu Hause fünf Personen. Gewöhnlich kocht meine Mutter für uns alle.«

»Gehen Sie und Ihre Frau manchmal abends aus?«

»Meine Frau und ich, nun, wir gehen beispielsweise jede Woche in die große Bierbar, die Sie auch schon kennen. Die ist ganz bei uns in der Nähe. Dort treffen wir uns auch oft mit Freunden. Das Bier dort, würde ich mal behaupten, hat wahrhaft deutsche Qualität!«

»Keine Frage, da stimme ich zu! Habt ihr Urlaub? Gehen Sie mit der Familie auf Reisen?«

»Wir haben im Jahr 15 Tage Urlaub. In der Zeit können wir drei zum Beispiel für fünf Tage ans Meer fahren, tatsächlich bekommen wir alle zwei Jahre Coupons für Ferien am Strand. Unsere Tochter ist jetzt acht Jahre alt. Raten Sie, was sie werden will: Schriftstellerin!«

»Sie folgt ihrem Vater, wie auch Sie Ihrem Vater folgen wollten.«

»Mein Bestreben ist, meine Tochter zur Unabhängigkeit zu erziehen, sie in ihrer eigenen Entwicklung zu fördern. Meine Frau ist in der Hinsicht traditioneller als ich. Sie zwingt zum Beispiel unsere Tochter dazu, das Geigenspielen zu lernen oder

Tanzunterricht zu nehmen. Aber die Tochter macht da nur widerwillig mit ...«

»Und Sie kritisieren dann Ihre Frau?«

»Nein, nicht wirklich. Denn natürlich ist solches Lernen auch hilfreich. Lassen Sie mich sagen, meine Frau und ich, wir streiten nie wirklich miteinander. Wenn Widerspruch zwischen uns aufkommt, dann spreche ich nicht, ich bleibe einfach ruhig. Nach Tagen der Nicht-Kommunikation piekst sie mich dann irgendwann mit dem Finger in die Hüfte ... und alles ist gut. Es ist aber auch schon vorgekommen, dass ich anderthalb Monate nicht mit ihr gesprochen habe.«

»Anderthalb Monate?! Donnerwetter, da haben Sie doch Ausdauer. Worum ging es?«

»Kein Kommentar (lächelnd). Das ist ein Geheimnis ... Meine Frau ist anderen Menschen gegenüber äußerlich sehr kühl. Wirklich sehr kühl. Aber zu mir oder gegenüber Freunden ist sie im Herz sehr weich. Manchmal haben wir unter uns so unsere Tricks, wenn es Widerspruch gibt, harmlose, nicht schädigende Tricks, um Probleme in der Familie zu lösen oder, ja – Problemen auch auszuweichen.«

»Kann sie eifersüchtig werden?«

»Ja, ziemlich. Etwa, wenn sie mich mit einer Kollegin zusammen sieht oder bemerkt, dass mich eine Kollegin hin und wieder anruft. Nun, mein Standpunkt: Wenn es keine Eifersucht gibt, dann ist da auch keine Liebe.«

»Worüber sprechen Freunde miteinander, sagen wir, Sie und Ihre Freunde?«

»Über Politik und Literatur, über Angelegenheiten des täglichen Lebens, über Frauen, über Freundinnen und so weiter. Wir laden uns gegenseitig ein, wir kochen zusammen. Oftmals kochen bei solchem Anlass die Männer, und die Frauen sind dann zum Essen eingeladen. Wir verabreden uns auch zur gemeinsamen Teilnahme an Bällen, wo es Tanz gibt und wo wir auch singen.«

»*Was schätzen Sie an sich selbst?*«

»Ich schätze die Kraft meiner Gefühle und meine Fähigkeit, schnell zu lernen. Zum Beispiel lernte ich sehr schnell Tennisspielen. Wie kam das? Ich glaube, einfach weil ich ein gutes Gefühl für die Ballbewegung habe. Ich interessiere mich für vieles, besonders auch für Technik. Wenn ich einen neuen Computer habe, dann öffne ich den und baue ihn wieder zusammen. Mit dem Auto ist es fast genauso.«

»*Sie fahren Auto?*«

»Ja. Das Auto gehört dem Büro. Aber ich fahre nicht zum Büro, ich gehe zu Fuß, das sind dreißig bis vierzig Minuten.«

»*Darf ich fragen: Was mögen Sie nicht an sich selbst?*«

»Ha, dass ich mich zwar für eine Sache begeistern kann, aber beim Auftreten von Schwierigkeiten auch ganz schnell wieder Abstand davon nehme. Das, ja, das ist eine persönliche Schwäche.«

»*Wovor hätten Sie Angst?*«

»Ich hätte Angst, wenn ich mein Vertrauen verliere, mein Vertrauen in mich selbst, egal in welchem Bereich. Kämpfer im

Süden zum Beispiel, in Südkorea, die wegen irgendwelcher Vorkommnisse zu Gefängnisstrafen verurteilt werden, geben ihre ursprünglichen Ideale nicht auf. Ich weiß nicht, ob ich solche Kraft hätte. Auch die Helden im Krieg gegen Japan und die USA, ich weiß nicht, ob ich solchen Heroismus aufbringen könnte. Jetzt, glaube ich, habe ich mich doch irgendwie unter Kontrolle. In meiner Zeit als Student war das nicht so. Wenn ich mich damals mehr unter Kontrolle gehabt hätte, hätte ich vermutlich mehr Vertrauen in mich haben können, hätte einen höheren Ausbildungsgrad erreicht, ja, und könnte insgesamt wohl mehr leisten.«

»In welcher Hinsicht würden Sie meinen, dass man im Westen Ihr Land missversteht? Oder was würden Sie einem ausländischen Besucher, einem Europäer zum Beispiel, ganz spontan mal gerne sagen? Da gibt es, vermute ich, vielleicht einige Themen?«

»Lassen Sie mich nachdenken … Was man zum Beispiel im Westen häufig nicht versteht, ist unsere Haltung, unsere Loyalität gegenüber unseren Führern. Es handelt sich dabei aber nicht um etwas, wie soll ich sagen, Religiöses, auch nicht um eine Beziehung wie zwischen Diener und Herr oder so etwas. Nein, wir haben wirkliche Bewunderung, ich kann auch sagen, echte persönliche Zuneigung. Jedes Land hat schließlich eigene Gepflogenheiten, Empfindungen und ein Recht auf ebendiese. Außerdem sehen wir es als unser Prinzip an, uns nicht in die Angelegenheiten anderer Länder einzumischen. In diesem Sinne sagte unser Präsident Kim Il Sung, als er die Konföderation von Nord- und Südkorea vorschlug, Korea könne ein neutraler Staat werden. Mit der Bezeichnung neutraler Staat meinte er ganz konkret und besonders auch das Beispiel der Schweiz.«

Hier hielt Ri Yong Min kurz inne, bevor er fortfuhr: »Deutschland, Ihr Land, wird von uns bewundert, besonders für Leistungen in der Medizin und in anderen Wissenschaften, auch in der Wirtschaft, in den Künsten, überhaupt in der Kultur, und wird vor allem sehr dafür geschätzt, dass es sich, im Unterschied zu bestimmten anderen Ländern, für die Untaten in der Zeit des Faschismus entschuldigt hat. Ich möchte sagen, wir haben von anderen sehr viel zu lernen, und wenn bestimmte Aspekte für uns passend sind, dann strengen wir uns an, ebendiese auch zu übernehmen. Ich kann hier auch gern bekennen: Wenn ich im Fernsehen internationale Fußballspiele sehe, gilt meine Sympathie immer der deutschen Mannschaft! Lassen Sie mich aber auch sagen, Westeuropa und die USA sind und waren sich in all den letzten Jahrzehnten in der internationalen Politik nahezu einig. Die Vereinigten Staaten sind groß und mächtig. Aber die europäischen Länder sind auch mächtig, besonders Deutschland und Frankreich. Doch sie folgen häufig eher den USA als ihrem eigenen Stolz … All dies kommt mir im Moment in den Sinn. Das sind persönliche Gedanken. Ich habe keine spezielle politische Ausbildung.«

»Ich gehe hier durch die Straßen von Pjöngjang und in anderen Städten Ihres Landes, ich besuche Cafés und Restaurants, ich spreche mit Freunden und auch mit Unbekannten, wir lachen viel, und wir haben Partys, und egal ob Jung oder Alt, man scheint völlig locker und gelassen, Angst vor einem Krieg scheint total abwesend. Ich will ganz offen fragen: Ist mein Eindruck wirklich repräsentativ?«

»Ja, keine Angst vor einem Krieg. Lassen Sie mich in dem Zusammenhang eine Frage aufwerfen: Ich frage mich, wenn die USA oder Japan unter solchen Sanktionen zu leiden hätten wie wir, würden sie das so wie wir aushalten? Wenn Tiger und Schakal gegeneinander kämpfen, gewinnt vielleicht der Tiger.

Andächtiges Schlemmen mit Ri Yong Min und Freunden

Aber er wird auf ewig Grund haben, unglücklich zu sein. Tatsächlich haben wir Kriegserfahrung, Erfahrung aus dem Krieg gegen die USA und ihre Verbündeten. Damals war der Krieg, von uns aus gesehen, sozusagen einer mit Gewehren gegen Bomben. Trotzdem haben wir den Waffenstillstand erzwungen. Wir haben Vertrauen in unsere Führung. Jeder Nordkoreaner heute ist überzeugt: Wenn es zu einem Krieg kommen sollte, werden wir gewinnen.«

Dann sagt Ri Yong Min, und es war keineswegs witzig gemeint: »Dort ist gerade die Kellnerin ... Sie können ihr dieselbe Frage stellen.«

Kapitel 2

»Fliegende Frauen« in der Zirkusarena und ein Abendspaziergang am Nationalfeiertag

Die Vorstellung ist für 15 Uhr angesagt. Wir sind eine halbe Stunde vorher da. Wir, das sind meine Dolmetscherin und ich sowie ein Kollege der Dolmetscherin. Auf dem ausgedehnten Platz vor dem Arenagebäude des Nationalen Zirkus stehen viele Menschen jeden Alters, eindeutig mehr jüngere als ältere, in Gruppen und auch einzeln, ebenso Eltern mit Kindern. Ich sehe Jungen und Mädchen in Schuluniform. Auch Ausländer. Bei den größeren Gruppen handelt es sich wohl um Touristen, die kleinen Gruppen sind vermutlich in Pjöngjang lebende Personen, Botschaftsangehörige, Angestellte vom Internationalen Roten Kreuz, Mitglieder von Nichtregierungsorganisationen (NGOs) u.a. Insgesamt gibt es angeblich über fünfhundert permanent in Pjöngjang lebende Ausländer. Andere Quellen sprechen von tausend Ausländern. Der Kollege der Dolmetscherin hat auf seine Frau und die kleine Tochter gewartet. Als sie eintreffen, gehen wir die Stufen zum Haupteingang hinauf. Dort hängt ein großes Porträt eines Magiers, aus dessen Händen Tauben fliegen, und im Foyer steht eine Metallfigur einer jungen Frau und ihres Partners, beide wie an der Mondsichel hängend und schaukelnd. Im Foyer trennen wir uns, denn die Plätze der Familie befinden sich in einem anderen Bereich als die von mir und der Dolmetscherin.
Die Zirkusarena, die wir hier besuchen, wurde 1952 für die

Nationale Akrobatiktruppe geschaffen. Beim Eintreten, oh, eine riesige, riesige Halle, so, wie man sich eine Arena vorstellt, die Sitzreihen in Stufen hoch nach oben hin verlaufend, scheinbar fast rund um den Bühnenbereich angeordnet, und in den Reihen Menschen über Menschen, zu ihren Plätzen strebend, sich bewegend von oben nach unten, von unten nach oben, von rechts nach links und umgekehrt.

Nordkoreas Akrobatik gehört zur Weltspitze. Sie repräsentiere, so heißt es offiziell, den Kampfgeist, den Optimismus, den Einfallsreichtum des koreanischen Volkes. Männer springen auf Schaukeln und jagen die auf der Gegenseite der Schaukeln stehenden Frauen zu spektakulären Saltodrehungen hoch; eine Balletttänzerin balanciert auf ihrem Kinn eine hochgerichtete lange Stange, auf der ein Tablett mit Gläsern steht; neun Männer und zwei Frauen rennen eine kerzengerade aufgerichtete hohe Leiter hoch und leisten an dieser und zusätzlichen vertikalen Teilen die unerwartetsten Muskelkraftübungen; Mädchen auf Rollschuhen spielen und tanzen raffiniert mit bunten Hula-Hoop-Reifen und erstaunlich gehorsamen Tauben; ein Mann und eine Frau hüpfen in spaßigen Bewegungen zusammen mit zwei geschickten Bären, die es ihnen nachmachen; eine Frau bewegt sich in Ballettschuhen auf einem Seil, tatsächlich tanzend, fährt gar mit dem Einrad auf dem Seil; ein Magier präsentiert eine Frau, aus dieser einen werden plötzlich und unerklärlich zwei, aus diesen werden vier. Höhepunkt der anderthalbstündigen Veranstaltung des Nationalen Zirkus sind die in der Welt einmaligen »Fliegenden Frauen«, deren unvergleichliche Flüge von vier Männern auf drei hochhängenden Schaukeln mobilisiert werden …

Es war der 9. September 2018, also der Feiertag zur Erinnerung an die Gründung der Demokratischen Volksrepublik Korea vor siebzig Jahren, im Jahr 1948. Besonders nach den als wahrlich heldenhaft ankommenden Nummern treten die Darsteller vor, stolz und lachend und freudig, dass ihre gefährlichen Aufführungen (wiewohl komplett abgesichert durch Netz und Seile) gelungen sind, und recken die Fäuste vor zum Publikum, das mit Rufen der Begeisterung und langem Beifall reagiert. Die Stimmung wurde bei bestimmten Aktionen auf der Bühne immer wieder angefeuert durch geräuschvolle Szenen auf einem riesigen Bildschirm, der den hinteren Teil der Bühne dominierte, von mächtigen Explosionen, Donner in wüstenartiger, bergiger Umgebung und dann wieder lebhaften Bildern mit Straßenzügen und Großbauten und Menschenmassen in der modernen Stadt. Nach der Aufführung war ich ziemlich erschöpft. Das Gefühl beim Publikum, so mein Eindruck: Wir brauchen keine Angst zu haben, wenn es zum Krieg kommen sollte, denn wir werden gewinnen.

Der Nationale Zirkus gab, wie ich erfuhr, seine erste Auslandsaufführung im Jahr 1953 in China. Seither war er zu über siebentausend Anlässen in über achtzig Ländern der Welt zu Gast, nahm teil an den großen internationalen Wettkämpfen, etwa in Monte Carlo oder auch in Chinas international berühmtem Wuqiao, und hat immer wieder Gold- und Silbermedaillen mit nach Hause gebracht. Ich selber war hingerissen von der Aufführung der »Fliegenden Frauen«! Ich sagte den für meinen Aufenthalt verantwortlichen Partnern freimütig, dass ich die bekannteste, erfahrenste von ihnen, Kim Chun Ae, gern einmal treffen würde, um ihr ein paar Fragen über ihre Arbeit und ihr tägliches Leben zu stellen. Würde ich die Chance kriegen? Ich war gespannt …

Nach der Show fuhren wir zurück in unser Hotel im Ortsteil Munsu-dong des Stadtbezirks Taedonggang-guyok, Fahrzeit etwa eine halbe Stunde. Es ist ein kleines Hotel, ein einfaches blaues Gebäude, gerade zwei Stockwerke hoch, unmittelbar neben der kubanischen Botschaft, die ich von meinem Fenster aus sehen konnte, auch unweit von der Botschaft der Bundesrepublik Deutschland, die in wenigen Minuten zu Fuß erreichbar ist. Diese in den 1960er Jahren errichtete Botschaftsanlage diente ursprünglich als Botschaft der DDR, die ab 1949 diplomatische Beziehungen zu Nordkorea unterhielt. Nach 1990 wurde von der Bundesrepublik Deutschland in dem Gebäude eine sogenannte Interessenvertretung eröffnet. Am 1. März 2001 nahmen Deutschland und Nordkorea schließlich diplomatische Beziehungen auf. Der Gebäudekomplex beherbergt heute neben der bundesdeutschen Botschaft auch die Botschaften Schwedens und Großbritanniens, und Frankreich unterhält dort ein Kooperationsbüro. Wie es heißt, gab es jedoch in Nordkorea bisher noch keinen einzigen offiziellen Besuch einer bundesdeutschen Delegation auf Ministerebene, ebenso umgekehrt keinen nordkoreanischen Delegationsbesuch solcher Ebene in Deutschland. Immerhin folgte Deutschlands ehemaliger Außenminister Sigmar Gabriel im Frühjahr 2019 einer Einladung nach Pjöngjang und wurde hochrangig empfangen, von dem Vorsitzenden des Auswärtigen Ausschusses der Obersten Volksversammlung Nordkoreas, Ri Su Yong. Zurück in Deutschland, erklärte Gabriel in einem Interview im Tagesspiegel (4. April 2019): »Die Sanktionen, die ja vor allem wegen der Verletzung des Vertrags gegen die Nichtweiterverbreitung von Atomwaffen in den letzten Jahren ausgeweitet wurden, verschärfen natürlich die wirtschaftliche Notlage des Landes. Ich vermute allerdings, dass auch ohne die Sanktionen die Armut im Land aufgrund des Wirtschafts- und Gesellschaftssystems relativ hoch wäre. Trotzdem ist es natürlich wie meist bei Sanktionen: sie treffen am stärksten nicht die Mächtigen, sondern die Ohnmächtigen. Die Kinder, alte Menschen und alle die, die auf die Nahrungsmittel angewiesen sind, die sie selbst herstellen. Jede Dürre, jede Flut, jede Missernte kann in Nordkorea Menschenleben kosten.« Einer von wenigen, die es schaffen, gewisse Wahrheiten zu benennen.

Ein paar Minuten Fußweg hinter der deutschen Botschaft befindet sich ein gut ausgestatteter Laden speziell für Ausländer in Pjöngjang, wo sie importierte Lebensmittel und Getränke in großer Auswahl kaufen können. Auch als Deutscher staunt man, was man da alles von dem bekommen kann, an das man in der Heimat gewöhnt ist.

Gäste in meinem Hotel, das sich »Munsu Diplomatic Home Stay« nennt, waren hauptsächlich Personen, die mit ausländischen Botschaften oder unterschiedlichen internationalen Organisationen verbunden waren. Es gab ein Restaurant, zu dem auch eine Bar gehörte und das außerdem über zwei separate Zimmer verfügte, die bestellt werden konnten, und von denen wir – der Komiteeverantwortliche, die Dolmetscherin, unser Fahrer und ich – gewöhnlich eins besetzten.

Von meinem Fenster aus einem Erker im zweiten Stock hatte ich beim Frühstück, das ich häufig im Zimmer einnahm, einen schönen Blick auf den Garten des Hotels, auf die Tennisplätze dahinter, und gleichzeitig, wenn ich nicht gerade im Fernsehen die Nachrichten der Deutschen Welle sah, konnte ich die Schülerinnen und Schüler morgens auf dem Weg zur Schule oder bei Gelegenheit auch später am Nachmittag auf dem Weg zurück nach Hause beobachten, wie sie rannten und spielten, stehenblieben und sich stritten oder aufeinander warteten oder auch auf dem Bürgersteig an einem Gerät aus Eisenstangen turnten. Diese Unterkunft war auch die erste, in der ich zu meiner Freude wirklich das Gefühl hatte, tatsächlich mitten in Pjöngjang zu wohnen und mich nicht wie bei früheren Hotelaufenthalten beim Blick aus dem Fenster fast wie aus Wolkenhöhen anstrengen musste, um Szenen in den Straßen oder Höfen unmittelbar unter mir oder in der Ferne deuten zu können.

»Heute ist euer wichtiger Feiertag«, sagte ich bei der Rückfahrt im Auto, »lasst mich euch zum Grillen im Garten des Hotels einladen! Was meint ihr?« Die Zustimmung war groß. Bald darauf sitzen wir in einer Laube, umgeben von Grün, reden miteinander, das Bier, das Wasser, der Schnaps, alles bereits serviert, daneben grillen zwei junge Frauen für uns Rindfleisch, Hammelfleisch und Meeresfrüchte, und aus der Küche werden gebratener Reis und Gemüse gebracht. Der Kollege aus der Abteilung der Dolmetscherin hilft beim Grillen. Wir vier sind es gewohnt zusammenzusitzen, unsere Unterhaltungen sind inhaltsreich, betreffen uns und die Welt und sind immer auch belebt durch viel Humor.

Es ist nach 21:30 Uhr, als ich in mein Zimmer komme. Ich überlege: Was jetzt tun? Mich bewegen? Ja, spazieren gehen! Früher war es einem als Ausländer nicht möglich, einfach mal so allein durch die Straßen zu laufen. Man brauchte immer eine lokale Begleitperson. Das hat sich geändert. Jedenfalls konnte ich mich bei meinen letzten Besuchen, wenn ich kein Programm hatte, auf eigene Faust und auch fotografierend in der Stadt umtun, ohne dass jemand glaubte, sich um den umherstreifenden Ausländer kümmern zu müssen. Tagsüber, ja, tagsüber war das so. Aber wie war es am Abend? Das wollte ich für mich in Erfahrung bringen und ging, wie ich war, aus dem Hotel.

Ich folgte der mir bekannten Gasse von wohl dreihundert Metern, bis ich auf den mir ebenso bekannten breiten Boulevard stieß, den ich auf dem breiten Bürgersteig unter hohen starken Straßenlaternen nach links abbog. Der Autoverkehr um diese Zeit war minimal. Alle zehn Sekunden vielleicht, dass mal ein Auto vorbeikam. Die Fußgängerbewegungen hielten sich ebenso übersichtlich. Die Gebäude rechts und links schienen vor allem Wohnblocks zu sein, vor denen sich hin und wieder eine Art Kiosk befand, manche davon auch noch geöffnet.

Ich ging weiter immer geradeaus, vielleicht zehn Minuten, bis zur nächsten größeren Kreuzung. Als ich anlangte, fragte ich mich, ob ich umkehren sollte. Nein, noch bis zur nächsten Kreuzung, die ich hellerleuchtet in der Ferne sah. Nach noch mal etwa zehn Minuten kam ich dort an. Den Moment möchte ich festhalten. Also zücke ich mein Mobiltelefon und mache Aufnahmen von der Kreuzung. Die Lichtverhältnisse, weiß ich, werden kaum brauchbare Aufnahmen erlauben. Aber egal! Es dauert bei den Lichtverhältnissen an der Straße zwei oder drei Klicks, bis ich wahrnehme, dass an meinem Gerät das Blitzlicht eingeschaltet ist – oje, natürlich kann da gar kein annehmbares Foto zustandekommen! Also schalte ich den Blitz aus, drücke noch mal auf den Auslöser, und mache mich auf den Weg zurück.

Nach wenigen Augenblicken höre ich plötzlich Rufe von irgendwo hinter mir. Ich kümmere mich nicht. Weiteres Rufen. Ich drehe mich um. Da laufen drei Männer über die Straße und, da außer mir niemand sonst auf dem Bürgersteig ist, offensichtlich hinter mir her. Unmöglich! Nein, rufen die etwa mich? Tatsächlich, an den Armbewegungen kriege ich mit, die Rufe gelten mir! Ich bleibe stehen. Es sind Männer in Uniform, die da auf mich zukommen. Ich höre: »Kamera! Kamera!«, und aus der Gestik verstehe ich, ich soll das Gerät hervorholen, mit dem ich gerade fotografiert habe. Ich ziehe es aus der Hosentasche. Man gibt mir zu verstehen, ich solle es öffnen und die Fotos zeigen. Das tue ich. Die Fotos von der Kreuzung sind von der Qualität her lächerlich. Die Herren gucken genau, eins nach dem anderen. Sie wollen mehr von meinen Fotos sehen. Ich zeige ihnen, wie man durch das Schieben mit dem Finger zu den weiteren Aufnahmen gelangt. Das beherrschen sie. Ich lasse das Gerät in ihren Händen, und sie betrachten aufmerksam ein Foto nach dem anderen, von denen keines wirklich von polizeilichem Interesse ist. Einer der Herren zieht sich ein paar Meter zurück und tätigt mit seinem Mobiltelefon einen Anruf. Wie kann ich die Herren von meiner Friedlichkeit überzeugen, wo wir uns sprachlich nicht verständlich machen können? Zwei, drei weitere Uniformierte kommen hinzu. Ich zeige Aufnahmen von mir zusammen mit bekannten nordkoreanischen Schauspielern und Schauspielerinnen, um vielleicht auf die Normalität meiner Verbindung mit dem Land aufmerksam zu machen, auch wie ich beim letzten Pjöngjang Filmfestival auf der Bühne eine Rede halte, und Fotos, die mich vor dem Geburtshaus des Führers Kim Jong Il auf dem Heiligen Berg Paektu zeigen, dazu ein Foto dort auf dem Berg zusammen mit einer strahlenden Soldatin in Uniform. Ha, dieses Foto, keine Frage, beeindruckte die Herren, die sichtlich unsicher sind, ob sie mich als Freund oder Feind behandeln sollen.

Passanten kamen vorbei. Einige blieben stehen. Die Polizisten forderten sie auf weiterzugehen. Ich fand die Situation höchst interessant. Ich hatte kein Problem damit. Ich sah das Ganze als eine Erfahrung. Irgendwie hatte ich Sympathie für die Polizisten (waren es Polizisten oder Soldaten?). Schließlich befindet sich das kleine Land unter Kriegs- bzw. unter Waffenstillstandsbedingungen, wird vom Westen immer schon militärisch wie atomar bedroht und isoliert gehalten. Die Nervosität, der ich in der Situation an jener Kreuzung bei den einfachen und uniformierten Bürgern gewahr wurde (Warum fotografiert der Ausländer hier nachts unsere Kreuzung? Ist er ein Feind?), die sich von ihrem Alter her tatsächlich ihr ganzes bisheriges Leben gemäß der Waffenstillstandssituation zu verhalten hatten, konnte ich in gewissem Maße nachvollziehen. Aber ich war natürlich gespannt, wie sich alles entwickeln würde. Würde ich ins Gefängnis kommen können? Kaum.

Weitere Uniformierte erschienen, auch Personen in zivil, wohl gerufen von dem, der da gerade telefoniert hatte. Der im Moment mein Kamera-Telefon in der Hand hatte, ging damit langsamen Schrittes weg. Was hatte er vor? Ich rief auf Englisch, er solle zurückkommen, das sei mein Telefon. Ich gestikulierte entsprechend. Er drehte sich zu mir um, verstand offenbar meine Erregung und kam tatsächlich zurück. Ein Passant mittleren Alters mit seinem kleinen Sohn an der Hand kam vorbei. Er erkannte, dass ich Probleme mit den Uniformierten hatte. Er streckte als Geste Arm und Hand zu mir aus. Man gab ihm

Zeichen, er solle weitergehen. Er blickte irritiert und ging. Ich versuchte, den Uniformierten verständlich zu machen, sie könnten mich zu meinem Hotel in der Nähe begleiten, dort gebe es Dolmetscher, und alles könnte erklärt werden. »Hotel« verstanden sie, sie waren aber offenbar nicht interessiert. Drei von ihnen zogen sich einige Meter zurück, um sich untereinander zu beratschlagen. Der Mann mittleren Alters mit dem kleinen Sohn kam zurück, um erneut Sympathie für mich auszudrücken. Wieder wurde er verjagt. Die Zahl der offiziellen Personen, die glaubten, sich um mich kümmern zu müssen, stieg an bis auf sieben oder acht. Und dann erschien noch einer, in zivil, der mich mit »Good evening« ansprach und fragte, aus welchem Land ich käme. Wieder sah man sich die Fotos an, und das, was nach wie vor die größte Aufmerksamkeit hervorrief, war das Porträt mit der Soldatin vor dem Geburtshaus von Kim Jong Il. Könnte dieses Porträt auf dem Heiligen Berg, fragte ich mich, vielleicht eine Art offizielles Vertrauen mir gegenüber ausdrücken? Jedenfalls schienen sie mir ziemlich unsicher, wie dieses Ereignis mit dem Ausländer zum Abschluss zu bringen sei. Ich wiederholte, sie könnten alle gern mit mir zum Hotel kommen, dort würde sich alles klären. Nein, keine Reaktion dazu. Ich sagte zu dem, der einige Worte Englisch verstand, er und ich, wir könnten auch ein Foto von uns zusammen machen, wie ich mit der Soldatin. Er sagte, nein, das ginge nicht, und zur Begründung deutete er auf das rote Armband, das er trug. Sie unterhielten sich in Gruppen. Sie kamen zu dem Ergebnis, mich aufzufordern, die Fotos, die ich an der Kreuzung gemacht hatte, zu löschen. Das tat ich und steckte dann mein Mobiltelefon endlich wieder in die Hosentasche. Dann stand ich allein mit dem Englischsprecher, die anderen hielten sich mehr und mehr entfernt, als hätten sie mit mir oder der Sache nichts oder nichts mehr zu tun. Er fragte mich: »Wie alt sind Sie?« Ich sagte: »Um die siebzig.« Er schien sehr geschockt. Was war der Grund? War es Verlegenheit darüber, dass man eine ältere Person so angegangen hatte? Oder war es, dass es unmöglich scheint, das Alter eines Ausländers aus einem fernen Land auch nur annähernd zu schätzen? Ich fragte ihn: »Wie alt sind Sie?« Er antwortete nicht. Ich fragte erneut: »Wie alt sind Sie?« Er sagte: »Fünfzig.« Wir lächelten beide. Ich gab ihm die Hand, drehte mich um und ging zurück Richtung Hotel. Es war kurz nach 23:00 Uhr.

Am Tag nach dem außergewöhnlichen Ereignis berichtete ich meiner Dolmetscherin. Sie stellte mir zwei oder drei belanglose Fragen dazu. Und das war es. Danach keine Erwähnung der Angelegenheit mehr. Bei meinen späteren Ausflügen hatte ich keine Erlebnisse solcher Art mehr, weder später am Abend noch tagsüber.

Die Akrobatin Kim Chun Ae, ich hatte sie gesehen, hoch, hoch in der Luft, in der Kuppel der Arena, als sie, die sicheren Arme des Mannes loslassend, wie ein Pfeil von der gewaltig schwingenden Schaukel jagte. Dem Publikum unten stockte der Atem: Sie, frei in der Luft, schlug unglaubliche Saltos und Drehungen, als sei alles freies Spiel, und nach vielen langen Metern dann endlich … an der Gegenschaukel die Unterarme des zupackenden Mannes gleichzeitig greifend und … sicher auf beiden Beinen landend, um kurz darauf den Stand wieder zu verlassen und zurückzufliegen …

Vier Tage nach der Vorstellung trafen wir uns in einem Raum desselben Gebäudes und nahmen auf einem Sofa nebeneinander Platz. Die zierlich gebaute Kim Chun Ae trug ein rotes Polohemd, enge schwarze Hosen und modisch-bunte Sportschuhe. Sie wurde von einem Zirkusverantwortlichen begleitet. Ich interviewte sie.

»Wie und wann haben Sie mit der Akrobatik begonnen?«

»Ich war neun. Damals kamen eines Tages plötzlich Akroba-
tiklehrer und -trainer in unsere Schule. Sie fragten, wer von uns
Schülerinnen und Schülern gern auf die Akrobatikschule gehen
würde. Ich überlegte nicht lange und sagte, ja, das würde ich
gern. Ich hatte immer schon Sport gemocht, und meine Eltern
sind auch manchmal mit mir zu Akrobatikaufführungen gegangen. Niemand sonst in unserer Familie trieb Sport. Aber
ich, ja, ich fühlte, ich wollte körperliche Bewegung. Also
wurde ich geprüft und zu meiner Freude ausgewählt.«

»Ihr Leben änderte sich dadurch sehr!«

»Vormittags Schule, nachmittags Akrobatiktraining. Es gab
Zeiten, in denen ich meinen Entschluss bedauerte. Aber wir
waren eine Gruppe, wir kooperierten miteinander, wir waren
aufeinander angewiesen, und wenn ich in manchen Momenten
dachte, ich will aufhören, dann kamen die anderen zu mir, und
… und ich blieb.«

»Wie war die Haltung Ihrer Eltern?«

»Die waren nicht glücklich, sie waren überhaupt nicht einverstanden. Mein Vater ist Arzt, meine Mutter Ingenieurin. Später,
naja, später waren sie einverstanden. Ich lernte drei Jahre lang
die grundlegenden Bewegungen der Akrobatik. Dann begann
das Fliegen. Ich war damals doch sehr ängstlich, trotz der Si-
cherheitsgurte und -seile. Jetzt ist das alles nichts. Mit fünfzehn
Jahren fing ich an, an internationalen Aufführungen teilzunehmen, in Monaco, in China, in den Niederlanden, in Frankreich
und Italien und natürlich auch in Ihrem Land, in Deutschland,
in München und in Stuttgart. Wir gewannen Erste Preise.
Doch, ich fühlte Stolz. Ich war so jung, noch ein Kind, aber
ich verstand, ich brachte Leistungen für unser Land.«

»Wie ist das heute altersmäßig in Ihrer Gruppe?«

»Die anderen Frauen sind heute alle jünger als ich. Die Jüngste ist siebzehn. Physisch sind wir uns alle ähnlich. Mein Mann ist übrigens auch in unserer Gruppe. (Sie lacht.) Er fängt mich auf der Schaukel auf! Wir haben, kann ich erwähnen, einen Sohn. Unser Sohn ist sieben. Der Titel unserer Vorführung ist ›Fliegende Frauen‹. Wir sind vier Frauen und vier Männer, aber nur die Frauen fliegen, und das in einer Höhe von um die zwanzig Meter. Lassen Sie mich sagen: Ich habe beim Flug vier Drehbewegungen des Körpers. Die sind sehr, sehr schwierig. Im Ausland gibt es bisher niemanden, der das beherrscht. Und hier bei uns im Land sind wir die einzigen. Der Mann schleudert mich in die Luft, und ich mache … oder besser: mein Körper macht vier komplette Drehungen, bis ich es schaffe, den Arm des Mannes auf der Gegenseite zu packen.«

»Sie waren mit Ihrer Truppe im Ausland und haben an den größten internationalen Wettkämpfen teilgenommen, und ihr habt die wichtigsten Preise geholt …«

»Bei unseren Besuchen im Ausland nehmen wir an Wettkämpfen teil und präsentieren unsere Show. Unsere Gruppe hat Goldmedaillen und viele beste internationale Preise gewonnen. In unserem Land trage ich den Titel ›Darstellerin des Volkes‹. Insgesamt gibt es sechzehn ›Darsteller des Volkes‹. Ich bin unter diesen die einzige Frau. Den Titel erhielt ich, da war ich vierunddreißig Jahre alt.«

»Als ich Sie da oben fliegen sah, waren Sie auch für mich ein Star!«

»Nun, es gab tatsächlich eine Fernsehserie über mich, und die war, kann ich sagen, sehr erfolgreich. Ich spiele darin als die

Fliegende. Meine Rolle im Leben außerhalb der Akrobatik wird allerdings von einer professionellen Schauspielerin dargestellt. Thema der Serie ist die Bedeutung der Kooperation, des Zusammenspiels in der Gruppe für die Leistungen der Gruppe, auch die Bedeutung von Zähigkeit und Hartnäckigkeit. Für die Serie bekamen wir im Ausland tatsächlich einen Ersten Preis. Das war im Jahr 2004. Unsere Fluggruppe trainiert täglich, außer am Sonntag. Das Training umfasst jeweils fünf bis sechs Stunden für die grundlegenden akrobatischen Bewegungen und anderthalb Stunden für das Fliegen.«

»*Der Nationale Zirkus hat insgesamt wie viel Mitglieder?*«

»Ungefähr fünfhundert Mitglieder. Dazu gehören zum Beispiel auch Magier und Komödianten. Der Älteste ist siebenundfünfzig.«

»*Ihr habt solch großartige und herausragende Show. Und wenn ihr im Ausland seid, denke ich, sind die Medien sehr interessiert, euch Fragen zu stellen.*«

»Ja, sicher. Aber Konzentriertheit und Ruhe ist alles, worauf es uns ankommen muss. Deshalb auch wohnen wir für gewöhnlich in etwas abgetrennten Gebäuden. Doch, ja, wir geben Interviews und sind auch im Ausland in Kontakt mit den Medien, aber eher, wenn die Show bereits vorbei ist. Häufig sogar erst kurz vor dem Abflug.«

Kapitel 3

»Mein Ur-Ur-Großvater schrieb an die Familie, sie sollten alle in den Norden kommen.«
Die Dolmetscherin Hong Ja Yong

In Nordkorea braucht der übliche Besucher einen Begleiter oder eine Begleiterin, schon aus sprachlichen Gründen. Wenn ich allein zum Fotografieren durch die Straßen gehen oder hin und wieder ein Café besuchen wollte, ging das ohne Begleitung. Aber für gewöhnlich kümmerte sich meine Dolmetscherin Hong Ja Yong um mich und antwortete auf meine Fragen. Wir spazierten etwa am Fluss Taedong und schauten den Anglern oder im Park den Tennis- und Volleyballspielern zu. Wenn wir an dem zentral gelegenen Kim-Il-Sung-Platz anlangten, übrigens einer der größten Plätze der Welt, kehrten wir oft in ein Wiener Café ein, das sich seit Jahren schon wie versteckt an der Nordost-Ecke des Platzes befindet und das ich gern besuchte, da dort bester Kaffee in angenehmer Atmosphäre und mit Blick auf Bürgersteig und Straße geboten wird. Wir hatten immer Themen. Ich konnte zum Beispiel erzählen, dass ich tatsächlich früher schon zweimal bei großen Veranstaltungen auf dem Platz getanzt hatte, zu den lokalen Rhythmen, mit koreanischen Frauen, die zu den festlichen Anlässen ausnahmslos wunderschön traditionell gekleidet waren und mich tänzerisch zu führen suchten, nur dass mein Tanz trotz aller gegenseitigen Bemühungen wohl eher dem glich, was ich so als 17- oder 18-Jähriger auf der Tanzfläche in meinem Land gelernt hatte, und weniger dem hierzulande Üblichen. Dennoch, das Festpublikum, die Zuschauer am Rand und auf den langen Balkonen beobachteten und lachten und klatschten angesichts solcher für ihre Augen besonderen Exotik!

Meine Dolmetscherin und ich sprachen häufig über ernste Themen, aber gleichzeitig kam von Hong viel erfrischender Humor. Hin und wieder erzählte sie wahrhaft umwerfende Geschichten. Hier eine solche Episode, zu der eine Vorgeschichte gehört:

Wir besuchten in den Bergen den kleinen buddhistischen Tempel, der den Namen »Prinzip-Wolke-Tempel« trägt und der im Jahr 392 entstanden sein soll. Dort trafen wir einen Mönch mittleren Alters, kahlrasiert, gutaussehend, intelligent wirkend, gekleidet in eine graue Kutte, die Hose im gleichen Stoff, eine rote Decke über den Schultern, dazu graue Stoffschuhe, eine Kette um den Hals und eine weitere Kette in der Hand. Er sagte, er lebe seit sechs Jahren in dem Tempel. Auf meine entsprechende Frage sagte er, sein Hintergrund sei, er habe ursprünglich an der Sozialwissenschaftlichen Akademie Geschichte studiert und sich im Verlauf des Studiums mehr und mehr auf den Buddhismus konzentriert. Ich wollte es genauer wissen und fragte, wie es dazu kam, dass er Mönch wurde und in den Tempel eintrat. Oh, da gebe es ein Geheimnis, sagte er bedeutungsvoll und mit entsprechendem Gesichtsausdruck. Donnerwetter, dachte ich, interessant, interessant! Ich fragte, ob er vielleicht verheiratet gewesen sei und sich von seiner Frau habe trennen müssen. Nein, nein, war er nicht, und dabei lächelte er tiefgründig, und dieses Lächeln machte alles noch geheimnisvoller. Ich fragte neugierig nach. Er sagte, es habe da wirklich eine traurige Geschichte gegeben. Ich fragte, wobei nun auch ich lächelte: Vielleicht doch etwas mit zerbrochener Liebe? Ich erklärte ihm, Nonnen in China hätten mir solche Gründe genannt, warum manche von ihnen die Familie und das heimische Leben verließen und in den Tempel gezogen waren. Er wehrte ab, es sei bei ihm keine zerbrochene Liebe … Hinter mir standen eine Reihe Menschen, die gekommen waren, um dem Mönch Ehrerbietung zu zeigen, und ich musste die Unterhaltung beenden. Das tat ich, nachdem Hong noch drei Fotos von dieser doch denkwürdigen Begegnung machen durfte, die ich gern und ohne jegliche inneren diplomatischen Bremsen weitergeführt hätte.

Als wir dann im Auto saßen, erzählte Hong, in der alten Zeit hätten die Eltern eines verheirateten Sohnes das Recht gehabt, die Scheidung zu verlangen, wenn die Schwiegertochter kein Kind zur Welt brachte. In solcher Situation also, wenn die jungen Frauen trotz aller Bemühung nicht schwanger wurden, gingen sie irgendwann natürlich – denn wo sonst hätten sie Hilfe erwarten können? – in den Tempel und baten im Gebet um Hilfe und offenbarten auch den Mönchen ihr Problem. Der eingeweihte Mönch, mit all seiner Erfahrung, seinem Wissen und seiner ihm vom Himmel verliehenen Kraft, schaffte es, die Hilfesuchende zu beruhigen und von seinen Möglichkeiten zu überzeugen, und siehe da, die junge Frau kam vom Tempel nach Hause und war tatsächlich – schwanger! Der Mönch besuchte von da an immer wieder gern die dankbare Familie und wurde gut bewirtet und mit Geschenken überhäuft!

Ich sah gern zu, wie Hong mit Buntstiften malte und dabei die Freude und Hingabe eines Kindes offenbarte, oder wie souverän sie mit Ri Yong Min auf dem Tennisplatz vor unserem Hotel Tennis spielte, auch wie sie sich eisern mit uns durch die unterirdische gewaltige Felshöhle Ryongmun kämpfte und sich anschließend mit herrlicher Lebhaftigkeit auf das gemeinsame Picknick konzentrierte, und beobachtete ihre Faszination am Himmelssee Chonji auf dem ruhenden Vulkan Paektu, dem mit 2750 Metern höchsten Gipfel und Heiligen Berg der Koreanischen Halbinsel. Ich schätzte Hongs Natürlichkeit,

Selbstverständlichkeit, ihre oftmals unerwartete Offenheit. Wir konnten uns sogar unsere Träume erzählen und diese zu deuten versuchen. So telefonierte ich eines Morgens von meinem Hotelzimmer aus mit ihr. Es dauerte, bis sie abnahm. Später erzählte sie, sie sei gerade mitten in einem Traum gewesen. Wir fuhren darin auf einem Boot, und dabei fielen ihr aus Unachtsamkeit ihr Telefon und meine Kamera ins Wasser. In dem Moment, als ich anrief, war man gerade dabei zu versuchen, die beiden Objekte aus dem Wasser zu holen und zu sehen, ob die Technik, die Inhalte und Fotos noch brauchbar waren … Gelegentlich unternahmen wir auch etwas, gingen zum Beispiel Bowling oder Billard spielen.

Eines Tages fragte ich sie, ob ich ihr ein paar Fragen über ihr Leben würde stellen dürfen und die Antworten mitschreiben könnte. Sie stimmte umstandslos zu. So trafen wir uns zu mehreren Gelegenheiten in den angenehmen Café-Bars im fünften und sechsten Stock des Pjöngjang Hotels am Fluss Taedong, wo wir zu der Zeit wohnten, zum Cappuccino oder Gin Tonic, und sprachen über dies und das.
Meine erste Frage bezog sich auf ihren Aufenthalt in dem Kinderpalast Mangyongdae (siehe Kapitel 14), den ich mehrmals besucht hatte und bewunderte, und was die Gründe waren, dass Hong, wie ich wusste, als Kind diesen Palast nach kurzer Zeit wieder verlassen wollte und dann auch tatsächlich verließ. Hong Ja Yong erzählte: »Ich war als Kind nicht unbedingt gehorsam. Lass mich erklären: Als ich im Kindergarten war, hieß es von mehreren Seiten, ich sei geeignet für eine Aufnahme in den Kinderpalast Mangyongdae, und zwar für eine musikalische Ausbildung dort. Tatsächlich hatte ich nur ein ganz klein wenig Gitarre spielen gelernt, (lachend) sah aber angeblich reizend aus. Da war ich sechs Jahre alt. Der Palast wählte mich aus, Flöte spielen zu lernen. Am Anfang war ich von alledem recht angetan.

Meine Dolmetscherin Hong Ja Yong und eine weitere Dolmetscherin in festlicher Kleidung bei einem Bankett auf dem Berg Paektu

Mit sieben Jahren kam ich zur Schule. Ich fuhr mit der Straßenbahn zur Schule, die nicht weit vom Kinderpalast lag. Das Essen bekam ich von zu Hause, das packte mir meine Mutter oder meine Großmutter ein, und das verzehrte ich in der Schule. Von der Schule ging ich nach dem Mittagessen zum Palast. Die Kinder in der Klasse, in der wir Flöte spielen lernten, waren verschiedenen Alters. Es war alles recht lebhaft. Aber außer sonntags war ich jeden Nachmittag im Palast, und irgendwann fing ich an zu denken, ich wollte doch lieber draußen und mit den Freunden zusammensein und nicht unbedingt Flöte spielen lernen!

Eines Tages riss ich eine Seite aus meinem Notizbuch und schrieb einen Brief, und zwar in der Art, als wäre ich selbst meine Mutter: ›Meine Tochter fühlt sich nicht wohl und wird einige Tage zu Hause bleiben müssen ...‹. Den Brief unterschrieb ich dann allerdings nicht mit dem Namen meiner Mutter, sondern unterschrieb: ›Ihre geschätzte Schülerin Hong Ja Yong‹! Daraufhin wurde meine Mutter zum Palast bestellt! Die Lehrerin zeigte ihr den Brief. Ich war im Ergebnis sehr, sehr schockiert über meine Dummheit. Damals wohnte ich bei meinen Großeltern, denn deren Wohnung befand sich nicht weit vom Palast, und meine Eltern waren sehr beschäftigt. Meine Mutter lehrte an der Kim-Il-Sung-Universität, und mein Vater war Journalist und häufig auf Reisen. Die beiden hatten kaum Zeit für mich. Also kümmerten sich die Großeltern um mich. Ich sagte damals zu meiner Mutter, ich wolle nicht mehr zum Kinderpalast gehen und Flöte spielen. So entschieden meine Eltern, ich könnte nach nun knapp zwei Jahren den Palast verlassen. Gleichzeitig fanden sie eine für mich passende Schule, nicht weit von ihrer Wohnung, und so verließ ich meine bisherige Schule, zog bei den Großeltern aus und wohnte bei meinen Eltern, übrigens auch mit meinem Bruder. Der war gerade erst zwei Jahre alt.

Hinterher bedaure ich es doch ein wenig. Denn hätte ich, sagen wir, drei Jahre lang Flötespielen gelernt, hätte das Auswirkungen auf mein weiteres Leben gehabt. Die Lehrerin bemühte sich sehr, sie litt meinetwegen, aber ich war zu unabhängig. Bis heute denke ich, wenn ich später einmal durch irgendwelche Umstände die Chance haben werde, ein Musikinstrument spielen zu lernen, dann werde ich sicher die Flöte wählen!

Als ich später dann beim Roten Kreuz arbeitete, wohnte ich wieder bei den Großeltern. Ich schätze meinen Großvater sehr, vielleicht sogar mehr als meinen Vater. Aber der Großvater wollte, dass ich Medizin studiere. Er selber war ein namhafter Physiologe. Er hatte in Moskau studiert und arbeitete dann an der Medizinischen Hochschule von Pjöngjang, bis zu seinem Tod. Er meinte, eine Fremdsprache zu lernen sei keine sehr außergewöhnliche Sache. Aber ich war anderer Meinung und studierte hier an unserer Fremdsprachenhochschule Englisch.

Mein Großvater war und blieb aber immer auf meiner Seite. Er hörte mir zu und beschützte und ermutigte mich. (Lachend:) Er brachte mir zum Beispiel bei, beim Essen nicht gedankenlos Geräusche zu machen. Die Büros vom Roten Kreuz befinden sich gerade gegenüber von der Hochschule, an der mein Großvater lehrte. Meine Arbeit im Roten Kreuz war auch verbunden mit der Abteilung für körperliche Wiederherstellung und somit auch bezogen auf künstliche Gliedmaßen. Ich besuchte den Großvater in dieser Zeit oft und fragte dann manchmal, gespielt witzig, wo denn nun die Leichen und Skelette liegen, und wollte auf diese Weise ausdrücken, er und ich, wir folgten professionell der gleichen Richtung.

Mit 17 Jahren fing ich mit dem Studium an. Das war 2003. Tatsächlich hatte ich in der Schule schon Englisch gelernt, seit ich elf war. Meine Mutter, die selber über zwanzig Jahre lang Physiklehrerin war, meinte, ich sollte Fremdsprachen studieren, und zwar Englisch, denn Englisch sei besonders wichtig. Sie fand, ein reines Wissenschaftsstudium, etwa ein Medizinstudium, und anschließend die Arbeit im Krankenhaus, das Sich-Kümmern um Patienten, das sei für mich nicht unbedingt passend, sei zu schwierig, zu hart und ich dazu nicht genügend diszipliniert. Ich folgte ihrem Rat und habe es nicht bereut. Ich absolvierte die Hochschule im Jahr 2008. Nun kann ich die Welt über die Fremdsprache verstehen.«

»Nun, da muss ich konkret fragen: Was hast du in der Hinsicht verstanden?«

»Ich habe verstanden, dass Kommunikation in der Welt alles ist! Früher dachte ich, wir seien alle sehr, sehr unterschiedlich.

Doch durch die Fremdsprache, durch mein Studium fremdsprachiger Literatur und durch das Kennenlernen eben auch von Ausländern weiß ich, wir sind als menschliche Wesen gleich. Lass mich sagen, die Menschen in den westlichen Ländern haben viele falsche Ansichten über uns und unser Land. Das ist besonders auch hervorgerufen durch die Medien. Daher meine ich, es wäre und ist auf jeden Fall hilfreich, wenn ihr uns besucht und wir mehr miteinander kommunizieren.«

»Das ist sicher richtig. Wie kamst du zum Roten Kreuz?«

»Nachdem ich das Studium absolviert hatte, arbeitete ich allgemein als Übersetzerin, fand das aber nicht interessant genug. Als ich dann dem Roten Kreuz vorgestellt wurde, vor allem wegen meiner Englischkenntnisse, akzeptierte ich und begann, dort zu arbeiten. Das war 2010. Da arbeiteten Ausländer aus verschiedenen Ländern. Sie wurden meine Kollegen. Wie gesagt, ich stellte fest, wir haben übereinstimmende menschliche Aspekte und Grundlagen. Ich besuchte auch Australien und Sri Lanka und Peking. Im Büro schloss ich Freundschaft mit einer Holländerin namens Jeannette, die ursprünglich in der Schweiz lebte. Sie war um die fünfzig, ich über zwanzig. Ihre Mutter schrieb mir damals zum Beispiel zum Neujahr einen wunderschönen Brief und schickte Konfekt. Und in Mails an die Tochter fragten die Eltern dieser Kollegin häufig nach mir. Ich war sehr gerührt.
Ich blieb drei Jahre beim Roten Kreuz. Dann hatte ich bei einem bestimmten Thema hinsichtlich professionellen Managements Widerspruch mit der Mehrheit und entschied mich daher, die Organisation zu verlassen. Immer schon, auch als Kind, wollte ich, musste ich unbedingt meine Meinung ausdrücken. Ich fürchte mich nicht, kritisiert zu werden. Ich denke bis heute, dass meine Meinung in der Angelegenheit damals richtig war, und ich bedaure nicht, dass ich sie in der Sache bekundet habe.

Parkspaziergang mit Hong Ja Yong

Meine Eltern betreffend möchte ich erwähnen: Ja, bei uns im Land ist es so, dass die Kinder gewöhnlich bis zur Heirat bei den Eltern bleiben. Oder wenn die Wohnung groß genug ist, ist es durchaus normal, dass das neue junge Ehepaar auch weiterhin seinen Platz in der Wohnung der Eltern behält. Töchter pflegen engere Kommunikation mit den Müttern. Auch ich spreche mit dem Vater gewöhnlich nur über Arbeitsfragen. Von meiner Mutter kommt immer: Wann, wann heiratest du? Aufgabe des Vaters ist es dann, zu helfen, die Mutter ein wenig zu beruhigen. Aber unter solchen Bedingungen passiert es, dass manche Kinder nicht wirklich aus eigenem Entschluss heiraten.

Nicht selten, dass Freunde oder Freundinnen meiner Mutter einen möglichen Partner für mich vorstellen wollen. Gewöhnlich telefoniert dann der junge Mann mit mir, und wir verabreden ein Treffen in einem Café oder Restaurant. Nach solchen Treffen war fast immer die Situation, dass ich den Jungen ablehnte. Aber es geschah auch, dass ich abgelehnt wurde. Die Jungs schätzen bei den Mädchen gern eine etwas unterwürfige Haltung. Ich treffe gewöhnlich nach zwei oder drei Treffen eine Entscheidung. Meine Mutter kritisiert dann, ich sei zu schnell mit meiner Ablehnung, ich solle mich nicht so schnell zurückziehen, sondern weiteren Begegnungen zustimmen. Sie hat auch schon mal gesagt, ich sei arrogant. So oder so, wenn ich eine neue Verabredung habe, also mit jemandem, den ich noch nicht persönlich kennengelernt habe, bitte ich für gewöhnlich im Vorfeld eine gute Kollegin und Freundin, mich auf jeden Fall während der Verabredung anzurufen und mir mitzuteilen, es gäbe gewichtige Gründe, dass ich ins Büro kommen oder ganz schnell eine wichtige Arbeit erledigen müsse. Nach so einem Telefonat habe ich dann die Möglichkeit, die aktuelle Begegnung zu beenden, wenn mir nämlich die Konversation oder die Begegnung überhaupt nicht zusagt.«

»Ich erinnere mich, wir kamen eines Abends aus dem Café am Kim-Il-Sung-Platz, Ri Yong Min war auch dabei. Es war dunkel, und da standen an der Ecke des Cafés ein Mann und eine Frau, jung bis mittleren Alters. Sie sprachen miteinander. Und ihr sagtet: ›Die beiden sind eindeutig einander vorgestellt worden und haben hier nun ihr erstes Treffen und lernen sich in diesem Moment gerade persönlich kennen.‹ Woran man das erkenne, fragte ich euch. Das erkenne man an dem unbedingten Abstand, den beide halten, und daran, dass dieses Treffen eben in der Dunkelheit stattfinde. Ich vermute, der junge Mann, den du triffst oder treffen sollst oder willst, soll auf jeden Fall älter sein als du?«

»Kaum möglich, dass ich jemanden mag, der jünger ist als ich. Das ist selten bei uns, dass eine Frau einen Mann wählt, der jünger ist als sie. Mein Bruder, der ja jünger ist als ich, macht gern Witze, wenn ich nicht den richtigen finde, dann würde er mich heiraten! Mein Bruder ist sieben Jahre jünger als ich. Früher war ich ziemlich eifersüchtig auf die Zuneigung und Aufmerksamkeit, die er bekam. Denn ich war in den Hintergrund gedrängt, für mehrere Jahre. Später dann wollte er mich häufig zu Freunden oder Veranstaltungen begleiten. Aber ich lehnte ab und sagte entschieden: ›Lass mich allein!‹
Als er dann um siebzehn Jahre alt war, normalisierte sich unsere Beziehung, und wir fingen an, miteinander zu kommunizieren. Denn ohne Kommunikation, ohne die Fähigkeit und Bereitschaft zu Gesprächen, sind alle Missverständnisse möglich. Heute können wir, mein Bruder und ich, über alles reden, auch über Dinge, über die ich mit den Eltern nicht reden kann. Wenn ich dies oder das über die Jungs nicht verstehe, dann erklärt er mir, und das, ja, das hilft.
Wenn meine Mutter unbedingt will, dass ich jemand ein weiteres Mal treffe, ich aber nicht will, dann verteidigt mich mein Bruder und sagt, die Mutter solle mehr Vertrauen in mich

haben. Und er macht Witze: ›So oder so: Ich bin allemal der Beste!‹

Mein Bruder ist seit einem Jahr bei der Armee, weit weg von Pjöngjang. Alle Jungs wollen zur Armee. Er hat sein Mathematikstudium absolviert und eine Ingenieursausbildung begonnen. Möglicherweise kommt er nach drei Jahren von der Armee zurück und wird dann die Ausbildung zum Ingenieur abschließen. Er ruft hin und wieder an und fragt dies und das, auch, ob ich einen Freund gefunden habe.«

»Hast du gute Freundinnen?«

»Ich habe vier sehr gute Freundinnen, eine vom Roten Kreuz, zwei frühere Kommilitoninnen und eine gegenwärtige Kollegin. Die haben alle ungefähr mein Alter. Sie sind alle verheiratet. Mit ihnen kann ich über alles sprechen. Manchmal treffen wir uns zu Hause, manchmal im Café oder Restaurant. Da sie verheiratet sind, haben sie natürlich auch noch andere Themen als ich. Und sie haben weniger Zeit als ich.

Die Wahrheit ist: Zur Zeit denke ich, die Kommunikation mit männlichen Freunden ist schwieriger als mit Freundinnen. Männer konzentrieren sich gewöhnlich mehr auf sich selbst. Sie nehmen weniger die Probleme der anderen wahr.«

»Ha, eine sehr strenge Stellungnahme. Sag, allgemein, was machst du so in der Freizeit?«

»Natürlich treibe ich Sport. Ich spiele Tennis, Volleyball, früher auch Basketball. Außerdem laufe ich zwei bis drei mal die Woche, jeweils etwa fünfzehn Minuten. Anschließend gehen ich zu Hause unter die Dusche. Außerdem bin ich über meine Familie zum Lesen angehalten worden. Ich bekam zu Hause viele Bücher. Als mein Vater die Hochschule absolvierte, gab sein Großvater, also mein Urgroßvater, ihm eine Wirtschaftsenzyklopädie von zwei Bänden und schrieb ihm persönlich auf die Eingangsseite: ›Bücher sind nicht zur Dekoration. Aber viele Menschen benutzen sie allein zur Dekoration. Auf welcher Seite stehst du? Dein Großvater‹. Das hat mir mein Großvater gezeigt, eben um mich entsprechend zu erziehen.«

»Großartig, dein Urgroßvater! Wie sind deine Gedanken über Koreas feudale Vergangenheit?«

»Oh, das ist ein großes Thema. Denn ich habe in verwandtschaftlicher Hinsicht einen feudalen Hintergrund ... Das wusstest du nicht! Jetzt erzähle ich es dir. Leute haben mir auch schon vorgehalten, dass ich so traditionell sei ... Meine Vorfahren stammen aus dem Süden. Sie waren Aristokraten der Yi-Dynastie. Die herrschte über fünf Jahrhunderte lang, von 1392 bis 1910. Es handelte sich um die letzte feudale Dynastie vor der Kolonisierung unseres Landes durch Japan. Im Jahr 1910 nahm sich einer meiner Vorväter das Leben. Er hatte in der damaligen Gesellschaft den Rang des Verantwortlichen für einen Kreis. Er nahm sich das Leben aus Protest gegen die Kolonisierung. Solche Aktion war nicht ungewöhnlich für einen Aristokraten. Die ›patriotischen Aristokraten‹, wie sie genannt wurden, akzeptierten nicht die Kolonisierung unseres Landes. Seine letzten Worte waren: ›Seid niemals für die Japaner, selbst wenn es euch und euer Leben in Gefahr bringt!‹ Sein Sohn Hong Myong Hui studierte zu der Zeit in Japan. Er eilte nach Hause, und von da an erlaubte er niemandem in der Familie mehr, Japanisch zu lernen. Nach der Befreiung unseres Landes erhielt Hong Myong Hui den Titel ›Erster Akademiker‹. Dieser Titel wurde insgesamt nur etwa einem Dutzend Menschen im Land verliehen.

Mein Großvater war bei der Befreiung 1945 sechzehn Jahre alt. Sein Vater hatte ihm verboten, unter der Herrschaft der Kolonialherren die Schule zu besuchen. Also begann für ihn die schulische Ausbildung erst nach der Befreiung. Die Mitglieder meiner Familie begaben sich 1948 alle nach Nordkorea, als die Demokratische Volksrepublik Korea – für uns in der englischen Abkürzung ›DPRK‹ – gegründet wurde. Als Datum dieser Gründung gilt der 9. September des Jahres 1948. Mein Ur-Ur-Großvater erhielt von dem Führer Kim Il Sung die persönliche Einladung zur Teilnahme. Dieser Einladungsbrief ist heute im Museum ausgestellt. Es fand eine Konferenz der politischen Parteien und sozialen Organisationen des Südens und des Nordens statt, mit der Absicht, eine Regierung für die gesamte koreanische Halbinsel zu bilden. Mein Ur-Ur-Großvater Hong Myong Hui war der Führer der ›Demokratischen Unabhängigen Partei‹. Er war damals sechzig Jahre alt. Er entschied sich, in Pjöngjang zu bleiben, und wurde der Erste Stellvertretende Ministerpräsident der Regierung. Er schrieb an die Familie, sie sollten alle in den Norden kommen, von Seoul nach Pjöngjang. Die USA hielten zu der Zeit bereits den Süden besetzt und schufen sich ein Marionettenregime, um unser Land in Teilung zu halten.«

»Deine Familie, deine Verwandtschaft, ihr habt alle, wie du erklärst, feudal-aristokratischen Hintergrund. Hast du, habt ihr später dafür in irgendeiner Form Probleme bekommen oder leiden müssen?«

»Niemand aus meiner Familie wurde dafür irgendwann negativ behandelt, auch ich nicht. Kim Il Sung persönlich entschied, dass das Büro meines Ur-Ur-Großvaters Hong Myong Hui sich unmittelbar neben seinem eigenen Büro befinden sollte. Die Frau von Kim Il Sung – Kim Jong Suk – bereitete, völlig überraschend, zum sechzigsten Geburtstag von Hong Myong Hui, dessen Familie zu dem Zeitpunkt noch nicht im Norden eingetroffen war, den Geburtstagstisch vor! Als die Familie dann später ankam, stellte Kim Il Sung jegliche Hilfe und Unterstützung zur Verfügung. Bei uns zu Hause hängt ein Foto an der Wand, man sieht Kim Il Sung und Hong Myong Hui zusammen in einem Ruderboot, Kim Il Sung rudernd.

Lass mich noch anfügen: Heute ist in meiner Familie oder Verwandtschaft niemand mehr in politischer Position. Die sind wesentlich alle intellektuell orientiert. Aber mein Ur-Ur-Großvater Hong Myong Hui hat eine bewegte Geschichte. Er wurde 1888 geboren und starb 1968. Zeitweilig trat er auch als Autor hervor. Sein Thema war eine bestimmte Figur aus unserer Geschichte, und der Titel des Werks ist der Name eben dieser Figur: Rim Kok Jong. Er schrieb, als er noch im Süden lebte, und er schrieb, um Geld zu verdienen. Denn die Ländereien, die ihm zustanden, hatte er einfach verschenkt. Anfangs verfasste er allein ein paar Folgen der Geschichte für eine Zeitschrift, das entwickelte sich dann zu einer Romanserie und daraus wurde ein großer Film! Der Titelheld Rim Kok Jong war ein Schlachtermeister, repräsentierte somit den niedrigsten Berufsstand in der feudalen Gesellschaft. Die Bücher sind nach wie vor im Vertrieb …

Ich möchte noch eine Anekdote erwähnen, die meinen Ur-Großvater, also den Sohn von Hong Myong Hui betrifft. Er war der Linguist Hong Gi Mun, eine namhafte Persönlichkeit, bekannt im Norden wie im Süden. 1960 besuchte er Japan. Dort gab er ein Interview für die Presse, und ein Journalist aus Südkorea fragte: ›Ihre Heimat, Ihr ursprüngliches heimatliches Dorf ist im Süden. Vermissen Sie nicht Ihre Heimat im Süden? Auf Ihrem Weg zurück nach Pjöngjang könnten Sie die Reise unterbrechen und Ihre Heimat besuchen.‹ Mein Ur-Großvater antwortete darauf: ›Ja, ich vermisse in der Tat meine Heimat im Süden. Aber ich möchte nicht meine von ausländischem Militär besetzte Heimat besuchen!‹«

Kapitel 4

»Es gibt nur einen Mond am Himmel.«
Bedroht Nordkorea die Welt?

In Nordkorea darf man auf Überraschungen gefasst sein. So lud mich Om Son Guk eines Tages unerwartet für den Abend zu einem Essen ein. Der Grund? Mein Geburtstag! (Dieses Datum, das ich nicht verraten hatte, lässt sich schließlich aus meinen Passangaben ersehen.) Alle gratulierten mit sehr herzlichen Worten. Es gab vorzügliche koreanische Speisen und eine gigantische Schokoladentorte. Einige der Formulierungen von Om Son Guk im Verlauf der Unterhaltung an dem Abend, die ich auf meinen Wunsch hin mitschreiben durfte, möchte ich hier wiedergeben. Ich kannte Om bereits länger und bin mit ihm früher auch schon einmal bei einem seiner Besuche durch Peking spaziert. Er ist Vizepräsident der Pyongyang International Cultural Exchange Society, ist auch schon mehrmals in Europa gewesen und bedauert, dass es bei solchen offiziellen Reisen neben den konkreten Zielen in dem jeweiligen Land gewöhnlich wenig Möglichkeiten für mehr persönliche Kontakte oder Besuche gibt. Gleichzeitig aber, setzte er in unserem Gespräch lachend hinzu, sehne er sich immer auch nach Hause, denn er brauche sein Heim und vermisse in der Ferne das tägliche Schimpfen seiner Frau! Auch schätze er den Pjöngjanger Schnaps mehr als den Scotch Whiskey. Aber wenn er so viel tragen könnte, wie er wollte, würde er alle wissenschaftlichen Bücher aus Europa mitnehmen!

Ich fragte Om Son Guk: »*Welche Bedeutung hat der Krieg 1950-53 für die junge Generation heute noch in Nordkorea?*«

»Geschichte kann neu beurteilt werden. Wahrheiten aber können nicht neu beurteilt werden. Es gibt bei uns ein Lied, das den Titel trägt ›Drei Jahre Krieg‹. Eine Zeile darin lautet: ›Bei uns im Boden findest du mehr Bombenreste als du Erde findest!‹
Die Wahrheit ist, um 1950 lebten in Pjöngjang 400.000 Menschen. Die Wahrheit ist außerdem: Es wurden über 420.000 Bomben auf Pjöngjang geworfen! Das heißt: Sogar die ungeborenen Babys wurden mit Bomben bedacht!«

»*Das sind furchtbarste Zahlen. Man hört solche Zahlen, und man weiß nicht, was zu sagen …*« Ich sagte nach einer Pause: »*Manche im Westen behaupten, Nordkorea bedrohe die Welt. Auch in deutschen Medien und Büchern gibt es Formulierungen wie: ›Selten wurde die Welt so bedroht!‹ Ich möchte fragen, wie denken Sie, wie ist Ihre Reaktion, wenn Sie mit solcher Art Stellungnahmen oder Reden konfrontiert sind? Bedroht Nordkorea die Welt?*«

»Wir können uns bemühen, den Frieden dadurch zu erhalten, dass wir uns gegen aggressive Mächte wappnen und verteidigen. Nordkorea verfügt über die erforderliche Kraft dazu. Auch die Regierung der USA hat dies erkannt. Bedroht Nordkorea die Welt? Tatsächlich sind wir gezwungen, unsere Verteidigung aufzubauen. Nämlich um uns zu verteidigen, und wahrhaftig nicht, um zu bedrohen! Warum sollten wir die Welt bedrohen wollen? Wir sind Teil der Welt. Wir gehören zur Welt. Und überhaupt, wir sind wahrhaftig nicht total isoliert. Unser Land kommuniziert und kooperiert mit anderen Ländern in Wissenschaft und Technologie, und wir betreiben auch internationalen kulturellen Austausch. Der Präsident der USA

Om Sun Guk, Vizepräsident der Pyongyang International Cultural Exchange Society, war maßgeblich mitverantwortlich für die konkrete Organisierung meiner Reisen in Nordkorea

sagte einmal, es sei kein großes Problem, die 25 Millionen Nordkoreaner zu töten. Sagen Sie, sollen wir einfach dasitzen und uns töten lassen? Oder sollten wir doch besser unsere Verteidigung ausbauen?«

Om Son Guk hätte auch sagen können, wie man in nordkoreanischen Stellungnahmen liest, am wichtigsten sei, das Land, das Territorium, die Menschen und die Würde der Nation zu schützen. Weiter sei man sich neben der eigenen Verteidigungsstrategie bewusst, dass in gewissen Zeiten der plötzliche und unerwartete Angriff die beste Verteidigung sein könne, dann nämlich, wenn man sicher sei, der Feind plant einen unmittelbar bevorstehenden Schlag.

Om Son Guk zitierte aus einem berühmten koreanischen Gedicht:

Es gibt nur einen Mond am Himmel.
Aber die Gefühle derjenigen,
Die zu dem Mond schauen,
Sind keineswegs einheitlich.
Sind einige der Schauenden doch glücklich,
Aber die anderen traurig.

Er fragte: »Was sagen uns solche Zeilen? Sie sagen, es gibt Tatsachen, es gibt Geschehnisse, aber die Beobachter unterscheiden sich durch ihre Gedanken und Ansichten. Oder mit Bezug auf einen anderen konkreten Fokus: Es gibt, unser Land betreffend, viele verfälschte Sichtweisen. Doch wenn die Menschen öfter und zahlreicher unser Land besuchen, werden sie mehr erkennen und verstehen.«

»Wie sehen Sie gegenwärtig die Entwicklungen in der Welt in Bezug auf die Haltung gegenüber Nordkorea?«

»Es gibt positive Stellungnahmen, ja, doch, es gibt positive Haltungen in der Welt. Außerdem hat es in letzter Zeit mehr Besuche von Politikern aus Europa gegeben. Auch von höchster Stelle in Japan war gesagt worden, man möchte gern unser Land besuchen.«

»Welche Hilfe oder Unterstützung erhofft sich vor solchem Hintergrund Ihr Land jetzt oder in der Zukunft von Deutschland?«

»Wir wünschen keine spezielle Hilfe oder Unterstützung von Deutschland. Deutschland ist in Wissenschaft und Technologie höchst entwickelt. Also können wir von Deutschland sehr viel lernen. Besonders etwa im medizinischen Bereich. Deshalb ist für uns auf jeden Fall auch wichtig, die deutsche Sprache zu lernen. Überdies, meine persönliche Sicht, Deutschland hat sich nach dem Zweiten Weltkrieg entschuldigt und Wiedergutmachung betrieben. Das zeigt das Niveau von Deutschlands Moral. Und das ist mit ein wichtigster Grund für unsere positive Haltung gegenüber Deutschland. In wissenschaftlicher und wirtschaftlicher Hinsicht, kann ich sagen, sind wir sehr interessiert an vielseitiger Kooperation, zum Beispiel bezüglich Deutschlands Leistungen in der Medizin, aber auch in anderen, ganz unterschiedlichen Bereichen, wie etwa der Modernisierung der Eisenbahn, der Aufforstungstechniken u.a. Oh, da gibt es viele Beispiele.«

Ich kam auf das Goethe-Institut zu sprechen. Ich drückte Hochachtung dafür aus, dass das Goethe-Institut regelmäßig das Internationale Pjöngjang Filmfestival mit deutschen Filmen beliefert, und zwar unabhängig vom jeweiligen internationalen politischen Umfeld. Weiter nannte ich den im Juni 2004 vom Goethe-Institut im berühmten Chollima-Kulturhaus in Pjöngjang eingerichteten Deutschen Lesesaal, wo für die allgemeinen Besucher Bücher, aktuelle Presseprodukte und DVDs aus Deutschland auslagen, der jedoch im Oktober 2009 wieder geschlossen wurde. Ich fragte Om, ob nicht vielleicht die Zeit reif sei, den Lesesaal erneut zu öffnen – zumal nach den einschlägigen Berichten keine der beiden maßgeblichen Seiten damals wirklich von der Notwendigkeit der Schließung überzeugt schien.

»Der Lesesaal stieß in der Tat auf großes Interesse, und die Stimmung, die Haltung, alles war insgesamt sehr positiv. Ich kann im Moment nicht sagen, warum diese Einrichtung geschlossen wurde. Meine Meinung ist, es wäre eine gute Idee, den Deutschen Lesesaal wieder zu öffnen. Ich bin gern bereit, mit der zuständigen deutschen Organisation über eine Neueröffnung zu sprechen.«

Kapitel 5

»Wir waren einhundertundfünf Kinder.«
Das Sinchon-Museum amerikanischer Kriegsverbrechen

Es gab kaum Verkehr. Auch Radfahrer, wohl aus den Dörfern der jeweiligen Gegend, benutzten die Straße. Wir fuhren von Pjöngjang aus die sehr breite Straße immer geradeaus. Der Himmel war grau. Bald ging es ins Gebirge, die Straße führte um die Berge herum, oft auch durch roh in den Fels gehauene, wenig beleuchtete, kilometerlange Tunnel. Es regnete, zeitweilig stark. Nach zweieinhalb Stunden erreichten wir unser Ziel, das »Sinchon-Museum amerikanischer Kriegsverbrechen« im Kreis Sinchon im Süden der Provinz Hwanghae. Bei der Einfahrt wurde unsere Ankunft telefonisch dem Museum mitgeteilt, das wir in der Ferne auf einer Anhöhe sahen: ein halbrunder und von Säulen getragener mächtiger Bau. Das Museum war 2015 zum 62. Jahrestag des Endes des Koreakrieges neu eröffnet worden, nahe der ursprünglichen Anlage von 1958. Wir hielten am Parkplatz, da kam auch schon eine junge Frau aus der Richtung des Museums gelaufen, in weißer Bluse, weitem schwarzem Rock und mit dunkelrotem Schirm. Sie würde uns durch die Ausstellungsräume führen. Wir gingen die breiten Stufen hoch zu dem Gebäude.

Am 17. Oktober 1950 besetzte die US-Armee zusammen mit südkoreanischen Truppen den Kreis Sinchon. Die Massaker, die sie vom 18. Oktober bis zu ihrem Weggang aus dem Gebiet nach dem 7. Dezember anrichteten, wurden bald weltweit bekannt, besonders auch durch die ausführlichen Veröffentlichungen der Women's International Democratic Federation und der International Association of Democratic Lawyers, deren Delegationen im Mai 1951 beziehungsweise im März 1952 an den Orten des Verbrechens Untersuchungen vornahmen. Der spanische Maler Pablo Picasso fertigte 1951 das Ölgemälde »Massaker in Korea« an, das sich direkt auf die Geschehnisse in Sinchon bezog (Öl auf Sperrholz, 110 x 210 cm). Eine Beschreibung des Bildes in Wikipedia lautet: »Das von grauen Farbtönen dominierte Werk zeigt links eine Gruppe von vier verängstigt wirkenden nackten Frauen mit ihren Hilfe suchenden Kindern. Zwei der Frauen sind schwanger. Ihnen gegenüber steht rechts eine Gruppe teils nackter, teils mit einer Rüstung versehener Soldaten, deren Gesichter durch Helme unkenntlich gemacht sind. Ihre Gewehre, die zum Teil drei Läufe haben, sind auf die Frauen und Kinder gerichtet. Der rechts außen stehende Krieger schwingt, halb abgewendet, ein Schwert gegen die Frauengruppe. Eine Berg- und Tallandschaft mit Fluss, die das Bild mittig teilt, sowie eine noch brennende Ruine auf dem Berg bilden den Hintergrund.« Das Bild gehört zur Sammlung des Musée Picasso in Paris.

Man bewegt sich durch die Hallen und Gänge des Sinchon-Museums, immer wieder erschauernd. Da stehen sie, schreiten sie, als lebensgroße Skulpturen, amerikanische Soldaten in grüner Uniform, die Gesichter erschreckend lebensecht, herrisch und boshaft, grimassierend, sogar lachend. Sie sind auch festgehalten in gewaltigen Fresken sowie auf metallenen Reliefs. Sie schlagen auf koreanische Menschen ein, halten das Gewehr zum Abschuss, hämmern Nägel in Köpfe von Gefesselten, stehen, sitzen auf wehrlosen Menschen, machen sich über Frauen her, auch mit dem Dolch, schaufeln Gräben zu, in denen sich fassungslose Frauen und Kinder befinden, werfen Granaten in Häuser mit Gefangenen, stoßen Massen von Menschen von einer Brücke. Neben den amerikanischen Tätern sieht man, mehr im Hintergrund, uniformierte Männer mit koreanischen Gesichtern, gemeint sind Soldaten aus Südkorea. Immer wieder auch Szenen mit Helden und Heldinnen aus der Bevölkerung von Sinchon, die sich gefesselt und erhobenen Hauptes ihrer Erschießung stellen und deren Namen und Rolle für die Besucher auf Schildern festgehalten sind.

Alles ist bemerkenswert ausgeleuchtet, wie im Film oder Drama auf der Bühne. Dazu werden den Darstellungen entsprechende Tonaufnahmen verhalten eingespielt: Schreie und Rufe, Schüsse und Explosionen. Die Hallen und Korridore, auch mit höhlenartigen Öffnungen, präsentieren sich in unterschiedlichem Licht, mal ganz hell, mal in dunklem Blau, mal alles in Rot.

Unsere Führerin geht mit uns durch die Räume, sie erklärt, nicht laut, nicht aufdringlich, bleibt, so mein Empfinden, bewusst im Hintergrund, lässt die Objekte, die Atmosphäre auf den unruhigen Besucher wirken. Sie deutet auf ein Zitat von einem General Harrison oder auf das vergrößerte Untersuchungsdokument der International Association of Democratic Lawyers, steht erläuternd vor den ausgelegten Knochen ihrer Landsleute oder neben einem Soldaten mit gezücktem Revolver, während meine Dolmetscherin übersetzt.

Fotos zeigen Gruppen verbrannter Körper in dem Luftschutzbunker im Zustand der letzten Bewegung, daneben ausgestellt ein Kanister, aus dem das Benzin gegossen worden war; von den Leichen von Menschen in Gebäuden, in die man Dynamit geworfen hatte; von den zerstörten Lagerhäusern, in denen Gefangene gehalten worden waren; von Gräben mit Menschen, die zugeschüttet wurden; von Massen von Gerippen; von der Frau Kim Kyong Ae, die, mit ihrer Tochter auf dem Rücken, lebendig begraben wurde; von einer Frau, die im neunten Monat schwanger war, ihr Bauch geöffnet, von den Soldaten mit einer Sichel aufgeschnitten; vereinzelt auch etwa ein Bild mit dem Gesicht eines von den Erlebnissen offensichtlich mental angeschlagenen jungen weißen Soldaten; Massen von aufgereihten Leichen in Säcken; und Fotoaufnahmen von den Repräsentanten der International Association of Democratic Lawyers sowie der Women's International Democratic Federation. Ausgestellt sind auch Objekte wie Schuhe und Kleidung, Brillen, Schlüssel und Gürtel von Getöteten, auch Reste von Seilen, mit denen sie gefesselt waren, das Sägemesser, mit dem der Schuldirektor Yu Hae Yun gefoltert und getötet wurde.

Ein Teil des Museums widmet sich dem Widerstand der Bevölkerung, präsentiert Fotos von Kämpfern und Kämpfen, originale Flugblätter und Zeitungsausgaben. Es wird dokumentarisch festgehalten die Zerstörung von 5484 Wohnungen, von 618 Produktionsstätten, öffentlichen Gebäuden und unterschiedlichen Anlagen, von 681 Transportmitteln, sowie Raub und Tötung von 9624 Ochsen und anderen landwirtschaftlichen Nutztieren.

Am 7. Dezember töteten die Besatzer von Sinchon wahllos Kinder, Frauen, Männer in einem Lagerhaus in Wonam-ri. Der Befehlshaber der US-Truppen Harrison stellte sich vor das Lagerhaus und gab nach der Überlieferung von sich, den Müttern sollten die Babys weggenommen und Mütter und Babys sollten getrennt eingeschlossen werden, damit sie nicht das Glück hätten, gemeinsam zu sterben! Harrison soll auch Sätze gesagt haben wie: »Meine Befehle sind Gesetz, und wer sich widersetzt, wird erschossen.« Ihm als US-Befehlshaber gehorchten auch die beteiligten paramilitärischen Truppen aus Südkorea. Außerdem stellten sich lokale Antiregierungskräfte an die Seite der Besatzer.

Harrisons Sprache war offenbar beim US-amerikanischen Militär üblich. Man lese die Anordnung des Befehlshabers Walker von der 8. Einheit der US-Truppen an seine Leute: »Soldaten der Vereinten Nationen, lasst eure Waffen nicht zittern, auch wenn Kinder und ältere Menschen vor euch stehen. Diese

Menschen zu töten kann euch retten und erfüllt eure Verantwortung gegenüber den Vereinten Nationen!« Die Vereinigten Staaten führten den Kriegseinsatz gegen Nordkorea an. Beteiligt waren ebenso Militäreinheiten aus Südkorea, Großbritannien, Frankreich und zwölf weiteren Nationen.

Bekannt ist auch die Rede von Marc Clark, dem US-Befehlshaber für Fernost: »Wir werden achtundsiebzig Städte von der Landkarte streichen, so dass nichts von Nordkorea bleibt!«

Wohl um ihre Rolle für die Historie festzuhalten, haben begleitende amerikanische Offiziere die in Korea begangenen Massaker ausgiebig fotografiert.

Am 18. Oktober 1950, dem Tag nach der Besetzung des Kreises Sinchon, pferchten die Besatzer über neunhundert Menschen in einen Luftschutzbunker und setzten das Gebäude in Flammen. Am 19. und 23. Oktober töteten sie sechshundertfünfzig Menschen, die sie in Gräben warfen und lebendig begruben. Am 20. Oktober trieben sie über fünfhundert Menschen in einen weiteren großen Luftschutzbunker, verschlossen den Eingang und jagten das Gebäude in die Luft. Am 21. Oktober beluden sie fünf amerikanische Militärlastwagen voll mit Menschen, fuhren zum Nambo-Staubecken (heute: Sowon-Stausee), fesselten die Menschen in Gruppen zusammen und stießen sie vom Damm ins Becken. Von Ende Oktober bis Ende November töteten sie auf diese Weise im Nambo-Becken und im Ryongmun-Reservoir (heute: Sinchon-Reservoir) eintausendsechshundert Menschen. Um Mitte November verhafteten Truppen in einer Strafaktion gegen lokale Guerillaaktivitäten sämtliche Einwohner eines Dorfes und töteten diese fünfhundert Menschen in Minchon-ri, unweit von Sinchon.

Das Untersuchungsteam der Women's International Democratic Federation berichtete in dem 1951 veröffentlichten Artikel »We accuse«, die Besatzer hätten sich bei ihrem Einzug ins Zentrum des Kreises Sinchon junge Frauen und Mädchen gegriffen. Die Hübscheren seien den Offizieren der amerikanischen und der britischen Armee zur Verfügung gestellt worden, die anderen den südkoreanischen Truppen. Siebzig von diesen Frauen seien getötet worden.

Ich sprach mit einem Überlebenden des Massakers in dem genannten Lagerhaus in Wonam-ri. Der Mann, Jong Kun Song, war damals sechs Jahre alt. Wir standen in einer leeren Halle. Er sagte: »In dieser Halle waren die Kinder. Wir waren einhundertundfünf Kinder.«

Die Soldaten gossen Benzin in die Hallen und setzten alles in Flammen. 910 Menschen kamen ums Leben, unter diesen waren vierhundert Frauen und über hundert Kinder. Jong Kun Song sowie ein weiterer Junge und ein Mädchen blieben am Leben. Nach Tagen ging die Tür auf. Jong Kun Song konnte sich nicht bewegen, nur irgendwie kriechen. Er war am Verhungern, sein Körper, in der Dezembertemperatur, wie Eis. Aus seinem Mund kam nur Lallen. Die Menschen glaubten, er sei verrückt geworden.

Jong Kun Song hat ein trauriges, ebenes Gesicht. Er ist schlank, nicht groß. In der Halle, wo das geschah, was sein Leben beherrscht hat, sagte er in ruhigem Ton: »Es sind seither an die siebzig Jahre vergangen.« Nach einer Pause: »Mein Hass nimmt mit jedem Jahr zu!«

Laut Bericht von jemandem, der dabei war, als das Lagerhaus geöffnet wurde, lag die Masse der Kinderleichen unmittelbar hinter der Tür, wild übereinander, die Hände waren blutverschmiert, die Fingernägel an der Tür hilflos zerschunden.

Unweit vom Lagerhaus befinden sich Grabanlagen für einen Teil der Getöteten von Sinchon, zwei grasbewachsene Hügel, jeweils von einer niedrigen Steinmauer eingefasst.

Es wurden nach koreanischen Angaben innerhalb von rund fünfzig Tagen – vom 17. Oktober bis 7. Dezember 1950 – von den Besatzern in Sinchon 35.383 Menschen getötet, ein Viertel

Mit Jong Kun Song, der als Kind eines der Massaker in Sinchon überlebte

der gesamten Bevölkerung des Kreises. Unter den Toten waren 16.234 Kinder, alte Menschen und Frauen. In bestimmten Ortschaften seien bis zu 87 Prozent der Bevölkerung getötet worden. Der Schacht eines Kohlenbergwerks wurde verschlossen, so dass dreihundert Bergarbeiter darin umkamen. Im Ort Ryangjang-ri wurden sämtliche Männer hingerichtet.

Die unvorstellbare Brutalität, mit der die US-Armee versuchte, ihre Ziele in Korea zu erreichen, wurde frühzeitig und klar benannt. So heißt es im Bericht der Commission of the International Association of Democratic Lawyers vom 31. März 1952: »Die Beweise für Massenmord, individuellen Mord und Bestialitäten, begangen von Militäreinheiten der USA an koreanischer ziviler Bevölkerung, darunter Frauen und Kinder, ist überwältigend, hinsichtlich der Masse der begangenen Verbrechen wie hinsichtlich der Vielzahl der angewandten Methoden.« Die Anwaltsvereinigung war 1946 in Paris gegründet worden. Die Regierung der Vereinigten Staaten versuchte, sie international als Teil einer »Kommunistischen Front« zu isolieren. Heute ist die Vereinigung repräsentiert in UNESCO und UNICEF und Mitglied der Conference of NGOs (CONGO) der UN.

Der Bericht des Untersuchungsausschusses der Women's International Democratic Federation vom 28. Mai 1951 kommt zu dem Ergebnis: »In den Gebieten unter zeitweiliger Besatzung durch US-Truppen und Truppen von Syngman Rhee wurden Hunderttausende friedliche Bewohner, Alt und Jung, zusammen mit ihren Familien gefoltert, verbrannt, lebendig begraben. Tausende andere verhungerten und erfroren in engen Gefängnissen, gefangen ohne jeglichen Grund, ohne Prozess und Urteil.« Weiter: »Diese Massenfolter, dieser Massenmord übersteigt die Verbrechen von Hitlers Nationalsozialisten im damals besetzten Europa.« Ein Jahr darauf, am 29. Mai 1952, schreibt die Women's International Democratic Federation – unter der Anschrift: Berlin, Unter den Linden 13 – in einem Aufruf anlässlich des bevorstehenden zweiten Jahrestags des Krieges in Korea: »Der systematischen Zerstörung des Landes, den Massenbombardements, Napalmangriffen und Gräueltaten gegen die zivile Bevölkerung [...] ist das scheußlichste Verbrechen überhaupt hinzugefügt worden – die bewusste Verbreitung tödlicher Krankheiten durch bakteriologische Kriegsführung.« Die Women's International Democratic Federation, gegründet 1945 in Paris, wurde bald bekannt als größte und einflussreichste internationale Frauenorganisation. Heute hat sie Beraterstatus in der UN.

In dem Bericht der International Association of Democratic Lawyers von 1952 wird Massenmord in Sinchon nachgewiesen, basierend auf eigener konkreter Untersuchung sowie mündlichen Aussagen der lokalen Bevölkerung. Oberaufsicht der

Kriegsarmee der USA und der Vereinten Nationen in Korea führte laut den Aufzeichnungen der Vereinigung vorgenannter General Harrison, vermutlich Lieutenant General William Kelly Harrison, der im Korea-Krieg Armee-Vizekommandeur war. Eine Quelle sagt, Harrison sei nur in den ersten zwei Tagen der Besetzung in Sinchon gewesen, andere behaupten, er habe sich nur zwei Stunden aufgehalten, und wieder andere, er sei niemals dort gewesen. Über die koreanischen Anklagen gegen ihn sei er, wird berichtet, auf Nachfrage »schockiert« gewesen. Es gibt Autoren, die die Ereignisse in Sinchon hinterfragen. Sie wollen genauer wissen, wer wie beteiligt war an der Planung und Durchführung der Massaker. Die Ereignisse in Sinchon gelten als »höchst umstritten« (Patrick Tapy, SINO NK, 17. September 2013). Dass es in Korea vom US-amerikanischen Militär begangene Massaker gab, kann allerdings schon lange nicht mehr in Zweifel gezogen werden. So sind in Südkorea von einer Untersuchungskommission bereits seit vielen Jahren über zweihundert von der US-Armee für 1950/51 zu verantwortende Massaker als solche bestätigt. US-Präsident Bill Clinton hatte es 2001 – nach einem halben Jahrhundert kontinuierlich härtester Auseinandersetzung zwischen den Opfern in Südkorea und der US-Regierung und dem US-Militär – wenige Tage vor dem Ende seiner Amtszeit für notwendig befunden, schriftlich »Bedauern« für eines der Massaker mit vierhundert Toten, das im südkoreanischen No Gun Ri vom 26. bis 29. Juli 1950 stattgefunden hatte, auszudrücken. Jahrzehntelang hatte die US-Armee behauptet, die Vorwürfe seien erfunden. Bis es nicht mehr anders ging und die Tötungen bestätigt wurden. Bestätigt ist, amerikanische Soldaten schossen im Lichte ihrer Scheinwerfer – angeordnet von den Befehlshabern – auf Südkoreaner, die aus dem Kriegsgebiet fliehen wollten.

»›Es war Massenmord‹, sagte der ehemalige Gefreite Herman Paterson. ›Wir haben sie einfach umgelegt‹, bestätigte der frühere

MG-Schütze Norman Tinkler.« (Spiegel, 25. Juli 2006) Eine Entschuldigung von Seiten der US-amerikanischen Regierung? Nein, die USA haben sich bis heute für diese Tat ihrer Armee nicht entschuldigt, geschweige Entschädigung geleistet.

Welche Rolle spielten die amerikanischen Truppen in Sinchon, welche die südkoreanischen, besonders die als reaktionär geltenden paramilitärischen Truppen? In welchem Maße waren die amerikanischen Soldaten unmittelbar an dem Massaker beteiligt? Wie viele amerikanische Soldaten waren überhaupt vor Ort? Gibt es über das Geschehen in Sinchon Aufzeichnungen in amerikanischen oder südkoreanischen Militärarchiven? Gibt es von dieser Seite Stellungnahmen, Erklärungen? Nicht bekannt. Wurden die Massenmorde maßgeblich nicht von den amerikanischen, sondern von den südkoreanischen Truppen begangen? Stehen im Sinchon-Museum bei all den konkreten Darstellungen die amerikanischen Soldaten auch deshalb im Vordergrund, weil Nordkorea die südkoreanischen Landsleute weniger direkt anklagen möchte? Viele Fragen. Fragen, die von einigen Beobachtern wütend an Nordkorea gerichtet werden. Aber ist es allein an Korea, solche Fragen zu beantworten? Kaum.

Man braucht sich nur umzusehen und findet Antwort auf viele Fragen: »Warum hasst Nordkorea die Vereinigten Staaten?«, fragt die Washington Post vom 17. Mai 2017 fettgedruckt im Titel eines Artikels: »Gehen wir zurück zum Krieg in Korea.« Es vergehe kein Tag, an dem in der nordkoreanischen Propaganda nicht, auf US-Amerikaner bezogen, von »Imperialisten«, »Aggressoren« und von »Feinden« die Rede sei. Autorin Anna Fifield stellt fest: »Tatsache ist, die nordkoreanische Version der Ereignisse enthält Elemente von Wahrheit«, und »die Koreaner sind sich bis heute sehr bewusst, was viele Amerikaner vergessen haben (oder niemals wussten): dass nämlich der Koreakrieg ein brutaler Krieg war«.

Dazu sagt John Delury, Professor der Abteilung Internationale Beziehungen an der Yonsei Universität in Seoul: »Korea wird bezeichnet als der vergessene Krieg, und Teil von dem, was vergessen ist, ist der völlige Ruin, die völlige Verwüstung, die wir auf das nordkoreanische Volk haben niederregnen lassen. Dies hat sich in die nordkoreanische Seele eingegraben.«

Stellungnahmen damaliger Krieger und Politiker sind Offenbarungen, schon von der Sprache her. In einem CNN-Beitrag vom 28. Juli 2017 zitiert Autor Joshua Berlinger den einstigen US-Luftwaffenbefehlshaber General Curtis LeMay, der 1988 in einem Interview für ein Geschichtsbuch der Luftwaffe sagte: »Wir gingen da hin und kämpften den Krieg, und am Ende brannten wir jede Stadt nieder, in Nordkorea allemal, auf die eine oder andere Weise, und einiges ebenso in Südkorea.« Weiter General Curtis LeMay: »Innerhalb einer Zeit von drei Jahren oder so töteten wir zwanzig Prozent der Bevölkerung von Korea als direkte Kriegsverluste oder durch Verhungern und dem Krieg Ausgesetztsein.« (Zitiert in: »Yalu – An den Ufern des dritten Weltkriegs« von Jörg Friedrich.)
Der Verteidigungsminister der USA Robert Lovett sagte nach den Napalm- und Bombenangriffen von 1950/51: »Wenn wir so weitermachen und das Land zerreißen, können wir es für die Nordkoreaner höchst unangenehm werden lassen.« Es folgt die Aufforderung: »Wir sollten voll so weitermachen.« (Zitiert bei Bruce Cumings, Professor an der Universität von Chicago, in dem Buch »The Korean War: A History«).
Dean Rusk vom US-Außenministerium bekannte, die Vereinigten Staaten »bombardierten alles, was sich in Nordkorea bewegte, und ließen keinen Ziegelstein auf dem anderen.«
In dem CNN-Beitrag wird auch der General Douglas MacArthur erwähnt, »›eine legendäre Figur‹ im amerikanischen Militär, der der Oberbefehlshaber des Kommandos der Vereinten Nationen war und 1951 vor dem Kongress sagte, er habe niemals solche Verwüstung wie in Korea gesehen. ›Alles verkrampft sich in mir angesichts des Horrors, den ich nicht in

Worten ausdrücken kann, bei dieser kontinuierlichen Abschlachtung von Menschen in Korea [...], es drehte mir bei meinem letzten Besuch den Magen um.‹«

Damit bei einer derartigen Stellungnahme kein falscher Eindruck aufkommt, sei erwähnt: MacArthur war der Mann, der von der US-Regierung den Abwurf von Atombomben auf vierundzwanzig aufgelistete Städte in der Volksrepublik China forderte, da China Nordkorea unterstützte.

Am 30. November 1950 sagte der US-Präsident Harry S. Truman in einer Pressekonferenz, die Vereinigten Staaten unternähmen alle nötigen Schritte, die militärische Lage in Korea zu meistern. »Betrifft das auch die Atombombe?«, fragte ein Reporter.

Truman: »Das betrifft alle Waffen, die wir haben.«

»Herr Präsident, Sie sagten, ›alle Waffen, die wir haben‹. Heißt das, dass es aktive Überlegung zum Einsatz der Atombombe gab?«

»Es hat immer aktive Überlegung über ihren Einsatz gegeben.« (Zitiert in: »Yalu – An den Ufern des dritten Weltkriegs« von Jörg Friedrich.)

»Die Luftangriffe der US-Armee in Nordkorea zwischen dem Yalu und der Frontlinie haben dort fast alles zerstört,« bestätigte der promovierte Historiker Unsuk Han, Leiter des Tübingen Center for Korean Studies an der Korea University in Seoul, in einem Interview mit der Luzerner Zeitung am 22. September 2017. Die Bevölkerung habe jahrelang »in einer menschengemachten Hölle leben und produzieren« müssen. Weiter: Ohne den Koreakrieg wäre der hasserfüllte Antiamerikanismus in Nordkorea nicht denkbar.

Nach unablässigen Bombardements in Nordkorea – es wurde im Grunde jedes Gebäude zerstört – klagten die Kommandeure der Luftwaffe, es gebe keine konkreten Angriffsziele mehr. Als kaum noch Ziele in den Städten zu finden waren, so Washington Post Korrespondent Blaine Harden, gingen die Bomben auf Staudämme und Bewässerungsanlagen nieder, bebautes Land wurde überflutet und die Ernte vernichtet. Insgesamt warfen die USA 635.000 Tonnen Bombenmaterial plus 32.577 Tonnen Napalm ab. Quellen sagen, es wurde in Korea mehr Napalm eingesetzt als später im Vietnamkrieg. Allein auf die Hauptstadt Pjöngjang, mit damals 400.000 Einwohnern, fielen über 428.000 Bomben.

In Nordkorea heißt es oft, die Amerikaner haben deine Großmutter umgebracht. Und das trifft in vielen Fällen zu.

Von 1958 an, als an eine atomare Bewaffnung Nordkoreas noch keineswegs zu denken war, stationierten die Vereinigten Staaten taktische Atomwaffen direkt in Südkorea. Sie waren gegen die Sowjetunion und China gerichtet, gleichzeitig aber auch gegen Nordkorea. Aus strategisch-praktischen Gründen zogen die Vereinigten Staaten diese Waffen 1992 wieder ab. Denn nukleare Abschreckung oder auch Beibehaltung des atomaren Schutzschirms für Südkorea, hieß es, sei ebenso von anderswo aus möglich. Doch beließen sie 28.500 eigene Soldaten in Korea.

Im Westen wird in Veröffentlichungen hin und wieder die Verbindung betont zwischen der Atombombe und dem, ja, Wahnsinn der über deren Einsatz entscheidenden Regierung. Keine Frage, solche Verbindung besteht, und zwar in wohl jedem Land, das über die Bombe verfügt und sich der furchtbaren Möglichkeiten dieser seiner Macht bewusst ist. Bemerkenswert nur, dass im Falle Koreas vor allem der nordkoreanische Machthaber als der Schuldige und Besessene gilt und mit beleidigenden persönlichen Bezeichnungen bedacht wird. Atomare Drohungen seitens der USA dagegen erscheinen in westlichen Ländern, so der Eindruck, immer schon als wesentlich berechtigt, egal, gegen wen in der Welt sie gerichtet sind. Warum ist das so? Vielleicht weil die USA hinsichtlich militärischer Ausrüstung unvergleichbar sind und die Alliierten nicht wagen würden, eigene Stellungnahmen abzugeben, um nicht in negatives Licht zu geraten?

Eine bemerkenswerte Einschätzung des Koreakriegs liefert ein Auszug aus dem Urteil des »Korea International War Crimes Tribunal«, New York, vom 23. Juni 2001. Als Vorsitzender und Chefankläger des Tribunals fungierte der ehemalige US-Justizminister Ramsey Clark. »In der Zeit vom 25. Juni 1950 bis zum 27. Juli 1953 kamen nach konservativen westlichen Schätzungen mehr als 4,6 Millionen Koreaner ums Leben, einschließlich 3 Millionen Zivilisten im Norden und 500.000 Zivilisten im Süden der Halbinsel. Die Beweise für die US-Kriegsverbrechen, die diesem Tribunal präsentiert wurden, lieferten Augenzeugenberichte und Dokumente über Massaker an Tausenden Zivilisten, die von den US-amerikanischen Militärstreitkräften während des Krieges im Süden Koreas verübt worden waren. Darüber hinaus gab es erdrückende Beweise der kriminellen und sogar genozidmäßig betriebenen US-Politik im Norden Koreas, wo systematisch die meisten Häuser und Gebäude durch US-Artilleriefeuer und Luftangriffe in Schutt und Asche gelegt wurden, wo US-amerikanische und südkoreanische Verbände gemeinsam brutal gegen Zivilisten und Kriegsgefangene vorgingen, wo mutwillig lebensnotwendige Einrichtungen des öffentlichen Lebens und wirtschaftliche Produktionsanlagen zerstört und geächtete Waffen sowie biologische und chemische Kampfmittel im Krieg gegen seine Bevölkerung eingesetzt wurden. Zahlreiche Dokumentationen und Augenzeugenberichte beweisen überdies die allgegenwärtige und systematische Gewalt gegen Frauen im Norden und Süden Koreas, die Massenvergewaltigungen, anderen sexuellen Erniedrigungen und Nötigungen bis hin zu Mord ausgesetzt waren. Die Teilnehmer dieses Tribunals fordern die US-Regierung auf, sämtliche Informationen über begangene US-Kriegsverbrechen und andere

Gräueltaten zugänglich zu machen, die in Korea seit dem
7. September 1945 (dem Tag der Anlandung erster US-Kontingente nach der Kapitulation Japans; R. W.) begangen wurden.«
(Abgedruckt in junge Welt, 30. August 2017; Übersetzung aus
dem Englischen: Rainer Werning)
Unsere Führerin begleitete uns den längeren Weg zurück zum
Parkplatz. Es hatte aufgehört zu regnen. Ich hätte der jungen
Frau mit ihrem schönen, freundlichen, ernsten Gesicht gern
mehr persönliche Fragen gestellt, etwa ob sie selbst aus dem
Kreis Sinchon stammt, ob ihre Eltern, Großeltern womöglich
die furchtbaren Ereignisse miterlebt hatten und wie sie selbst
sich fühlt, sie, eine Berichtende oder Erklärerin dieser Schrecken, die nicht vergessen werden, nicht vergessen werden dürfen, aus einer Zeit lange vor ihrer Geburt, und wie sie mit all
dem zurechtkommt, welche Empfindungen … Ich zwang
mich, nicht zu fragen. Ich machte ein paar Fotos von ihr, von
uns, und wir verabschiedeten uns.

Ein Freund, dessen Vater aus Sinchon stammt:
»Illusionen über den Feind zu haben, bedeutet den Tod.«

Einige Monate nach dem Besuch im Sinchon-Museum traf ich
mich in einem Restaurant in Pjöngjang mit meinem Freund
Kim Un Chol, 52 Jahre alt. Er spricht sehr gutes Englisch, wir
brauchten keinen Dolmetscher. Hong war in Sorge, sie könnte
stören, und ging zu einem anderen Tisch, an dem Leute saßen,
die sie kannte. Kim und ich sprachen über viele Themen. Ich
erwähnte den Besuch in Sinchon. Da sagte er auf einmal, seine
Wurzeln seien in Sinchon. Sein Vater, dessen Großeltern und
Vorfahren stammten von dort. Sein Vater habe drei Brüder und
drei Schwestern gehabt, und der Vater sei der Älteste von den
Brüdern gewesen.
Nach einigen weiteren Sätzen von ihm fragte ich spontan, ob
ich ein paar Fragen über seine Beziehung zu Sinchon stellen

dürfte. Kim sagte: »Selbstverständlich.« Ich zückte mein Notizbuch.

»Du bist in Sinchon geboren?«

»Nein. Mein Vater verließ Sinchon als sechzehnjähriger Junge. Das war 1949. Meine Großeltern und Onkels und Tanten wurden im Koreakrieg von den US-Soldaten getötet, als die USA den Kreis Sinchon besetzten. Das weiß ich von meinem Vater. Mein Vater sagte oft: ›Deine Großeltern, die Onkels und Tanten wurden im Koreakrieg getötet.‹ Ich weiß datumsmäßig nicht mehr genau, wann ich dann zum ersten Mal zusammen mit meinem Vater nach Sinchon kam, aber ich habe klare Erinnerung an alle Besuche dort spätestens von meinem sechsten Lebensjahr an. Ich war dann viele Male dort, als Schüler und auch als Student. Mein Vater brachte mich zu dem Brunnen: ›Hier wurden deine Großmutter, zwei Tanten und ein Onkel ertränkt‹, sagte er. Man tötete sie, indem man sie in den Brunnen warf. Zwei oder drei Tage danach fanden und töteten die Soldaten meinen Großvater und die anderen Onkels und Tanten.«

»Warum töteten sie sie?«

»Weil sie erfahren hatten, dass mein Großvater mit der Kommunistischen Partei verbunden war. Wenn sie erfuhren, dass jemand Beziehung zur Partei hatte, suchten sie nach dieser Person, und weiter ermordeten sie alle Verwandten, derer sie habhaft werden konnten.«

»Die Zahl der amerikanischen Soldaten damals in Sinchon war insgesamt geringer als die ihrer südkoreanischen Verbündeten. Wer also war hauptsächlich verantwortlich für die Tötungen?«

100

»Getötet haben vor allem die Soldaten und paramilitärischen Truppen aus dem Süden. Aber das geschah alles auf Befehl der US-Armee. Es war deren Strategie.«

»Du sagst, dein Vater hat Sinchon verlassen, als er sechzehn war?«

»Ja, er wollte sich der Volksarmee anschließen. Er und ein Cousin entschlossen sich, Sinchon zu verlassen, um Soldaten zu werden. Der Vater des Cousins war jedoch dagegen, dass sein Sohn Sinchon verließ. Der Sohn wurde bei den Massakern getötet. Mein Vater ging zur Armee. Er blieb am Leben.«

»Wo ist dein Vater jetzt?«

Kim: »Mein Vater ist verstorben. Er wollte oft über Sinchon reden. Ich kann sagen, ich hatte oder habe väterlicherseits nur wenig Verwandtschaft. Ich bin 1966 geboren. Du kannst dir vielleicht nicht vorstellen, wie sehr ich in der Kindheit und Jugend die Freunde beneidete, die tatsächlich Großeltern hatten! Ein Satz von meinem Vater war mir immer präsent: Illusionen über den Feind zu haben bedeutet den Tod.«

»Hast du heute noch Verwandte in Sinchon?«

»Ich habe einen Verwandten dort. Er ist ein Schwager meines Großvaters. Er ist der einzige, von dem ich weiß, dass ich mit ihm verwandt bin. Ich ging nach Sinchon und besuchte ihn mit einer Flasche Schnaps aus Pjöngjang. Er sprach die ganze Nacht lang mit mir über die Massaker! Die Menschen von damals, sie sterben aus. Wenn wir nicht das Museum hätten, würden die ungeheuren Schrecken jener Zeit irgendwann in Vergessenheit geraten.«

»Du hast zwei Töchter. Sprichst du mit ihnen über diese Vergangenheit?«

»Meine Töchter fragen natürlich nach meinem Großvater und all unseren Verwandten. Sie stellen alle Fragen, die man stellt. Ich erzählte ihnen, was ich wusste. Ich glaube, sie verstanden und verstehen. Sie besuchten das Museum vor dem Hintergrund meiner Erzählungen. Wir müssen die Geschichte in uns bewahren. Das ist meines Vaters ausdrücklicher Wunsch. Obwohl ich nicht für längere Zeit in Sinchon gelebt habe, werde ich für immer mit Sinchon verbunden sein.«

Kim Guang Nam, Leiter des Wirtschaftsinstituts der Sozialwissenschaftlichen Akademie Pjöngjang: »Unsere Menschen haben den Wunsch nach Frieden.«

Ich fragte an, ob ein Treffen mit Repräsentanten der Sozialwissenschaftlichen Akademie möglich sei. Das Treffen kam zustande. Ich erwähnte meinen Besuch im Sinchon-Museum, auch das Grauen, das einen nach dem Besuch verfolgt. Ich fragte nach der gegenwärtig maßgeblichen Haltung im Land gegenüber den Vereinigten Staaten. Kim Guang Nam, ein Leiter des Wirtschaftsinstituts der Akademie, erklärte:

»Unsere Menschen haben den Wunsch nach Frieden. Wir wünschen internationalen Austausch. Aber die USA hoffen, dass wir nicht überleben. Unser Land wurde durch das Zusammenwirken ausländischer Mächte gespalten. Unendlich viele Familien wurden getrennt, die Leiden sind ungeheuerlich. Es gibt keine Familie, die nicht in Mitleidenschaft gezogen ist. Das heißt, es gibt gegenüber den USA keine guten Gefühle. Wenn die USA ihre Politik uns wie unserer Ideologie und unserem System gegenüber ändern, kann es Entwicklung geben. Aber die Absicht der USA ist, uns auszulöschen. Also bleibt uns nichts anderes übrig, als unsere nuklearen Möglichkeiten und unsere Wirtschaft zu entwickeln. Wir sind gezwungen, unsere Verteidigungsmöglichkeiten auszubauen. Ziel unserer Abschreckung mit Nuklearwaffen ist nicht, dass wir am Ende andere angreifen, sondern wir wollen die Entwicklung unseres Landes sichern. Wie wurden die Vereinigten Staaten zur Supermacht? Nicht zuletzt durch die Unterdrückung anderer. Die Fortschrittlichen in der Welt streben nach Gerechtigkeit und Wahrheit. Andere folgen der Supermacht, sei es aus Angst, sei es aus Sorge. Wir wollen im Zusammenwirken mit anderen eine friedliche Welt schaffen. Alles andere wäre Betrug. Gleichzeitig sind wir bemüht, den Lebensstandard in unserem Land zu erhöhen. Ausländer fragen häufig, was der Kern ist, dass wir in den letzten Jahren trotz der Schwierigkeiten Entwicklung hervorbringen konnten. Die Antwort: Unsere Politik der Unabhängigkeit. Wir legen Wert auf die Förderung einer unabhängigen Wirtschaft. Ich möchte sagen, wir sind immer schon Sanktionen ausgesetzt gewesen, dennoch sind und bleiben wir in der Lage, Entwicklung zu schaffen. Denn wir vertrauen auf unsere eigene Kraft sowie auf unsere wissenschaftlichen Fähigkeiten. Wir verfügen über Erfahrung und insgesamt über eine solide Basis. Lassen Sie mich ein Beispiel anführen: Es ist bekannt, dass wir innerhalb von neun Monaten eine moderne Straße komplett entwickeln und bauen können, also eine Straße, die sich bis ins Detail durch technisch modernen Standard auszeichnet. Wir sind nicht abhängig, wir verfügen über unsere eigenen Rohstoffe und sind selbstverständlich in der Lage, die erforderliche Wissenschaft ebenso wie unsere Volkswirtschaft zu entwickeln.«

Kapitel 6

»Früher wurde einfach abgeholzt.«
Begegnungen auf dem Lande

Der Hausherr Jong Chol in der Kooperative Jangchon: »Ich bekam den Wohnungsschlüssel und fertig. Das ist so üblich.«

Es war ein sonniger Morgen. Ich wusste und war gespannt, dass ich ein Gespräch mit einem, wie von mir gewünscht, einfachen Mitglied einer Kooperative für Gemüseanbau führen könnte, um Einblick in das Leben der Menschen dort zu bekommen. Es handelte sich um die Kooperative Jangchon im Distrikt Sadong, die seit vielen Jahren als vorbildlich für das ganze Land gilt.

Wir fuhren raus aus Pjöngjang, immer die enorm breite Straße entlang durch weites flaches Land. Nach einer Dreiviertelstunde, gerade waren wir an einem See vorbeigekommen, bogen wir unmittelbar von der Landstraße in eine Ortschaft ein, die tatsächlich schmuck aussah – aus der Entfernung wie auch, als wir im Zentrum hielten, aus der Nähe. Da waren, sauber angelegt, Bezirke mit Einfamilienhäusern, eines neben dem anderen, mit blauen Dächern, und auch Bezirke mit zwei- und dreistöckigen Gebäuden, mit Sonnenkollektoren und Warmwasserbereitern auf den Dächern. Gekocht, erfuhr ich, wird mit Methangas.

Eine Besonderheit Jangchons sind die langgestreckten Gewächshäuser. Der Anbau von Auberginen, Tomaten, Schnittlauch, Pfeffer und anderem läuft hier über technische Einrichtungen nach wissenschaftlicher Berechnung der optimalen Temperatur und Feuchtigkeit ab. Ich erfuhr, allein die Gewächshäuser bedecken eine Anbaufläche von 30 Hektar, und tatsächlich sei die Kooperative eine maßgebliche Basis für die Versorgung der Hauptstadt mit Gemüse. Bei meinem Rundgang bekam ich eine sogenannte Wissenschaftshalle mit umfangreicher Bücherei zu sehen, die, erklärte man, mit der Landwirtschaftsakademie und mit den wichtigsten Universitäten im Land online verbunden sei, weiter ein modernes Krankenhaus, die Schule, den Kindergarten, eine große Badeanstalt am See, ein Hallenbad, vielfältige Sportanlagen, auch einen Schönheitssalon, ein Theatergebäude mit sechshundertfünfzig Sitzplätzen, wo, hieß es, Bühnenaufführungen, Vorträge und Studienveranstaltungen stattfanden. Vor solchem Hintergrund war meine Verwunderung über die fast als malerisch zu bezeichnende äußere Erscheinung des Ortes und die Sauberkeit der Straßen bald doch etwas geringer als am Anfang, als wir in den Ort einfuhren. Die Reporterin der Washington Post, die zusammen mit anderen Journalisten Jangchon besucht hatte, formulierte in ihrem Artikel gar, Jangchon sei »fleckenlos«, wo »Landwirtschaft gewöhnlich doch Schmutz mit sich bringt«. (»A Model Farm – With Few Farmers«, Washington Post, 4. Mai 2016) Besucher aus Pjöngjang, hörte ich, seien nicht selten neidisch auf die Umgebung sowie überhaupt die Lebensumstände in Jangchon. Als Nordkoreas Staatschef Kim Jong Un die Kooperative Jangchon besuchte, drückte er Wertschätzung aus, die Kooperative habe nicht nur Dutzende neuer Gewächshäuser mit hoher Produktionskapazität angelegt, sondern auch die bestehenden Gewächshäuser umgebildet und modernisiert. Jangchon sei in puncto Gemüseanbau im Gewächshaus ein Vorbild für die Landwirtschaftskooperativen im ganzen Land.

Die Dame, die uns den Weg zum Haus von Herrn Jong Chol wies, mit dem ich eine Unterhaltung haben würde, erklärte, die Straßen seien verhältnismäßig leer, denn heute sei nationaler Feiertag. Die Menschen blieben zu Hause oder besuchten Freunde und Verwandte. Am Abend allerdings sei einiges los, es gebe Tanz und Musik und verschiedenartige Unterhaltung. Zum Tanz, fragte ich – etwas gewollt lustig – welche Art Kleidung für die Damen angemessen sei. »Oh«, kam die Antwort ganz unkompliziert, »das ist natürlich jedem selbst überlassen, entweder in unserem festlichen traditionellen Stil oder modern oder ganz alltäglich.« Die Dame verabschiedete sich, als wir den Hof des Hauses von Herrn Jong Chol erreichten.

In dem Hof lag auf mehreren Quadratmetern Mais zum Trocknen aus. Der Hausherr empfing uns mit lächelndem, offenen Gesicht, er trug ein grau-blaues Hemd mit kurzen Ärmeln, hatte Hände, die zupacken können. Später im Gespräch würde ich erfahren, er war 58 Jahre alt. Er ließ uns die Schuhe ausziehen. Ich durfte mir die Wohnung ansehen. Da waren neben dem Wohnzimmer eine Küche, zwei Schlafzimmer, ein kleines Zimmer mit Schreibtisch, ein Badezimmer, ich sah ein Schränkchen, auf dem ein runder Spiegel und Fläschchen mit Kosmetika standen, eine Anrichte mit grünen Pflanzen und Blumen in Töpfen darauf, eine Landschaftsmalerei an der Wand.

Wir ließen uns im Wohnzimmer nieder, das heißt, wir folgten dem Hausherrn und setzten uns auf den Teppich. Das Fernsehgerät, Flachbildschirm, war angeschaltet. Über dem Gerät hing ein großer goldener Bildrahmen mit Familienfotos, darunter das Foto eines jungen Soldaten. An einer anderen Wand hing eine große Uhr, darunter ein Kalender mit Malereien, daneben ein kleines Herzmotiv aus Papier mit blauen Blümchen darauf. Die Wand, an der ich saß, schmückten die Porträts der früheren Staatspräsidenten Kim Il Sung und Kim Jong Il. Ich fragte, ob wir den Fernseher etwas leiser stellen könnten. Dieser Wunsch wurde lachend erfüllt.

Der Hausherr sagte, er sei hier im Ort geboren. »Damals war dies ein kleines Dorf mit achthundert Einwohnern«, erklärte er. »Heute sind wir dreitausend Menschen. Neben Reis und Mais bauen wir vor allem Gemüse an, Gurken, Tomaten, Auberginen, Bohnen u.a.«

»Wo kamen all die vielen Menschen in den Jahren her?«

»Erstens haben wir heute mehr Kinder. Außerdem sind da Frauen aus der Stadt, die hierher geheiratet haben.«

»Nur Frauen haben hierher geheiratet, keine Männer?«

»Hauptsächlich Frauen. Und, natürlich, wir sind eine moderne Kooperative und brauchen für unsere neuen technologischen Einrichtungen immer wieder auch zusätzliche ausgebildete Fachkräfte, die wir gezielt einladen.«

»In Ihrer Familie gibt es wie viel Personen?«

»Wir sind vier Personen, meine Frau und ich und zwei Söhne. Unsere Söhne sind dreißig und achtundzwanzig Jahre alt.«

»In welchem Alter heiraten die jungen Leute hier auf dem Land?«

»Die Männer etwa mit dreißig, die Frauen mit sechsundzwanzig, siebenundzwanzig.«

»Wenn Ihre Söhne heiraten, glauben Sie, werden sie bleiben oder anderswo hinziehen?«

»Die werden sicher in der Kooperative bleiben und hier arbeiten.«

»Die Wohnfläche hier bei Ihnen im Haus ist wie groß?«

»Knapp 80 Quadratmeter. Wir Bauern können selbst entscheiden, ob wir ein eigenes Häuschen mit Garten wollen oder eine Wohnung in einem mehrstöckigen Gebäude vorziehen. Das steht jedem frei. Sie haben gesehen, wir haben hier Einfamilienhäuser und ebenso Häuser mit mehreren Stockwerken. Die Wohnungen in den Mehrfamilienhäusern haben 85 Quadratmeter. Unser Haus hier wurde 1958 gebaut. Seit damals ist es zweimal renoviert worden.«

»Das verlangt Geld.«

»Das Geld kommt von Regierungsseite. Ich bekam den Wohnungsschlüssel und fertig. Das ist so üblich hier in den landwirtschaftlichen Kooperativen.«

»Ich habe gesehen, jedes Häuschen hat auch eine eigene Gartenanlage, wo Gemüse angepflanzt wird, und jeder pflanzt wohl unterschiedliches Gemüse an. Ist das nur für den eigenen Gebrauch der Familien oder auch zum privaten Verkauf?«

»Das ist ganz nach eigenem Entschluss, zum eigenen Verzehr oder zum Verkauf oder einfach auch für den Austausch untereinander.«

»Darf ich fragen, wie ist der Tagesablauf in Ihrer Familie?«

»Wir stehen gewöhnlich gegen 6:00 Uhr auf und gehen etwa um 22:00 Uhr ins Bett. Meine Arbeit beginnt um 8:00 Uhr, ich arbeite in der Werkstatt zur Reparatur von Traktoren. Um 18:00 Uhr bin ich zu Hause.«

»Wer kocht?«

»Meine Frau kocht.«

»Aber ich vermute, Ihre Frau arbeitet auch außerhalb des Haushalts?«

»Selbstverständlich, ja, sie arbeitet im Gewächshaus. Einer unserer Söhne ist hier in der Gemüseproduktion tätig, der andere ist in der Armee.«

»Ah, ja, ich sehe ein Foto da oben. Das ist Ihr Sohn?«

»Ja, das ist unser Sohn.«

»Nach der Arbeit, nach dem Essen, was machen Sie am Abend?«

»Nun, wir sitzen hier im Wohnzimmer, wir unterhalten uns über die Erlebnisse des Tages und was uns sonst so berührt, wir sehen fern. Es gibt immer wieder auch unterschiedliche Veranstaltungen im Kulturzentrum oder Vorträge im Theaterhaus, wo man hingehen kann, es werden dort auch Filme gezeigt.«

»Sie haben Kinder und werden Enkelkinder haben. Wie sind die Ausbildungsmöglichkeiten für die jungen Leute?«

»Die Kinder gehen hier in die Schule, die in der Regel mit siebzehn Jahren abgeschlossen wird. Bevor sie in die Schule kommen, haben wir hier für sie einen großen Kindergarten. Für die Kleinkinder, wenn nötig, wird in einer Tagesstätte gesorgt.«

»Mancher hat nach dem Schulabschluss vielleicht den Wunsch, die Hochschule zu besuchen?«

»Sicher. Ich kann sagen, um fünf Prozent der jungen Menschen hier in der Kooperative besuchen nach der Schule die Hochschule. Ein Teil nutzt aber auch die Möglichkeit der Hochschulausbildung über unser Intranet.«

»Was wird üblicherweise studiert?«

»Klar, die jungen Leute wählen vor allem landwirtschaftsbezogene Fächer.«

Als die Zeit um war, verabschiedete ich mich vom Gastgeber. Ich sagte: »Ich habe noch viele Fragen!« Er darauf: »Dann kommen Sie wieder!« Ich: »Danke! Auf jeden Fall!«

Unweit der Hafenstadt Wonsan in der Persimonen-Kooperative Chonsam. Der Sohn, dreizehn: »Ich will Maler werden!«

Auf der Landstraße ging es immer Richtung Osten. Ziel war Wonsan, die Hafenstadt am Ostmeer (Japanisches Meer), über 200 Kilometer von Pjöngjang entfernt. Wir hatten einen kurzen Stop in Masik-Ryong, dem 2014 eröffneten Skigebiet, das neben koreanischen Skibegeisterten bisher besonders auch chinesische und japanische Gäste anzieht. Von dem höchst mondänen Masikryong Hotel aus, das über Zimmer für 350 Gäste verfügt und wo wir uns für einen Kaffee niederließen, konnten wir in der Ferne an den Bergen Skilaufbahnen sehen. Ich erfuhr, es gibt zehn an der Zahl, zwischen 1700 und 5000 Meter lang, bei einer Breite von 40 bis 120 Metern. In alter Zeit, heißt es in einem schönen überlieferten Zitat über den dortigen Taehwa-Berg, dass dieser so zerklüftet sei, dass sich sogar ein Pferd erst einmal würde ausruhen müssen, um sich an den Aufstieg zu dem 1363 Meter hohen Gipfel zu machen.
Wir setzten die Fahrt fort. Wonsan, die Hauptstadt der Provinz Kangwon, wusste ich, ist an drei Seiten umgeben von Bergen,

nämlich im Norden, im Westen und im Süden, im Osten dagegen zum Meer hin geöffnet. Ich war gespannt auf das Meer, und plötzlich … war es da, wie greifbar, dazu ausgedehnter weißer Strand, kilometerlang, parallel ein breiter, gepflasterter Fußgängerweg unter schattenspendenden Bäumen, nur wenige Menschen, die sich da bewegten, zu Fuß oder auf dem Rad. Wir erreichten die Stadt, die, hatte ich gelesen, im Krieg völlig zerstört worden war. Wir legten im Hotel das Gepäck ab.

Es war früher Nachmittag, Dolmetscherin Hong und ich verabredeten uns zum Spaziergang am Wasser. Die Menschen, der Verkehr in den Straßen der Stadt, alles sehr geschäftig, doch wir fanden schnell den kurzen Weg zum Strand. Dort gab es einen Steg aus Brettern, der hinaus auf das Meer führte, schier endlos, immer geradeaus. Diesen beschritten wir und gingen und gingen, rechts und links begleiteten uns die ruhigen Wellen. Wir waren die einzigen Benutzer des Stegs. Als wir dachten, wir sollten eigentlich umkehren, schloss sich auf einmal rechts des Stegs eine kleine erweiterte Plattform an – ein einfaches, offenes Restaurant, natürlich Meeresfrüchte offerierend, und Hong und ich waren sofort einig, dass wir uns dort, umgeben vom freien Meer und als einzige Gäste, an einen der kleinen runden Tische setzen sollten. Wir bestellten Bier und all die guten Meeresspeisen, das heißt Hong bestellte, denn mir sind diese Produkte, schon von den Bezeichnungen her, unbekannt, egal ob Englisch oder Deutsch, geschweige Koreanisch. Hong befreite auch die Meeresfrüchte von Schalen und Gräten. Es war ein Genuss und mit diesem weiten, weiten Meer um uns herum ein einmaliges Erlebnis!

Wir blieben nicht in Wonsan. Am nächsten Morgen, gleich nach dem Frühstück, setzten wir die Reise fort, kamen durch ein großes Landwirtschaftsgebiet mit unterschiedlichem Feldanbau und vorbei an vielen Dörfern mit äußerlich hübschen, teils auch langgestreckten Häuschen, bis wir unser Ziel erreichten: die Kooperative Chonsam. Sie ist ursprünglich aus drei

111

Liebevolle Einrichtung im Kindergarten der Persimonen-Kooperative Chonsam

Dörfern hervorgegangen und inmitten grüner Hügel um einen kleinen See herum gelegen, im Kreis Anbyon in der Provinz Kangwon an der Ostküste Nordkoreas. Es war ein Feiertag, erfuhr ich, der »Tag der Jugend«. Auf den ausgedehnten Plätzen vor dem Bereich der Hauptgebäude des Ortes gab es – ich kam dort an dem Tag mehrmals vorbei – immerzu Bewegung. Volleyball schien bei den jungen Leuten, Jungen wie Mädchen, eindeutig besonders populär. Unsere Führerin Kim Myong Hui, zierlich, vielleicht Ende vierzig, zeigte uns das Krankenhaus, die Theater- und Konzerthalle, Studienhaus und Bibliothek, Bad und Sauna, zwei Läden mit lokal üblichen Lebensmitteln und mit Waren für den täglichen Gebrauch sowie den großangelegten Kindergarten mit farbigen Gardinen, bunten

Tischchen und Stühlchen und natürlich mit lebhaften Kindern – an dem Tag, erfuhr ich, waren es weit weniger als sonst, da Feiertag war – die da spielten und mich, den Besucher, lautstark willkommen hießen.

Berühmt ist Chonsam vor allem für den Anbau von Persimonen auf den Hügeln und in den Gärten. Persimonen werden in der Welt in knapp einem Dutzend Ländern angebaut. 90 Prozent des Anbaus, heißt es, konzentriert sich seit über zweitausend Jahren auf China, Korea und Japan. Ansonsten finden sich Anbaugebiete in Spanien um Valencia, im Süden Südamerikas und im Norden von Kalifornien. Schätzenswert am Persimonenbaum sei, sagt man, seine Langlebigkeit, er spende ausgiebig Schatten und werde nicht von Ungeziefer befallen. Überdies nutzen Vögel ihn gern als Nistplatz. Als schöner Vorteil der Persimone gilt, sie kann nach Belieben aus der Hand gegessen werden, mit oder ohne Schale, und der Baum trägt hundert Jahre lang Früchte.

Neben den Hügelgebieten verfügt Chonsam über 450 Hektar bebaubares Land, davon werden 300 Hektar genutzt für Reis und 150 Hektar für Mais, Sojabohnen und andere Ackerpflanzen. Die Kooperative wurde im Oktober 1954 gegründet. Heute leben in dem Ort 1700 Menschen. In den 1950er Jahren war dort alles sehr ärmlich. Die Lage habe sich ziemlich geändert, sagt unsere Führerin, die uns zu sich nach Hause einlädt, in ein helles Einfamilienhaus, wie es dort viele gibt.

Ein von gelben Blüten überdachter Weg führt vom Bürgersteig etwa zehn Meter durch den Garten bis zur Haustür. Die Küche ist weißgekachelt, der silbergraue Kühlschrank sehr hoch, im Korridor der Wohnung liegt großflächig Mais zum Trocknen aus, in den Zimmern sind Einbauschränke, gegenüber vom Fernseher befindet sich an der Wand ein rotes Sofa. Wir haben uns im Wohnzimmer niedergelassen und trinken Tee, an den Wänden hängen lange Schriftrollen.

»Unser Führer Kim Il Sung hat unseren Ort dreimal besucht«, erklärt Kim Myong Hui. »Er riet uns eindringlich, uns besonders auf Reisanbau, auf Tierzucht und vor allem auf den Anbau von Persimonen zu konzentrieren. Er staunte dann bei den späteren Besuchen sehr über die rasche Zunahme der Persimonenbäume bei uns schon in den sechziger Jahren. Neben den Persimonen betreiben wir auch den Anbau von Äpfeln u.a.«

»*Sie sind hier geboren?*«

»Nein, ich bin erst seit etwas über fünfundzwanzig Jahren hier, also seit den neunziger Jahren.«

»*Wie kamen Sie hierher? Ich meine, was war der Grund Ihres Herkommens?*«

»Ich lebte mit meinen Eltern in einem anderen Dorf. Über die Vermittlung, übrigens durch meine Eltern, wurde ich hier einem Mann vorgestellt, und wir haben geheiratet. Mein Mann arbeitet in einer Einheit, die für die Maschinen hier verantwortlich ist. Seit unserer Heirat, also seit 1993, leben wir in diesem Haus, das uns die Kooperative zur Verfügung gestellt hat.«

»*Die Wohnfläche ist wie groß?*«

»Die Wohnfläche beträgt fünfundneunzig Quadratmeter. Dazu haben wir noch den Garten. Den bepflanzen wir ganz nach unseren Wünschen, auch mit Früchten, für den Eigenbedarf oder zum Verkauf.«

»*Hier bei euch im fernen Osten ist es im Winter sehr kalt. Wie ist es in den Wohnhäusern um die Heizung bestellt?*«

»Wir sind in der kälteren Jahreszeit vierundzwanzig Stunden

lang versorgt mit Heizung, also mit Bodenheizung – übrigens auch das ganze Jahr vierundzwanzig Stunden lang mit Elektrizität.«

Ein kleiner Junge saß mit uns im Zimmer. Ich fragte: *»Ihr Sohn?«*

»Ja, er ist unser Jüngster, er ist dreizehn.«

»Was will er einmal werden?«

Der Junge war schneller als seine Mutter, die gerade den Mund aufmachen wollte, als er bereits verkündete: »Ich male gerne! Ich will Maler werden!«

»Oh, Gratulation! Nicht leicht! Darf ich mal eine oder zwei von deinen Malereien sehen?«

Er sprang auf und ging hinaus.

»Ein junges oder mittelaltes Ehepaar hat hier im Durchschnitt wie viel Kinder?«

»Gewöhnlich zwei bis drei Kinder. Wir haben zwei Söhne und eine Tochter.«

Kim Myong Hui goss Tee nach und bot uns Mais an, den sie, wie sie sagte, am Vortag aus dem Garten vor dem Haus geerntet hatte. »Unser Ältester ist fünfundzwanzig, er ist in der Armee. Unsere Tochter ist zweiundzwanzig. Sie ist Lehrerin hier in der Schule in Chonsam.«

»Wie gestaltet sich Ihr Tagesablauf gewöhnlich?«

»Ich gehe um sieben Uhr zur Arbeit und komme gegen achtzehn Uhr zurück. Zu Hause gibt es dann die übliche Arbeit: Kochen, Kleidung waschen, den Garten pflegen, die Wohnung sauber halten.«

Ich lachte und sagte: »*Ja, so ist auch anderswo in der Welt vielfach die Situation der Frau. Und sonst, was passiert sonst noch?*«

»Nun, am Abend zum Essen sind wir immer als Familie zusammen. Aber wir haben auch häufig Freunde zum Abendessen hier, Freunde aus unserem Dorf, manchmal auch aus anderen Dörfern.«

»*Und wenn Sie in der Umgebung außerhalb von Chonsam zu tun haben, also in andere Dörfer oder auch nach Wonsan in die Stadt müssen, wie bewegen Sie sich gewöhnlich fort?*«

»Unterschiedlich. Mit dem Rad oder mit dem Bus. Wir haben regelmäßigen Busverkehr hier, auch nach Pjöngjang. Ich muss immer wieder mal nach Pjöngjang. Zum Beispiel spiele ich Akkordeon – ich spiele seit meinem dreizehnten Lebensjahr! – und in Pjöngjang nehme ich regelmäßig an Akkordeonwettkämpfen teil. Meine Tochter spielt übrigens auch Akkordeon.«

»*Und der ältere Sohn?*«

»Der liebt Fußball über alles, er spielt in jeder freien Minute!«

Als wir beim Verabschieden noch Fotos von uns unter den gelben Blüten vor dem Hauseingang machten, kam auf einmal der Dreizehnjährige herbeigelaufen, ein Heft mit seinen Malereien von ihm in der Hand, das er für mich öffnete. Ich sah Porträts von jungen und mittelalten Menschen, vor allem mit Bleistift, manche mit Buntstiften gezeichnet, die Gesichter, auch die von Kindern, meist ernst, manche zornig, oder ein kleiner Junge, der sich bei den Eltern einhakt, dann ein gedankenvoller Mann mit Brille und Bart, ein verwundertes Mädchengesicht, ein lesender Junge ... Die Themen waren spannend, ich hätte dem Jungen gern noch ein paar Fragen gestellt, aber wir waren bereits bei der Verabschiedung. Doch wer weiß, sagte ich, vielleicht werden wir ein anderes Mal Gelegenheit haben.

Die Zentrale Baumschule: »Früher wurde einfach abgeholzt!«

Der Mann sprach eine direkte Sprache. »Früher wurde einfach abgeholzt!«, sagte er. Doch seit Ende 2014 betreibe man im Land endlich intensiv die Wiederaufforstung. Es gebe einen Plan, und nach diesem Plan sei die Aufforstung innerhalb von zehn Jahren zu leisten. »Denn wir brauchen das Holz für die Menschen. Auf dem Land, in den Waldgebieten des Landes sind Waldarbeiter und Waldaufseher für die Aufforstung verantwortlich. Gleichzeitig kooperieren wir, unsere Zentrale Baumschule, auch mit den Landwirtschaftsorganisationen. Die Dörfer organisieren und verantworten ihren Getreide- und Pflanzen- und Früchteanbau selbst. Ebenso pflanzen sie jetzt Bäume. Das Holz will man benutzen, klar, aber es muss auch permanent Wiederanbau, also Forstwirtschaft betrieben werden!« Der Mann hieß Ri In Chol, Leiter von Nordkoreas Zentraler Baumschule, seit zehn Jahren dort tätig, studierter Forstwirt, siebenundvierzig Jahre alt.

Die Wälder in Nordkoreas Berggebieten sind in den späteren 90er Jahren bekanntlich auf schlimmste Weise zerstört worden. In der Zeit herrschte eine heftige Hungersnot. Die Menschen brannten Wälder nieder, um Reis anzubauen, sie sägten kontinuierlich Bäume ab, um Feuerholz zu haben, sie lösten Baumrinde, um diese zu essen. Auch Jahre nach der schlimmen Zeit, so hieß es, verschwanden in Nordkorea jährlich angeblich ungefähr 112.000 Hektar Wald. Das entspricht einer Fläche von 130.000 Fußballplätzen.

Wie ich erfahre, hat der Verwaltungsdirektor des Umweltprogramms der Vereinten Nationen, Erik Solheim, eben diese Zentrale Baumschule besucht, begleitet von Nordkoreas Minister für Land und Umwelt, Kim Kyong Jun, um über eine mögliche größere internationale Kooperation zum Schutz der Umwelt des Landes zu beraten.

Die 1997 eingerichtete Baumschule verfügt über 178,6 Hektar Land und gegenwärtig über 170 Baumarten. Siebzig davon seien importiert, vor allem aus Europa, den USA sowie einigen asiatischen Ländern. Importierte Setzlinge sind immer wieder auch den lokalen Bedingungen wissenschaftlich anzupassen. Aus Deutschland hat man vor allem Fichten und Buchen bekommen. Seit Jahren gibt es eine Kooperation mit der Hanns-Seidel-Stiftung. Mitglieder der Zentralen Baumschule haben die Partner in Deutschland besucht, zum Zweck technischer Ausbildung, konkret bezogen auf Aufforstung, Erhaltung von Natur und Umwelt und das Anpflanzen von Setzlingen.

Die Baumschule bietet dem Besucher ein unvergessliches Bild, ein Bild von weiten Grünflächen, durchzogen von Gewächshäusern, die so lang sind, dass man beim Eintreten ihr Ende nur zu erahnen glaubt. Eine vornehmliche Aufgabe der Baumschule ist, Setzlinge im Land zu verbreiten. Für aus dem Ausland stammende Gewächse heißt das, diese werden den lokalen koreanischen Bedingungen angepasst und dann von den Spezialisten der Baumschule persönlich in die Regionen gebracht und den dort Zuständigen mit den erforderlichen Erklärungen übergeben. In der Zentralen Baumschule arbeiten dreihundert Menschen, zehn von ihnen sind Wissenschaftler.

Ich erfuhr, jede Provinz, jeder Kreis, jede Stadt hat jetzt eigene Baumschulen. Diese werden von der Regierung finanziert und stehen unter der Verantwortung des Umweltministeriums. Die

Setzlinge werden an die Dörfer oder Kooperativen verkauft, aber, heißt es, zu sehr niedrigen Preisen.

»Unsere Arbeit,« sagt Ri In Chol in gelungener Formulierung, »dient der Stärkung der Natur wie der Erde und hilft gleichzeitig, unsere Welt zu verschönern.«

Im Institut und Gewächshaus für Gemüsewissenschaft: »Von 700 Arbeitskräften sind 100 ausgebildete Wissenschaftler.«

Ein anderer Tag. Wir befanden uns außerhalb von Pjöngjang, über eine Stunde Fahrt mit dem Auto aus dem Stadtzentrum heraus auf freier Straße. Es war sonnig. Wir bogen ein in eine weite, weite Anlage mit Gewächshäusern. An einer Stelle gab es eine Gruppe weißer zweistöckiger Häuser mit roten Dächern. Dort hielten wir, wurden empfangen vom Leiter der wissenschaftlichen Forschungsabteilung, Ri Myong Song, der seit Gründung dieses »Pjöngjang-Instituts für Gemüsewissenschaft« im Jahr 2011 hier tätig ist, und von Herrn Kim Chol, verantwortlich für die Besuchsdelegationen aus dem ganzen Land. Die Herren führten uns durch zwei der langen Gewächshäuser. Der Forschungsleiter Ri Myong Song hat Biologie studiert.

»Was war damals der konkrete Grund«, fragte ich, »dieses Institut einzurichten?«

Ich erfuhr, zu der Zeit gab es in Nordkorea nur eine begrenzte Zahl von Gemüsearten. Deren Zahl sollte erhöht werden. Es war die dem Institut, das zur Akademie für Landwirtschaft gehört, gesetzte Aufgabe, fortgeschrittene, beispielhafte Anbautechniken zu erkunden sowie im Land zu verbreiten und auf diese Weise beizutragen, die Gemüseproduktion insgesamt zu fördern. Heute gebe es im Land genügend Gemüsearten. Am wichtigsten seien Kohl, Tomaten, Gurken, Rettich, Aubergi-nen, Kopfsalat, auch verschiedene Gewürzsorten. Man tauschte sich damals vor allem mit anderen asiatischen Ländern aus, wissenschaftlich wie ökonomisch, besonders mit dem Nachbarland China. Die Dinge entwickelten sich, neue Ver-bindungen kamen zustande. Das Institut nutzt heute Wind-und Solarkraft, um in den Gewächshäusern optimale Tempe-raturen zu sichern. Die in dem Gemüseinstitut erforschte An-baupraxis über Hydrokultur werde bereits vielfach in Land-wirtschaftskooperativen um Pjöngjang herum betrieben, etwa auch in der oben beschriebenen Kooperative Jangchon.

Das Gewächshaus, durch das wir gerade gingen, hat man we-sentlich aus Holland übernommen. Das Institut hatte mit einer holländischen Firma einen Joint-Venture-Vertrag unterzeich-net und auch entsprechend investiert. Doch der Vertrag war nicht von Dauer, sagte man mir, wegen der dann einsetzenden Sanktionen. Man sei jedoch nach wie vor mit den Holländern in Kontakt, und beide Seiten suchten nach Möglichkeiten, das Joint-Venture erneut anzugehen.

Wenn früher, also vor etwa einem Jahrzehnt, das Ziel war, mehr Gemüsesorten anzubauen, fragte ich, welches sind die haupt-sächlichen Aufgaben heute?

Ri Myong Song: »Heute ist unsere Aufgabe nicht mehr so sehr, neue Gemüsesorten zu kreieren, sondern Gemüse besserer oder bester Qualität hervorzubringen. Zu dem Zweck verfügen wir hier über zwölf maßgebliche Laboratorien und For-schungseinrichtungen, die sich vor allem auf Anbautechniken konzentrieren. Von den siebenhundert Arbeitskräften bei uns sind einhundert ausgebildete Wissenschaftler. Wir gehen in an-dere Gebiete, in die Kreise und Dörfer, und lehren. Wir helfen ganz konkret, dort Institute wie dieses hier aufzubauen. Wir schicken unser Gemüse dorthin, um es auf diese Weise im

Land zu verbreiten. Es gibt nun in den Provinzen bereits solche Institute, die sich allenfalls in der Größe unterscheiden. Wir halten regelmäßig Seminare ab und laden Repräsentanten aus dem ganzen Land zur Teilnahme ein.«

Das Institut empfängt tatsächlich täglich Delegationen, die kommen, um für den Anbau in ihrem Dorf, in ihrem Kreis zu lernen. Sie bleiben zwei bis drei Tage oder eine ganze Woche oder auch mehrere Monate.

Kapitel 7

»Was bedeutet das, Modellarbeiterin zu sein?«
Im Textilwerk »Kim Jong Suk«

Wir standen im Eingangsbereich des Wohnheims für unverheiratete Frauen. Über meine Dolmetscherin fragte ich die Dame, die uns durch die Werkhallen geführt hatte, ob ich vielleicht einer Arbeiterin ein paar Fragen über ihr tägliches Leben stellen könnte. »Sicher«, sagte sie.

In dem Moment kam eine junge Frau vorbei. Meine Führerin rief sie, stellte ihr eine Frage. Die junge Frau – hübsches Gesicht, kurzes Haar, schlank, enge rosa Jacke, schwarze Hosen – blickte im ersten Moment verunsichert, sah in unsere Runde, nickte dann langsam.

Wir setzten uns in die grünen Sessel, die da in einer Ecke standen. Mit meinem Notizbuch in der Hand stellte ich mich als ein Besucher aus Deutschland vor, nannte meinen Namen, fragte nach ihrem Namen. Sie sagte, sie heiße Singi Hy Ang. Ich fragte, mit welchem Alter die jungen Menschen gewöhnlich in solch einem Werk angestellt werden …

Doch bevor wir uns auf die Unterhaltung mit Singi Hy Ang konzentrieren, hier einige Sätze zum besseren allgemeinen Verständnis der Umstände dieser Fabrik.

Meine Führerin in den Hallen der Textilfabrik »Kim Jong Suk« hatte gleich in den ersten Minuten des Rundgangs darauf hingewiesen, den Arbeiterinnen stünden acht Monate Mutterschaftsurlaub zu. Eine weitere Erwähnung dann: Kim Il Sung, der erste Führer von Nordkorea, habe frühzeitig vorgeschlagen und sich persönlich dafür eingesetzt, unmittelbar gegenüber vom Textilwerk eine Maschinenfabrik zu errichten, die auch Maschinen zur Textilienherstellung produzieren sollte. Denn das sei aufgrund der Nähe praktisch, besonders wenn rasche Hilfe bei erforderlichen Reparaturen nötig sei. Gleichzeitig wies er überraschend auf einen zusätzlichen Vorteil hin, seien die Arbeitskräfte in der Textilfabrik doch hauptsächlich weiblich, die in der Maschinenfabrik vor allem männlich, und dies biete die ausgezeichnete Möglichkeit, dass sich junge Männer und junge Frauen ganz unkompliziert würden kennenlernen und treffen können, ohne dazu womöglich mit Fahrrad oder Bus oder U-Bahn lange Strecken zurücklegen zu müssen.

Das Werk für Textilien »Kim Jong Suk«, heißt es, produziert ein Drittel aller Stoffe für den Bedarf Nordkoreas. Es befindet sich im Ostteil von Pjöngjang und gilt als »Mutterwerk der Textilindustrie« des Landes. Offizieller Gründungstag ist der 10. Oktober 1948. In den drei Jahren des Krieges wurde die Fabrik völlig zerstört. Fünftausend Soldaten seien daraufhin für den Wiederaufbau eingesetzt worden, und nach wenigen Monaten fand im Dezember 1953 die Wiedereröffnung statt. Die Gesamtfläche umfasst heute 646.000 Quadratmeter. Man spricht von fünfzig allgemeinen Produktionsanlagen für Weben, Spinnen, Stricken, Färben u.a. Schwerpunkte sind auch die Herstellung der Schuluniformen sowie von Schultaschen. Die Fabrik verfügt über 8000 Arbeitskräfte, 70 Prozent sind Frauen. Speziell für die unverheirateten Arbeiterinnen gibt es ein eigenes Gebäude, das 2013 errichtet wurde, ein Wohnheim, sechs Stockwerke hoch, mit Unterkünften für 2300 Frauen, dazu unter anderem Kantinen, Sportanlagen, Bibliothek. Die Arbeiterinnen und Arbeiter haben innerhalb der Fabrik die Möglichkeit weiterer schulischer wie professioneller Ausbildung. Wer den Wunsch hat, die Universität zu besuchen, kann über die Vermittlung der Fabrik an einer entsprechenden Prüfung teilnehmen. Das Hochschulstudium dauert in solchen Fällen gewöhnlich vier Jahre.

Infolge der nordkoreanischen Atomtests 2017 verhängten die Vereinten Nationen erneut Sanktionen. Eine der Bestimmungen untersagte, Kleidung und Textilien aus Nordkorea zu importieren. Bis zu einem Viertel der Produktion der Textilfabrik »Kim Jong Suk« war bis dahin exportiert worden, vor allem nach China, Russland und Japan. Als dies nicht mehr möglich war, begann man, sich verstärkt auf die Produktion von Stoffen und Taschen für Kunden im Land zu konzentrieren. Und bezüglich Materialien wie etwa Farbstoffen, die für gewöhnlich importiert worden waren, strengt man sich an, eigene Produktionswege zu finden. Tatsächlich hat sich (so bereits früh erwähnt in einem Beitrag von CNN vom 27. Oktober 2017, »Has the Trump factor boosted Pyongyang's textile trade?«) der Fokus verschoben, doch die Produktion geht in ähnlichem Tempo voran. Die Banner mit Slogans wie »Zerreißt den geisteskranken Trump«, die CNN zu der Zeit bemerkte, waren, als ich dieses Werk besuchte, nämlich als Kim Jong Un und Donald Trump sich in Singapur trafen, abgehängt.

Auf meine Frage, in welchem Alter die jungen Menschen gewöhnlich in der Textilfabrik angestellt werden, sagte Singi Hy Ang, die dem spontanen Wunsch nach einem Gespräch zugestimmt hatte:

»Mit achtzehn.«

»Und Sie, wie alt waren Sie?«

»Ich war achtzehn.«

»Kommen Sie aus Pjöngjang?«

124

»Nein, ich komme aus dem Norden unseres Landes.«

»Durch welche Umstände kamen Sie hierher?«

»Ich sah im Fernsehen einen Film über dieses Werk, und dann entschloss ich mich hierherzufahren und mich vorzustellen und zu sehen, ob ich angestellt würde.«

»Stark! Und Ihre Eltern sind nach wie vor dort im Norden?«

»Ja. Mein Vater ist Fabrikarbeiter, meine Mutter Hausfrau.«

»Darf ich fragen, wie lange Sie schon hier sind?«

»Seit acht Jahren. Ich bin Weberin.«

»Wie sind Ihre täglichen Arbeitszeiten?«

»Es gibt drei Schichten, denn die Maschinenanlagen dürfen nicht stoppen: Die Tagesschicht ist von 9 bis 17 Uhr, die Schicht danach von 17 bis 24 Uhr, und die Nachtschicht von 24 Uhr bis neun Uhr. Ich mag natürlich am liebsten die Tagesschicht. Zu den Essenszeiten sitzen wir Kolleginnen dann zusammen in der Kantine. Wir sind jeweils eine Woche lang in einer Schicht. In der Woche darauf wechselt man in die nächste Schicht.«

»Wie viel Arbeitstage pro Woche?«

»Eine Woche hat sechs Arbeitstage und einen freien Tag.«

»Ihr habt regelmäßig Urlaub im Jahr?«

»Ja, sechzehn Tage Urlaub im Jahr.«

»Und was machen Sie gewöhnlich in dieser Zeit?«

»Nun, zum Beispiel fahre ich zu meinen Eltern, das sind zwanzig Stunden mit dem Zug. Natürlich waren meine Eltern auch schon hier, um mich zu besuchen.«

»Wie verbringen Sie, wie verbringt ihr die Sonntage, die Feiertage?«

»Zum Beispiel haben wir hier gleich neben dem Wohnheim ein spezielles Gebäude mit Kücheneinrichtungen und anderem. Da treffen wir uns manchmal, um das zu kochen, worauf wir besonders Lust haben. Ich spiele auch gern Volleyball und bin in einer Mannschaft, und wir haben regelmäßig Training. An Sonntagen und an Feiertagen gehen wir oft raus in die Stadt. Ich singe gern und gehe auch in die Karaoke. In unseren Zimmern haben wir Fernsehgeräte, ich sehe häufig Spielfilme. Und natürlich lese ich Romane!«

»Sicher haben Sie viele Freunde und Freundinnen?«

»Ja, unter den Kolleginnen aber auch in der Stadt. Und ich habe auch Verwandte hier in Pjöngjang, die ich manchmal besuche.«

»Junge Frauen und junge Männer heiraten hier gewöhnlich in welchem Alter?«

»Junge Frauen mit 25 bis 26 Jahren, junge Männer mit 29 bis dreißig Jahren.«

»Ich habe gehört, die Maschinenfabrik gegenüber sei auch mit der Absicht genau hier gebaut worden, um das Kennenlernen von jungen Männern und jungen Frauen zu erleichtern. Darf ich fragen, wissen Sie davon?«

Hier sagte Singi Hy Ang nicht belustigt, sondern ganz ernsthaft: »Selbstverständlich weiß ich davon. Doch, ja, Kolleginnen von mir haben Freunde in der Fabrik gegenüber, und sie treffen sich und unterhalten sich. Es gibt auch einen Spielfilm über genau dieses Thema!«

»Einen Spielfilm?«

Die für meinen Besuch verantwortliche Dame meinte: »Ja, der Film ist aus den 8oer Jahren. Der Titel ist ›Der Einladungsbrief‹. Ist nach wie vor ziemlich populär.«

Ob es den Film vielleicht auf DVD zu kaufen gebe, fragte ich. Man wusste es nicht. Meine Dolmetscherin Hong warf ein, sie würde im Hotel fragen.
Die Zeit war fortgeschritten, daher verabschiedeten wir uns – herzlich mit beide Hände drücken, und ich sollte auf jeden Fall wieder einmal vorbeikommen. Das versprach ich.
Bei unserer Ankunft im Hotel fragte Hong gleich am Empfang, ob es in einem der Läden im Hotel vielleicht den Film »Der Einladungsbrief« auf Video gebe. Das sei möglicherweise schwierig, hieß es, denn es handele sich um einen alten Titel. Aber, sagte der Mann freundlich, das Hotel verfüge über ein Video eben dieses Films, und man könne ihn gern für uns am selben Abend um 22 Uhr hotelintern ausstrahlen. Ich war begeistert, und wir verabredeten uns für kurz vor 22 Uhr in der Bar, die über den größten Fernsehbildschirm im Haus verfügte. Es fanden sich noch drei Freunde ein, wir bestellten Getränke und Meeresfrüchte und Gebäck und sahen einen herrlichen Schwarz-Weiß-Film über Liebe und Arbeit, Freude und Enttäuschung, Humor und Freundschaft. Alle hatten den Film schon mehrmals gesehen. Ich erkannte in den Szenen die bis heute unveränderten Eingangstore zu den zwei Firmen.

»Ihr seid jung und mittleren Alters«, sagte ich nach Ende des Films spontan zu den Freunden am Tisch. »Der Film ist ziemlich über dreißig Jahre alt. Inwieweit könnt ihr euch mit den Szenen und Gedanken und allem, was darin geschieht, identifizieren?«

Die Antworten waren für mich wahrhaft spannend: »Keine Veränderung, die gleichen Gefühle!«, sagten sie übereinstimmend, sie können sich voll und ganz identifizieren, mit der Einfachheit und Direktheit der Äußerungen, mit den Aktionen, den körperlichen Bewegungen und überhaupt dem Wesen der Menschen von damals, wie von den Darstellerinnen und Darstellern ausgedrückt. Da habe sich über die Jahrzehnte nichts verändert. All das sei wie heute. Auch die kleinen Tricks, meinten sie amüsiert, seien dieselben geblieben, wenn etwa bei einer größeren Einladung die Stühle zwischen den Frauen absichtlich frei blieben – damit sich dort hoffentlich männliche Gäste niederlassen würden!

* * *

Die Menschen in Korea sagen: »Seide ist leichter, haltbarer, eleganter und weicher als andere Stoffarten. Und Seide zeichnet sich aus durch Elastizität und einen knisternden Ton. Sie gilt als die Königin aller Stoffe. Sie fördert die Gesundheit, sie passt sich der Temperatur und Feuchtigkeit des menschlichen Körpers an, und somit hilft sie tatsächlich, die Alterung der Haut zu verzögern.« In Korea wird seit historischen Zeiten Seide produziert. Um Pjöngjang sind vielfarbig gemusterte Seidenreliquien von vor zweitausend Jahren entdeckt worden. Bereits während der Koryo-Dynastie (918–1392) wurde Seide nach China und Japan sowie in die Mittleren und Nahen Osten exportiert.

Wir hatten viel miteinander gelacht. Es war schön, sie wiederzusehen, die Abteilungsleiterin Ri Hye Song in Nordkoreas bekanntester Seidenspinnerei. Ich hatte sie einige Monate zuvor bei meinem ersten Besuch in der Spinnerei kennengelernt. Damals trug sie, das hatte ich nicht vergessen, ein traditionelles koreanisches Kleid, oben verhältnismäßig eng, der Rock dagegen sehr weit. Diesmal war sie modisch gekleidet, in engem schwarzen Rock und weißer Bluse. Sie würde uns durch das Werk führen, außerdem würde sie uns das weithin gerühmte neue Wohnheim der vielen unverheirateten jungen Arbeitskräfte zeigen, und sie bestätigte, worauf ich gespannt war: Ja, ich würde eine Modellarbeiterin interviewen können.

Modellarbeiterin? Warum nicht Modellarbeiter? Das Werk hat 1600 Arbeitskräfte. Über 1200 davon seien weiblich. Dies könnte für mich ernsthaft ein Grund sein, dort arbeiten zu wollen, erklärte ich damals, bei meinem ersten Besuch, und bekam darauf – unvergesslich – begeistert Zustimmung von mehreren der anwesenden Arbeiterinnen. Überdies pries ich höflich die auffallende Sauberkeit in den Betriebshallen. Das wurde bestätigt mit der trockenen Erklärung: »Koreanische Frauen sind sehr sauber!« Tatsache ist, bei meinem Rundgang durch das Werk habe ich keinen einzigen arbeitenden Mann gesehen, weder beim ersten noch beim zweiten Besuch. Ich war allerdings nicht in den Büros. Sitzen die Männer vielleicht alle in den Büros?

Die Spinnerei wurde 1926 von japanischen Kolonialisten errichtet. Die Mädchen und jungen Frauen, die dort, heißt es, zur Arbeit »befohlen« wurden, bezeichneten den Betrieb als Gefängnis. 1947 wurde das Werk erneut eröffnet, in Anwesenheit von Nordkoreas Staatsgründer Kim Il Sung. Der Name »Kim Jong Suk Seidenspinnerei« bezieht sich (wie auch der Name »Kim Jong Suk Textilfabrik« in dem vorangehenden Bericht) auf Kim Il Sungs erste Ehefrau, die als Heldin gegen den japanischen Kolonialismus verehrt wird. Sie starb 1949, bei einer Fehlgeburt. Sie ist die Großmutter des jetzigen Staatsführers Kim Jong Un.

Die Hallen der modernen Spinnerei sind von Reihen schwerer Maschinenanlagen durchzogen. Vor jeder Reihe, jeweils in großem Abstand voneinander, agieren Arbeiterinnen, in der Mehrheit jung bis mittleren Alters. Die meisten tragen olivfarbene Jacke und Hose, rote Schürze, rosa Kopftuch. Aufgaben der Spinnerei sind das Entschälen, Abhaspeln oder Aufwickeln sowie das Verzwirnen der Seidenfäden, das Sortieren und Aussortieren, das Waschen und Kochen, das Verarbeiten von Seidenraupen. Die Seidenraupen stammen aus einer Zucht im Süden der Provinz Pyongan. Sie produzieren Fäden, die in Seide verwandelt werden, in dieser Spinnerei pro Jahr etwa zweihundert Tonnen.

An den Wänden sah ich lange rote Anschläge mit politischen Kernsätzen, die ich mir übersetzen ließ, etwa den Aufruf, die Produktion zu erhöhen, um den Lebensstandard der Nation zu steigern. Ganz speziell genannt wurde die Direktive, eine Vielfalt von Seidensteppdecken bester Qualität zu produzieren. Ebenso waren da gerahmte Listen mit den Namen und Fotos der aktuellen Modellarbeiterinnen, also der Arbeiterinnen, die hohe und höchste Leistungen erbringen.

Ri Hye Song machte mich auf eine Arbeiterin aufmerksam, die da an der Maschine stand. »Sie ist der Star unter unseren vorbildlichen Arbeiterinnen«, sagte sie. »Sie heißt Kim Jong Hyang. Nachher werden Sie mit ihr sprechen können.« Ich ging näher an die Frau heran und fotografierte sie aus verschiedenen Perspektiven. Das störte sie nicht, es war, als ob sie den Ausländer mit der Kamera gar nicht bemerkte. Ihr Gesicht blieb ernst, voll konzentriert auf die mir sehr kompliziert erscheinenden flinken Bewegungen ihrer Hände.

Wir besuchten die Halle mit den ausgestellten fertigen Seidenprodukten, anschließend Räumlichkeiten eines sogenannten wissenschaftlich-technischen Zentrums, wo zahlreiche Arbei-

Modellarbeiterin Kim Jong Hyang bei der Arbeit in der Seidenspinnerei

terinnen und männliche Angestellte vor Computern sitzen und über das nordkoreanische Intranet-System arbeitsbezogene Studien absolvieren oder sich allgemein weiterbilden können, dann die Einrichtung, wo Mütter, die in der Spinnerei arbeiten, tagsüber ihre Kinder unterbringen können, die dort beaufsichtigt werden.

Wir verließen die Hallen, gingen in einer Art Grünanlage wenige Minuten eine Straße entlang und standen dann vor dem unlängst errichteten sechsstöckigen Wohnheim für die jungen unverheirateten Arbeitskräfte, Gesamtfläche 8910 Quadratmeter. Dieses Heim hat eine Geschichte, die vielfach erzählt wird: Kim Jong Un hatte bei seinem Besuch im Jahr 2016 versprochen, er werde den Bau für ein solches Heim, das er als notwendig ansah, veranlassen, und zwar einen großzügigen Bau mit allen erforderlichen Einrichtungen, und innen wie außen von bestem Design. Bald darauf erschien tatsächlich ein Bautrupp der Armee. Kim Jong Un kümmerte sich, wie es heißt, persönlich um den Fortgang sowie alle auftretenden Probleme. Nach weniger als sechs Monaten stand das Gebäude, das von außen wie von innen beeindruckt. Es gibt Empfangshalle, Wohnräume, Kantine, Räumlichkeiten für Partys, ein Schwimmbad mit mehreren Bahnen, Sportanlagen aller Art. Eröffnung war im Januar 2017.

Die Modellarbeiterin, die ich in der Spinnereihalle fotografiert hatte, wartete auf der Straße auf uns. Ri Hye Song schlug vor, dass wir uns draußen im Park, der Teil des Fabrikgeländes ist, auf eine Bank setzen. Das taten wir. Die Bänke waren angelegt für zwei bis drei Personen, unmittelbar gegenüber eine ebenso große zweite Bank, also bestens geeignet für eine Unterhaltung in kleiner Gruppe. Ri Hye Song saß neben der Arbeiterin Kim Jong Hyang, ich neben meiner Dolmetscherin. Die Sonne schien, wir saßen im Schatten der Bäume.

»Wie und wann kamen Sie hier zur Seidenspinnerei ›Kim Jong Suk‹?« fragte ich Kim Jong Hyang, eine zierliche, hübsche Frau, ihr Gesicht schien etwas müde. Oder täuschte das, und

sie war nur angespannt, weil sie, immerhin keine alltägliche Angelegenheit, von einem Ausländer interviewt werden würde?

Kim Jong Hyang sagte: »Das war im Jahr 2009. Ich hatte die Schule für Maschinenbau absolviert. Ich wurde nicht hierher vermittelt. Es war mein persönlicher Wunsch, hierherzukommen.«

»*Das heißt, die Spinnerei war Ihnen bekannt? Sie hatten von diesem Werk gehört?*«

»Ja, jeder kennt die Seidenspinnerei ›Kim Jong Suk‹. Man weiß, dass es hier unter den Japanern schlimm war, aber jetzt ist das Werk sehr populär, wegen der Arbeitsbedingungen und natürlich wegen der Qualität der Seide, die wir hier produzieren.«

»*Gab es für Sie damals so etwas wie eine Aufnahmeprüfung?*«

»Nein, nur ein Gespräch über meine Ausbildung bis dahin.«

»*Wohnen Sie hier in der Nähe, oder haben Sie einen längeren Anfahrtsweg, vielleicht mit dem Fahrrad oder mit der U-Bahn?*«

Kim Jong Hyang lacht. »Nein, kein Anfahrtsweg. Ich wohne in dem Heim, das Sie gerade besucht haben. Wir stehen um sieben Uhr auf. Um acht Uhr ist Treffen der Arbeitsgruppe, dazu gehört zum Beispiel, die aktuellen Nachrichten in den Zeitungen zu lesen. Wir arbeiten ab neun Uhr. Mittagspause ist von zwölf bis 13:30 Uhr, Dienstschluss um achtzehn Uhr.«

»*Und dann?*«

Mit Abteilungsleiterin Ri Hye Song in Nordkoreas bekanntester Seidenspinnerei

»Und dann? Nach Belieben … Sich unterhalten mit Freunden, Verabredungen draußen im Café oder zum Tee oder was auch immer man trinken will, oder man kann hier in unserem Studienzentrum Bücher aussuchen oder persönliche Studien fortsetzen usw.«

»*Haben Sie ein Hobby?*«

»Ja, ich spiele Akkordeon.«

»*Akkordeon? Oh, das habe ich auch gespielt, als ich Schüler war. Meine Großmutter schenkte mir ein Akkordeon. Das kam für mich damals völlig überraschend.*«

»Dann haben oder hatten wir beide das gleiche Hobby!«

»*Die unverheirateten Arbeiterinnen, wie finden sie hier einen Freund und möglichen Ehepartner?*«

»Hier im Werk jemanden zu finden, das ist nicht leicht, weil wir hier ja hauptsächlich Frauen sind. Mögliche Partner werden einem gewöhnlich von außerhalb vorgestellt, über die Eltern oder von Freunden. Wenn jemand heiratet, hilft unser Werk, das Hochzeitsfests zu organisieren.«

»*Ihre Eltern wohnen in Pjöngjang?*«

»Ja. Ich besuche sie an Feiertagen und auch sonst, wenn es die Zeit erlaubt. Ich habe noch eine jüngere Schwester.«

»*Die vielleicht auch hier arbeiten möchte?*«

»Nein, sie hat andere Pläne.«

»Ich habe gehört, Sie haben den Führer Ihres Landes getroffen, Herrn Kim Jong Un. Wie war die Begegnung?«

»Ich wusste, er würde kommen, das war angekündigt, und ich war ziemlich aufgeregt, auch ein bisschen ängstlich oder unsicher. Doch als er mir bei der Begegnung auf ganz offene Art Fragen stellte, verging meine Unsicherheit, ich fühlte mich schnell recht locker, ich drückte meine Gedanken aus, und, ja, ich sprach von Herzen. Jeder Koreaner hat den Wunsch, einmal den Führer zu treffen. Von ihm geht Faszination aus. Ich möchte sagen, er hat Charakter.«

»Sie sind Modellarbeiterin. Darf ich fragen, wie alt Sie sind? Und was bedeutet das, Modellarbeiterin zu sein?«

»Ich bin jetzt 28 Jahre alt. Modellarbeiter, Modellarbeiterinnen geben ihr Bestes, sie strengen sich an, mehr als das Übliche, also mehr als andere zu produzieren. Sie sind daher sozusagen Pioniere. Ich bemühe mich, bei uns in der Seidenfadenproduktion mehr als andere zu schaffen. Ich erfülle die Arbeit, die nach der Regel für zwei oder drei Jahre vorgesehen ist, innerhalb von einem Jahr. Solch eine Leistung, solch ein Erfolg, das bringt Freude, das bringt Bestätigung! Tatsächlich gelten die meisten Arbeiterinnen in unserem Werk als vorbildliche Arbeiterinnen, die mehr leisten. Das ist der Grund, warum unser Werk im Land einen besonderen Ruf hat.«

»Sie, Frau Kim Jong Hyang, sind, wie ich hörte, die herausragende Modellarbeiterin in der Fabrik. Sie haben über 1200 Kolleginnen. Gibt es da auch Konkurrenz um den ersten Platz?«

»Ja, natürlich. Ich habe da eine besondere Konkurrentin. Sie und ich, wir beide sind immer am Kämpfen miteinander.« Und, nach einer kleinen Pause: »... am freundschaftlichen Kämpfen!«

Bei der Verabschiedung sagte ich: »*Diese Spinnerei produziert, wie ich höre, die beste Seide im Land, und von der Masse der Produktion her erbringen Sie und Ihre Kolleginnen Leistungen, die offenbar wie Wunder sind.*«

Kim Jong Hyang entgegnete ganz selbstbewusst: »Ja, bei uns im Land gibt es viele Wunder!«

Kapitel 8

»Jeder, der kommen will, ist willkommen.«
Der »Palast für Wissenschaft und Technik«

Den Palast für Wissenschaft und Technik zu besuchen, auch »Sci-Tech Complex« genannt, ist in der Tat ein Ereignis. Die ganze Anlage, geographisch wie am Eingangstor nach Pjöngjang gelegen, überrascht durch ein modernes, unerwartet weltoffenes Design. Als ausländischer Besucher bewegt man sich bei den ersten Besuchen durch die großzügig weiten Flächen, den Blick gleichzeitig staunend wie verwundert auf die umgebenden ungewohnten Gebäudeformen gerichtet. Von den Koreanern wird dieses Zentrum in seiner Bedeutung für das Land gern mit dem »Großen Studienpalast des Volkes« verglichen. Beide Anlagen, der Sci-Tech Complex wie der Studienpalast, sind vom architektonischen Bild, der äußerlichen Erscheinung her, unvergleichbar, aber beide befinden sich am Fluss Taedong und bedecken jeweils eine Fläche von über einhunderttausend Quadratmetern.

Der Studienpalast, bereits 1982 fertiggestellt, ist, im Unterschied zum 2015 eröffneten Wissenschaftspalast, ganz im traditionellen koreanischen Baustil errichtet worden und dient als Nationalbibliothek sowie Volkshochschule. Es sind große Zahlen, mit denen man in dieser Volkshochschule aufwartet. Man verfüge über 30 Millionen Bücher, über 600 Räume mit 6000 Sitzplätzen plus siebzig Vortragssälen, täglich kämen um 5000 Personen, zum Lesen, Studieren oder um Vorträge zu hören,

Vorträge übrigens auch von ausländischen Wissenschaftlern, Fachkräften, Gästen. Es gebe im Haus Übersetzer für Englisch, Russisch, Chinesisch, Deutsch, Spanisch, Arabisch und Italienisch. Als sich bei einem meiner früheren Besuche dort herausstellte, dass ich aus Deutschland kam, wurde mir sogleich eine Reihe einschlägiger Bücher aus Deutschland präsentiert, das erste war das Tagebuch von Anne Frank. Bei meinem letzten Besuch wurde ich in eine Deutschklasse geführt, wo etwa dreißig Studenten anwesend waren. Die Lehrerin, eine Frau mittleren Alters, bat mich, als sie hörte, dass ich Deutscher bin, zu ihr zum Pult zu kommen. Sie fragte, für die Studenten hörbar, wie ich heiße, in welcher Stadt in Deutschland ich lebte (als ich Heidelberg erwähnte, gab es von den Studenten Rufe der Sympathie), was ich studiert hatte, was mein Beruf sei, und schließlich unterhielten wir uns ganz locker, und bald nahmen auch die Studenten teil. Diese, erfuhr ich, stammten aus dem Medizinbereich, waren zwischen zwanzig und dreißig Jahre alt, und lernten Deutsch vorrangig mit der Absicht, medizinische Werke aus Deutschland zu übersetzen.

Was ist nun konkret die Funktion des Palastes für Wissenschaft und Technik? Er gilt als ein Institut des Lernens wie des Forschens, dies auch in Grenzbereichen. Es handele sich, heißt es, um eine Datenbank, wo die wissenschaftlich-technischen Erfolge der Menschheit digitalisiert gespeichert werden. Es sei erklärte Absicht, die Bevölkerung besonders über dieses Institut verstärkt mit Wissenschaft und Technik vertraut zu machen. Zentral im Hauptgebäude, dominierend, weit über drei Etagen hinaus und bis in die Glaskuppel hochreichend, steht ein Modell der Trägerrakete Unha 3, die im Jahr 2012 einen Satelliten in die Erdumlaufbahn transportiert hat. Das Gebäude, die ganze Anlage, die der Form eines Atoms nachempfunden ist, verfügt über zehn Ausstellungshallen sowie über Säle für Konferenzen und Symposien, E-Leseräume und nach Studienthemen gesonderte Bereiche. Jedes Stockwerk im Hauptgebäude ist ausgestattet mit Reihen von Tischen mit Computern für die Besucher. Es gibt gesonderte Räumlichkeiten für Vorträge, für das Vorführen von Wissenschaftsfilmen, ebenso Hallen mit vielfältigen Materialien über internationale wissenschaftliche und technologische Erkenntnisse. Ich hörte auch von einem besonderen Museumsbereich innerhalb des Zentrums, der Aspekte der Entwicklungsgeschichte von Wissenschaft und Technik verständlich mache, und erfuhr sogar von einer Halle, in der Erdbeben simuliert werden. Für Behinderte ist ein besonderer Studien- und Leseraum eingerichtet.

Im Foyer werde ich, zusammen mit meiner Dolmetscherin, von einer jungen Frau empfangen, die uns auf Englisch anspricht, so locker, als sei es ihre Muttersprache. Sie heißt Jo Bok Sil. Sie erklärt, sie werde uns bei der Besichtigung führen, und ich werde ihr, wie am Telefon bereits verabredet, Fragen stellen können. Ich kenne den Wissenschaftspalast von früheren Besuchen, daher ist eine allgemeine Besichtigung nicht erforderlich, und wir lassen uns in einer Ecke nieder. Ich frage Jo Bok Sil, wie sie es geschafft hat, wie es dazu gekommen ist, dass sie in diese Institution hier hat eintreten können, die gegenwärtig tatsächlich auch für die internationale Reputation von Pjöngjang eine besondere Bedeutung einnimmt.

Jo Bok Sil: »Mein Vater hoffte, dass ich Musikerin werde. Meine Mutter wollte, dass ich Englisch studiere. Ich entschied mich dann für Englisch und absolvierte die Hochschule im Jahr 2015. Das ist mein persönlicher Hintergrund, und seitdem bin ich hier. Unser Sci-Tech Complex wurde im Oktober 2015 eröffnet. Ich bin die einzige Führerin für Besucher in englischer Sprache. Führungen in anderen Sprachen haben wir auf Russisch und Chinesisch.«

»Wie viel Personal ist hier angestellt?«

Mit der Dolmetscherin und Führerin Jo Bok Sil vor dem Modell der Hauptanlage des »Palast für Wissenschaft und Technik«

»Insgesamt gibt es eintausend Arbeitskräfte. Über neunhundert sind Wissenschaftler und Techniker. Das Durchschnittsalter ist 32.«

»Wer darf als Gast kommen und die Geräte benutzen etc.? Pro Tag kommen im Schnitt wie viele Gäste? Was sind die Aufgaben dieser Einrichtung? Oh, Entschuldigung, viele Fragen auf einmal ...«

»Das ist in Ordnung. Jeder, der kommen will, ist willkommen.

Wir haben täglich von 9 bis 18 Uhr geöffnet. Der Sci-Tech Complex ist vor allem eine Einrichtung für Lernende. Wir haben hier eine elektronische Bibliothek, und zur Zeit verfügen wir über 3012 Computer. Die Kommunikation läuft über das Intranet unseres Landes. Pro Tag haben wir 3000 Besucher. Sie kommen für Aktivitäten am Computer, aber auch um Vorträge zu hören, Vorträge zu verschiedensten Themen, oder um an Diskussionen teilzunehmen. Kernaufgabe des Complex ist, Wissen zu verbreiten, Wissen im weitesten Sinn ... Übrigens verfügt jede Provinz über eigene kleinere Versionen solcher Sci-Tech-Einrichtungen. Und all diese sind, zusammen mit uns hier, zu einem Sci-Tech-Forum zusammengeschlossen.«

»Sie erwähnten Diskussionsrunden. Was für Themen werden da diskutiert?«

»Kürzliche Themen betrafen etwa, erwähne ich mal spontan, Fragen zu medizinischen Produkten oder bezüglich Design von Wohnungen und Möbeln. Gleichzeitig organisieren wir hier umfangreiche Ausstellungen. Wir stellen Bücher vor. Bei besonderen Anlässen haben wir an manchem Tag circa 10.000 Besucher. Aufgabe des Sci-Tech Complex ist auch, die Ausbildungsmöglichkeiten für junge Menschen und auch für Kinder zu erweitern. Für unterschiedliche Themenbereiche gibt es Klassen, die geordnet sind nach Altersgruppen, zum Beispiel für Mathematik allgemein oder für besondere mathematische Probleme. Vorrangig bei uns sind Themen der Wissenschaft. Aber ebenso wichtig ist die Präsentation neuer Ideen. Unsere Einrichtung hilft, können wir sagen, junge Erfinder zu fördern.«

Der Zugang zu allem digitalen Material aus der Welt, Informationen über wissenschaftliche wie technologische Entwicklungstrends, über Telekommunikation, über Satellitenwesen,

Architektur und anderes erfolgt, erfahre ich, vermittelt über Nordkoreas Intranet. Es ist verbunden mit Universitäten, Forschungszentren, Fabriken, Unternehmen, Laboratorien und anderen Einrichtungen im Land sowie eben auch mit den individuellen Nutzern. Nicht zuletzt wird der Wissenschaftspalast als Mittel gesehen, der Wirtschaft des Landes Impulse zu verleihen, werden hier doch auch ökonomische Informationen aus der ganzen Welt zur Verfügung gestellt.

»Die Gäste zahlen, habe ich gesehen, einen Eintrittspreis. Was kostet der Eintritt?«

»Für einen einmaligen Besuch zahlt man, na, etwa so viel wie den halben Preis für ein einfaches kleines Eis. Aber natürlich gibt es auch Karten für Besucher, die über einen längeren Zeitraum regelmäßig kommen. Kinder wollen meist Videos und Zeichentrickfilme sehen. Schulen organisieren Besuche, da gibt es viele Themen. Kinder kommen auch selbständig. Es können besondere Vortragsthemen erbeten werden. Von Computern zu Hause hat man auch Zugang hierher und kann etwa über das Intranet Vorträge verfolgen, die hier gehalten werden.«

Jo Bok Sil führt mich durch die Stockwerke des riesigen Hauptgebäudes. Bei einer Gelegenheit spreche ich spontan einen kleinen Jungen an, der mit Kopfhörern am Computer sitzt. Er nimmt die Hörer ab und erklärt auf meine Fragen, dass er elf Jahre alt sei, gerade Lieder und Musik höre und zum ersten Mal hier. Er sagt mir auch, er heiße Kim Kum Song. Sein Nachbar richtet den ernsten Blick, kriege ich von Jo Bok Sil erklärt, auf Wissenschaftsrätsel, also will ich nicht stören. Bei einer anderen Gruppe sitzt ein Mädchen mit dem Namen Jo Hyon Hui, dreizehn Jahre. Sie konzentriert sich auf einen Trickfilm. Beim ersten Besuch brachten sie die Eltern her. Jetzt kommt sie selbständig. Für Kinder, erfahre ich, gibt es speziell den Erlebnisbereich »Traumhalle«. Für ältere Schulkinder ist eine besondere Halle eingerichtet, in die vielseitige Themen eingebracht werden können. Beide Hallen sollen dazu dienen, dass Kinder sich frühzeitig wissenschaftliche Prinzipien und wissenschaftliches Denken aneignen. Vor einem Drucker spreche ich eine junge Frau an, Ho Jin Ok, die sich Material ausdruckt. Sie studiert Architektur, kommt gewöhnlich zweimal die Woche und forscht hinsichtlich Architekturdesign.

Aus internationalen Medien erfährt man, Nordkorea setze die Welt mit seinem Sci-Tech Complex in Erstaunen. Abgesehen von der beeindruckenden architektonischen Leistung drücke der Wissenschaftspalast das Streben nach wissenschaftlichem und technischem Fortschritt aus sowie die Bereitschaft des Landes allgemein zu Reformen und Modernisierung. Die Anlage zeichne sich durch sparsamen Energieverbrauch aus, wesentlich durch Nutzung natürlicher Quellen wie Sonnenenergie und geothermische Energie. Wer in den letzten Jahren mit Nordkoreanern von unterschiedlichsten Organisationen gesprochen hat, wird festgestellt haben, dass sie in hohem Maß an vielseitigem wissenschaftlichem Austausch mit dem Ausland interessiert und gleichzeitig bemüht sind, ausländische Wissenschaftler für Vorträge und Diskussionen einzuladen. Ebenso ist Nordkorea bestrebt, ja, sucht nach Wegen, eigene Delegationen ins Ausland zu schicken.

»In unserem Forum werden einfachste Fragen wie auch komplizierte Themen eingebracht. Sie werden lachen: Ich hatte zum Beispiel einen Fleck auf meinem Kleid und fragte, wie der Stoff zu reinigen sei. Oder man fragt, wie bestimmte Krankheiten behandelt werden oder wie rasche Hilfe bei unterschiedlichsten Notfällen geleistet werden kann.«

»Und, darf ich fragen, der Fleck auf dem Kleid ist jetzt weg?«

Mit Dolmetscherin Hong Ja Yong auf dem Berg Paektu

Die Akrobatin Kim Chun Ae vor der Arena des Nationalen Zirkus

II

Mit einem Mönch vor dem buddhistischen »Prinzip-Wolke-Tempel«

*Mit Museumsführerin vor dem Sinchon-Museum ameri-
kanischer Kriegsverbrechen*

*Beim Spaziergang in einem Park in Pjöngjang begegne
ich dieser Gruppe Jugendlicher, die sich auf Wunsch des
ausländischen Besuchers gern photographieren lässt*

IV

Auf dem Land. Hausherr Jong Chol in der Kooperative Jangchon

Auf dem Land. Mit Kim Myong Hui und ihrem Sohn vor ihrem Haus in der Persimonen-Kooperative Chonsam

V

Auf dem Land. Kinder im Kindergarten der Persimonen-Kooperative Chonsam grüßen die Besucher

Auf dem Land. Der Leiter der Zentralen Baumschule Nordkoreas, Ri In Chol

Mit der Modellarbeiterin Kim Jong Hyang (links) und Abteilungsleiterin Ri Hye Song (rechts) von der Seidenspinnerei »Kim Jong Suk«

Mit der Weberin Singi Hy Ang von der Textilfabrik »Kim Jong Suk«

Der „Palast für Wissenschaft und Technik"

Medienraum im „Palast für Wissenschaft und Technik"

VIII

Auch Kinder und Jugendliche nutzen den „Palast für Wissenschaft und Technik"

Mit dem Bildhauer Ro Ik Hwa in seinem Atelier im Kunststudio Mansudae

Der Maler Mun Jong Ung vor einem seiner Ge-mälde im Kunst-studio Mansudae

*Interview mit zwei Verkehrspolizistinnen an einer Stra-
ßenkreuzung in Pjöngjang*

Mit der Generalin der Volksarmee Jon Gu Gang in Pjöngjang

XII

*Mit Kim Jung Rok, dem Mann, der die Kaperung der
»USS Pueblo« geleitet hat, und der Dolmetscherin Won
Sung Hui, vor der »USS Pueblo« mit Besucherandrang*

*Der Eingang zum „Museum des siegreichen vaterländi-
schen Befreiungskrieges"*

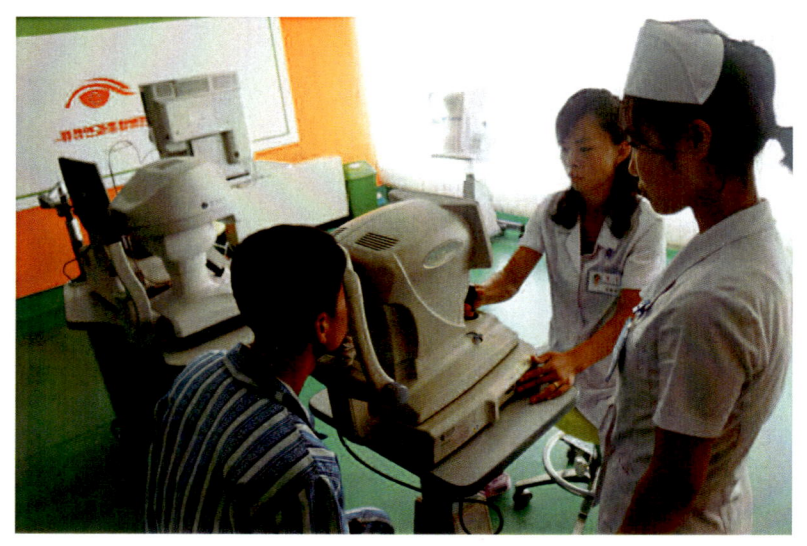

Patientenbehandlung im Augenkrankenhaus Ryugyong

Brillenladen im Foyer des Augenkrankenhauses Ryugyong

Mit zufälliger Tanzpartnerin beim Arirang-Festival auf dem Kim-Il-Sung-Platz

Parkspaziergang mit dem Romanautor Ri Yong Min

Mit Kim Song Hui, Leiterin für kulturelle und künstlerische Ausbildung im Kinderpalast Mangyongdae in Pjöngjang

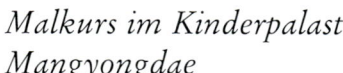

Malkurs im Kinderpalast Mangyongdae

Musikkurs im Kinderpalast Mangyongdae

»Haha, ja, der Fleck ist weg. Ich bekam einen recht einfachen Rat, und der half!«

»Sie persönlich arbeiten hier an wie vielen Tagen?«

»An sechs Tagen. Ich komme mit dem Bus von zu Hause. Mit der Entstehung des Sci-Tech Complex wurde eine spezielle neue Buslinie von der Stadt hierher zur Ssuk-Insel eingerichtet. Das ist sehr bequem. Außerdem ist die Chungsong-Brücke hier über den Taedong ziemlich erweitert worden.«

»Es ist sicher aufregend für Sie, an diesem herausragenden Ort Ihres Landes und auf dieser, wie ich gesehen habe, wunderschönen Insel Ssuk zu arbeiten.«

»Nun, ursprünglich hoffte ich, ja, es war mein Traum, in dem Großen Studienpalast des Volkes arbeiten zu können. Aber dann brachte mich mein Weg hierher, und jetzt bin ich hier sehr glücklich.«

Bei der Verabschiedung, auf dem Weg zum Ausgang, kommen wir vorbei an dem wie mit wenigen Strichen gezeichneten offiziellen Symbol des Sci-Tech-Complex, das einem Auge gleicht, und vor dem wir ein Foto von uns machen. Meine hübsche Führerin, eine Frau von vielleicht siebenundzwanzig Jahren, bemerkt amüsiert, sie habe hier auch einmal einen Journalisten von CNN begleitet, und der sagte ihr, das sei »das Auge, das uns alle permanent beobachtet«. Sie schaute mich an und lachte, und hatte dabei einen Blick, als sei solch eine Bemerkung von einem sich offenbar wichtig dünkenden Amerikaner doch ziemlich altklug.

Kapitel 9

»Die Familie war zu arm, um auch nur einen Pinsel oder angemessenes Papier zu kaufen.«
Das Kunststudio Mansudae

Das Kunststudio Mansudae in Pjöngjang gilt als eines der größten Zentren für die Produktion von Kunst weltweit, wenn nicht als das größte überhaupt. Es ist von der Ausdehnung der ganzen Anlage her mit einem Dorf verglichen worden, vom Ansehen und seiner Bedeutung im Land her mit einem Ministerium. Es befindet sich unweit des Flusses Pothong, etwa vier Kilometer westlich vom Zentrum der Stadt. Die Rede ist von 120.000 Quadratmetern Fläche, von Straßen und Plätzen und von ausgedehnten Gebäuden, die Studios und Ausstellungen beherbergen, darunter auch ein eigenes Kunstmuseum – und von insgesamt 4000 Angestellten. Eintausend der dort Arbeitenden gelten als herausragende Künstler des Landes, die sich der Herstellung von Bronzestatuen, Granitmonumenten, Mosaiken, von Gemälden, Skulpturgruppen, von Holzschnitten, Keramiken, Stickereien und anderen Kunstgegenständen widmen.

Ro Ik Hwa, geboren am 17. September 1939 in der Stadt Nampho, seit vielen Jahren eine Berühmtheit in Nordkorea, war um das Jahr 2018 ein zentraler Name in bestimmten Nordkorea-Artikeln der Weltpresse, die ihn zitierte mit der Bemerkung »Das war ein persönlicher Auftrag« – bezogen auf eine Büste von dem Pakistani Abdul Quadeer Khan. Ich erkannte bei meinen Besuchen eine wesentlich verkleinerte Kopie, die nach wie vor prominent im Regal von Ro Ik Hwas persönlichem Studio steht.

Tatsächlich ist das Studio Mansudae ausdrücklich in die Liste der UN-Sanktionen gegen das atomar bewaffnete Nordkorea aufgenommen worden. Die Absicht ist, dem Land jeglichen Zugang zu ausländischen Devisen zu nehmen, auch über mögliche Vermittlung durch Kunst. Ein Paragraph untersagt den UN-Mitgliedsstaaten konkret, Statuen, Skulpturen oder sonstige Bildhauerkunst aus dem Studio Mansudae zu kaufen. Die oben genannte Büste war in Auftrag gegeben worden, nachdem A.Q. Khan den Friedhof der Revolutionären Märtyrer besucht und die großen Bronzeskulpturen dort gesehen hatte. »Er wollte etwas von der Art haben, ähnlich in Größe und Form … also machte ich das«, so Ro Ik Hwa gegenüber der Presse. »Er sah das und mochte es wirklich, und schickte mir darauf ein lebensgroßes Foto und bat mich um eine entsprechende Kopie. Also machte ich eine von zwei Metern Höhe.« Zur Erinnerung: Khan, bezeichnet als »Vater von Pakistans Atombombe«, war der pakistanische Wissenschaftler, der von den USA angegriffen wird, er habe die Geheimnisse zur Herstellung der Atombombe an den Iran, Libyen und Nordkorea weitergegeben.

Nordkorea sei lange schon bestraft worden wegen angeblich verstecktem Handel mit Bodenschätzen und Waffen, wogegen die Kunstproduktion, so jedenfalls meldete die Presseagentur Reuters im Oktober 2017, ursprünglich eher als Mittel für wechselseitiges, gegenseitiges Verstehen oder ein Aufeinander-Zugehen gesehen worden sei. Letztere Einschätzung habe sich allerdings insgesamt verändert. Das Studio Mansudae werde vom nordkoreanischen Staat verantwortet, heißt es zur Erklärung. Die Produktion reiche von Statuen internationaler Führer bis hin zu Propagandapostern, Stickereien und anderem. Über das Studio seien Monumente und Statuen in mindestens fünfzehn afrikanischen Ländern errichtet worden. Die internationale Abteilung von Mansudae, die den Namen »Mansudae Overseas Projects« trägt, erbringe auf diese Weise dem Staat Gelder für militärische Zwecke und errichte in Namibia gar selbst militärische Anlagen wie etwa eine Waffenfabrik.

Ein Diplomat der nordkoreanischen Vertretung der Vereinten Nationen in Genf erklärte dagegen, Mansudae habe nichts mit der Herstellung von Waffen zu tun. Dennoch setzte der UN-Sicherheitsrat das Kunststudio Mansudae am 5. August 2016 auf die Schwarze Liste, verbot Geschäfte mit Statuen, unterwarf es einem globalen Einfrieren seiner Finanzen und untersagte bestimmte Reisetätigkeiten.

Reuters sprach mit dreißig Fachleuten für Kunst aus Korea, also Sammlern, Kunsthistorikern, Akademikern und Menschen, die nordkoreanische Kunst weltweit verkauft haben. Viele wiesen darauf hin, dass der Kunstmarkt, der Verkauf etwa von Malerei, ein Nichts im Vergleich zu den Milliarden sei, die Nordkorea jährlich durch den Verkauf von Kohle und Bodenschätzen habe erwirtschaften können.

»Das Kunststudio Mansudae wurde 1959 gegründet, ich selbst arbeite hier seit 35 Jahren«, erklärt mir der genannte Ro Ik Hwa, Nordkoreas namhaftester Bildhauer, vor einer winzigen Auswahl von Kopien seiner Werke im Regal in seinem Arbeitszimmer, die er als »Auftragsarbeiten für verschiedene Kunden« bezeichnet. Insgesamt, sagt er, gebe es im Studio 150 Bildhauer. Er persönlich hat mitgewirkt an der Erstellung der größten Bronzemonumente Nordkoreas.

Ro Ik Hwa stand vor mir, mit weißem Haar und freundlichem Gesicht, und schien sehr unkompliziert. Er trug leichte grüne Kleidung, die aussah wie eine vereinfachte Sommeruniform.

»Ich möchte fragen, wie wurden Sie Künstler? Wie alt waren Sie? Es war wohl eine unvergleichbar schwierige Zeit?«

Er deutete auf mein Notizbuch in der Hand und forderte mich auf, Platz zu nehmen, und auch er setzte sich. »Mein Vater war Arbeiter«, sagte er. »Wie also wurde ich Künstler? Mein Onkel war Lehrer und Maler. Und dieser Onkel imponierte mir. Er meinte, ich solle entweder Lehrer oder Künstler werden. Ich malte gern, ich zeichnete gern, aber die Familie war zu arm, um auch nur einen Pinsel oder angemessenes Papier zu kaufen. Als ich 15 war, zeigte ich meine Malereien und Zeichnungen einigen professionellen Künstlern. Und, ja, die Leute schienen zu mögen, was ich ihnen zeigte. Das war für mich eine Bestätigung. Also bereitete ich mich zwei Jahre lang auf verschiedene Weisen auf ein Kunststudium vor.«

Durch den Wandel der Verhältnisse im Land, wie er es ausdrückte, schaffte er es auf die Pjöngjanger Hochschule der Schönen Künste und lernte Malerei. Doch irgendwann fing er an, die Studenten anderer Abteilungen zu beobachten, besonders die, die mit Ton arbeiteten, Skulpturen herstellten, auch aus Holz, Metall und anderem Material. Er verließ die Malerei, wechselte das Studienfach und folgt seither seiner künstlerischen Bestimmung als Bildhauer. Nach vier Jahren Studium machte er den Abschluss, das war im Jahr 1961. Da war er 21 Jahre alt.

»Die höchste Aufgabe für mich«, sagt er, »ist die Darstellung von Helden, unserer Helden des 20. und 21. Jahrhunderts«. Zu den von ganz oben im Land anerkannten Leistungen Ro Ik Hwas gehören die Denkmäler der Revolution. Diese Denkmäler tragen Titel wie »Siegreiche Schlacht von Pochonbo«, »Monument auf dem Berg Mansu«, »Denkmal von Samjiyon«, »Monument des Revolutionären Kampfes gegen Japan«. Eines seiner herausragenden Werke ist die dreißig Meter hohe Gruppe von drei Personen aus Bronze, ein Arbeiter, eine Bäuerin und ein Intellektueller, die einen Hammer, eine Sichel und einen Pinsel hochhalten. Die Gruppe ist dem berühmten, 1982 eingeweihten Juche-Turm am Fluss Taedong vorgelagert und repräsentiere, heißt es, Nordkoreas politische Ideologie, nämlich die Ideologie der Selbständigkeit. Ro Ik Wha erhielt die höchsten Auszeichnungen des Landes. So ist er Träger des »Kim-Il-Sung-Preises«, »Held der Arbeit« und »Künstler des Volkes«.

»Sie kommen täglich hier ins Studio?«

»Ja. Reguläre Arbeitszeit ist von 9 bis 18 Uhr. Meine Wohnung ist ganz hier in der Nähe, das ist vorteilhaft. Überdies steht mir ein eigenes Auto zur Verfügung, ein Geschenk der Führung. Das Studio Mansudae ist übrigens voll und ganz vom Staat finanziert. Mein Sohn Ro In Su ist auch Bildhauer geworden. Ich kann sagen, er ist sehr erfolgreich.« Lachend setzt er hinzu: »Er hat übrigens einen Sohn und drei Töchter ... Ha, ich ziehe Töchter vor! Eine Tochter hat übrigens bereits ein Kunststudium absolviert. Aber am meisten, will ich Ihnen gerne sagen, liebe ich unsere kleine Enkelin.«

Ich unterbreche, vielleicht etwas grob, seinen schönen, etwas persönlichen Gefühlsausbruch: »Sind Sie gegenwärtig befasst mit der Herstellung einer Skulptur?«

»Im Moment bereite ich eine Ausstellung mit meinen Werken in Peking vor, im Kunstzentrum ›798‹. Das kennen Sie sicher?«

»Selbstverständlich! Da bin ich oft. Bitte geben Sie mir Nachricht, wenn es soweit ist. Dann komme ich.«

»Das machen wir.«

* * *

Der Juche-Turm. Die vorgelagerte Bronzegruppe ist eines der
großen Werke des Bildhauers Ro Ik Wha

Viele Werke des Malers Mun Jong Ung sind an die sechs Meter lang und drei Meter hoch. In seinem Atelier, das sich ebenfalls im Studio Mansudae befindet, war ich mit zwei von seinen Malereien konfrontiert, die tatsächlich so groß wie die Wände im Studio sind, Malereien von gewaltigen Landschaften, von Fels und Wasser, von Bäumen und Bergen, von Natur, so lebendig, so echt, so kraftvoll, so nah – der Blick will sich nicht lösen. Draußen vor Ort macht Mun Jong Ung viele Skizzen. Im Atelier dann braucht er für die Erstellung eines Werks um die drei Monate. Früh schon erreichte er besonderen internationalen Ruhm, und zwar damals noch nicht für seine Landschaftsthemen, sondern wegen seiner Porträtmalereien, besonders von dem ehemaligen Staatspräsidenten Mosambiks, Samora Machel.

»Kommen Sie vom Land?«

Mun Jong Ung: »Ja. Ich lebte als Kind im Dorf. Ich bin 1944 geboren.«

»Da muss ich fragen: Wie kamen Sie unter den Bedingungen zur Malerei?«

»Als ich wohl etwa neun war, lernte ich einen Jungen kennen, der war 15 und malte! Die Begeisterung, die da beim ersten Eindruck in mir hochkam, das war der Beginn. Meine Eltern zogen dann bald nach Pjöngjang. Ich war elf, in Pjöngjang kriegte ich doch einiges an neuen Eindrücken und Erfahrungen mit, und ich malte und hatte keine Hemmungen herumzuzeigen, was ich so malte. Ich stellte fest, die Leute schienen interessiert, sie stellten mir Fragen zu dem, was sie auf dem Papier sahen, und das gab mir Selbstvertrauen. So entwickelte sich in mir die Idee: Ja, ich will Malerei lernen!«

»Und Sie konnten eine Kunstschule besuchen.«

»Richtig. Es war eine besondere Hochschule. Wegen der besonderen Bedingungen in der Zeit waren zum Beispiel die Altersunterschiede in meiner Klasse enorm. Aber nicht nur die! Überhaupt die Lebenserfahrungen! Viele der Studenten waren vorher Arbeiter oder Soldaten gewesen. Ich war der Jüngste in der Klasse. Ich war beim Eintritt gerade mal 16. Zu erwähnen ist natürlich auch der Einfluss durch die internationale politische Situation, denken Sie nicht zuletzt an die schwierige Zeit um 1968 im Zusammenhang mit der Kaperung des amerikanischen Spionageschiffs ›USS Pueblo‹. Es gab durch unterschiedlichste äußere Einflüsse immer wieder Gründe für die Verlängerung unserer Studienzeit. Insgesamt war ich tatsächlich über acht Jahre an der Schule!«

»Was genau haben Sie an der Schule studiert?«

»Ich studierte konzentriert Ölmalerei, später auch traditionelle koreanische Malerei. Nach dem Abschluss kam ich hierher zum Studio Mansudae. Natürlich war der Raum, der mir damals zur Verfügung stand, viel kleiner als heute.«

»Natur und Landschaft waren damals bereits Ihre bevorzugten Themen?«

»Nein. Meine Themen in der Phase waren Porträts, Gesichter. Das war auch der Grund, weshalb ich 1980 nach Mosambik eingeladen wurde. Ich fertigte dort viele Porträts von Menschen an, auch vom Präsidenten persönlich, in Uniform und in zivil. Ich kann außerdem sagen, der Staatspräsident von Mosambik, Samora Machel, rief unseren Botschafter in der Hauptstadt Maputo an, um zu sagen, er hoffe, sein Sohn werde von Mun Jong Un Malerei lernen!«

»Und, hat der Sohn bi Ihnen gelernt? Ich meine, haben Sie den Sohn unterrichtet?«

»Ja, das habe ich. Und an der Gestaltung des Staatsemblems Mosambiks habe ich ebenfalls mitgewirkt.«

Ich sah in dem Studio mehrere Fotoaufnahmen von dem jungen Mun Jong Ung zusammen mit dem bärtigen Samora Machel, die Männer stehend oder sitzend, zu zweit oder zu mehreren, oder auch Mun Jong Ung allein, herrlich gelassen, mit dem Pinsel in der Hand, vor einem fertigen Porträt von Machel, das im Vergleich rund sechs Meter hoch gewesen sein dürfte. Samora Machel gilt als ein führender Intellektueller der afrikanischen Befreiungsbewegung und war von 1975 bis 1986 der erste Präsident der Volksrepublik Mosambik. Er kam 1986 bei einem Flugzeugabsturz ums Leben. Mun Jong Ung blieb bis 1988 in Mosambik.

Weitere Länder, in denen Mun Jong Ung Arbeitsaufenthalte hatte, waren Russland, China, Malaysia, Peru und Kuba. Gegenwärtig trifft er Vorbereitungen für eine größere Ausstellung seiner Werke in China.

»Sie sind Deutscher. Da möchte ich gern erwähnen, dass ich 1987 einen Monat in der DDR war, um Landschaften um Ostberlin zu malen«, sagte er am Schluss unserer Unterhaltung lächelnd. Darauf setzte er ganz locker hinzu, ohne dass ich irgendwie nachgefragt hatte: »Ich konnte natürlich vergleichen und stellte fest: In Mosambik herrschte im Umgang mehr menschliche Offenheit und Einfachheit als in der DDR.«

Das Studio Mansudae hat für eine Reihe afrikanischer Länder wie Angola, Äthiopien, Benin, Botswana, Mosambik, Namibia, Senegal, Togo und Simbabwe mächtige Bronzeplastiken, auch Gemälde und andere Kunstobjekte erstellt. Eines dieser Werke

Das Monument der afrikanischen Wiedergeburt in Dakar

Der restaurierte Märchenbrunnen in Frankfurt am Main

ist die 2011 errichtete Statue von Samora Machel, neun Meter hoch, 4,87 Tonnen Gewicht, auf einem mit Marmor verkleideten Sockel, im Zentrum von Mosambiks Hauptstadt Maputo. Weiter zu nennen ist das 2002 geschaffene Denkmal in Windhoek in Namibia, ein »Unbekannter Soldat« zur Erinnerung an die Helden der Unabhängigkeitskriege. In Dakar, der Hauptstadt von Senegal, wurde im April 2010 das 50 Meter hohe »Monument des Wiedererwachens von Afrika« fertiggestellt, ein einem Vulkan entsteigendes junges Paar mit einem Baby.

Wie es heißt, gibt es in siebzehn Ländern der Welt Kunstprojekte des Studios Mansudae. Das einzige Projekt des Studios in Westeuropa bezieht sich auf den Märchenbrunnen in Frankfurt am Main, einen bronzenen Jugendstilbrunnen in unmittelbarer Nähe der Oper Frankfurt. Es handelt sich um eine Reliquie aus dem Jahr 1910, die im Zweiten Weltkrieg eingeschmolzen wurde, um daraus Waffen herzustellen. Die ursprünglichen Konstruktionszeichnungen waren nicht mehr auffindbar, also suchte man – das war 2005/06 – Bildhauer, die allein aus alten Fotografien aus den 20er Jahren die nackte Schönheit würden wieder erstehen lassen können, die auf eine Gruppe von engelhaften Kindern und auf wasserspeiende Reptilien und Fische blickt. Schließlich wurde man auf das Kunststudio Mansudae aufmerksam. Denn, so eine offen erklärte Erkenntnis, die Spitzenkräfte in Deutschland waren kaum noch in der Lage, veristische Figuren jener Zeit nachzuempfinden, wogegen die Nordkoreaner gerade unverändert die realistischen Darstellungen jener Epoche schätzten. Zusätzlich attraktiv für die deutsche Seite war der Gesamtpreis von 200.000 € einschließlich aller Nebenkosten und Transport nach Deutschland.

Dennoch setzte die Frankfurter Stadtverordnetenversammlung sich in ihrer Sitzung vom 13. Dezember 2005 in hartem Widerspruch mit der Frage auseinander: »Ist es richtig, dass sich zwei Mitarbeiter des Kulturdezernates eine Woche lang ausgerechnet in Nordkorea aufgehalten haben, um dort Verhandlungen über die Sanierung des Märchenbrunnens in der Untermainanlage neben den Städtischen Bühnen zu führen?« Festzuhalten bleibt, das einzige Problem, das die Frankfurter Verantwortlichen bei der Begutachtung der Rekonstruktion am Ende in Pjöngjang hatten – hieß es in der Presse – war die unter den Umständen des sozialistischen Realismus äußerlich wohl etwas zu schwer geratene Haarpracht der Frau. Doch wurde dieser Schwachpunkt ohne Aufhebens vor Ort korrigiert.

Der Brunnen wurde nach Hamburg verschifft, von dort nach Frankfurt am Main transportiert, und, wie Klaus Klemp, stellvertretender Direktor und Kurator Design des Museums Angewandte Kunst in Frankfurt am Main, feststellte: »Wir waren alle wirklich zufrieden mit der Arbeit. Alles wurde nach Plan geliefert, und jeder, mit dem wir zusammenarbeiteten, war außergewöhnlich professionell und angenehm ... Der interessanteste Teil für mich war, wie normal alles ablief.« Seit Mai 2006 befindet sich der komplett rekonstruierte Brunnen wieder in der Untermainanlage.

Kapitel 10

»Gewöhnlich sind die Fahrer uns gegenüber sehr höflich.«
Verkehrspolizistinnen in Pjöngjang

Westliche Besucher sind meist recht erstaunt, wenn sie bei der Fahrt durch Pjöngjang nicht Polizisten, sondern Polizist*innen* sehen, die an den Kreuzungen den Verkehr regeln. Und nach einiger Zeit stellen besonders die jungen männlichen Besucher fest, dass diese Polizistinnen alle wohl recht hübsch sind, und, wie ich es im Bus erlebt habe, verabreden dann, bei der nächsten Kreuzung gemeinsam angestrengt und auffällig aus dem Fenster zu winken, zu lächeln, zu feixen, um bei den jungen uniformierten Frauen eine freundliche Reaktion hervorzurufen. Und wenn das tatsächlich gelingt, dann ist die Freude groß!
Die Verkehrspolizistinnen in Pjöngjang, das ist ein Thema, zumal Pjöngjang wohl die einzige Stadt in der Welt ist, wo nicht Männer, sondern eben Frauen den Verkehr regeln. Also fragte ich, ob ich eine dieser Frauen für ein kleines Interview treffen könnte. Es dauerte, aber am Ende wurde es genehmigt. Mit meiner Dolmetscherin, die mindestens ebenso gespannt war wie ich, fuhren wir zu einer verabredeten Adresse im Stadtzentrum, stiegen aus, und ... da empfingen uns auf dem Bürgersteig zwei freundliche Herren in Polizeiuniform. Ich dachte, oh, gibt es da ein Missverständnis?! Nein, kein Missverständnis, die beiden Vorgesetzten führten uns zu Fuß und bei höflichem Gespräch zur nächsten Kreuzung an der

Changjon-Straße, einer der wichtigsten Kreuzungen von Pjöngjang, wo zwei Polizistinnen – weiße Jacke mit goldenen Schulterklappen und goldenen Knöpfen, fester Gürtel, hohe weiße Schirmmütze mit rotem Stern, weißes Hemd, blaue Krawatte, blauer Rock, die Schuhe mit höheren Absätzen, ein rotblaues Band am linken Oberarm, das sie als Polizeiangehörige ausweists – uns auf dem Bürgersteig erwarteten, da um diese Uhrzeit der Verkehr gering war. Die beschriebene Kleidung ist übrigens die Sommeruniform, die Kleidungsregeln sind nach Jahreszeit verschieden. Die beiden Herren stellten uns vor. Die Damen hießen, ließ ich mir buchstabieren, Ri Ryon Hwa und Sok Yun Mi. Dann entfernten sich die Herren und hielten sich von da an im Hintergrund.

Sicher, ich war etwas nervös, plötzlich zusammen mit zwei lächelnden, jungen, auffällig Schönen mitten im Straßen- und Bürgersteigsverkehr … und unser Gespräch, verstand ich, würde nicht in irgendeinem Sitzungszimmer, sondern eben hier am Arbeitsplatz, der Straßenkreuzung stattfinden. Eigentlich, fand ich, war das eine völlig richtige Idee. Überdies hatte ich meine einfachen, allgemeinen Fragen, die ich den Polizistinnen stellen wollte, nicht konkret vorbereitet oder ausformuliert, hatte es Umständen und Spontaneität überlassen. Das war die richtige Entscheidung. (Nebenbei hier eine in dem Zusammenhang interessante Information, auch, um Hochachtung vor den koreanischen Frauen auszudrücken: Die Changjon-Straße, wo das Treffen stattfand, ist komplett von einer auch wahrhaft jungen Frau, Kim Su Gyong, die da gerade 22 Jahre alt war – heute ist sie 33 – im Auftrag des berühmten Pjöngjanger Paektusan Architektur-Instituts entworfen worden. Ich hatte Kim Su Gyong vor nicht langer Zeit im Architektur-Institut kennengelernt.)

»Bei früheren Besuchen in Pjöngjang«, sagte ich, »war mein Eindruck, dass das Fotografieren von Polizistinnen nicht er-

*wünscht ist, oder vielleicht sogar nicht erlaubt. Denn wenn ich
da die Kamera auf Polizistinnen richtete, blickten die, schien
mir, irgendwie ärgerlich, und ich bekam auch abwehrende
Handbewegungen.«*

»Nein, nein«, antwortete Ri Ryon Hwa, »das Fotografieren ist
nicht verboten. Aber es gab Fälle, dass Fotos mit Absicht verändert wurden, um bei der Veröffentlichung einen negativen
Eindruck zu vermitteln. Solche Sorgen gibt es.«

Ich erfuhr in der Unterhaltung, Verkehrspolizistinnen gibt es
in Pjöngjang seit 1994. Die Idee, ursprünglich vom damaligen
Staatspräsidenten Kim Il Sung, war und ist nach wie vor, diese
Frauen sollten das Gesicht von Pjöngjang repräsentieren. Entsprechend kümmert sich die Regierung um die Erscheinung

*Mit der Architektin Kim Su Gyong und dem Architekten
Kim Kum Chol vor einem Pjöngjang-Relief im Paektusan
Architektur-Institut*

160

und materielle Versorgung dieser Truppe. Sie werden streng nach Vorgaben ausgewählt: Mindestalter siebzehn Jahre, Mindestgröße 165 cm, höherer Schulabschluss, erforderlich ist eine sogenannte würdige Erscheinung, geprüft werden Allgemeinbildung, körperliche Haltung, physische Kraft und Bewegung. Auf die Auswahl folgt dann eine sechsmonatige Ausbildung. Arbeitszeit pro Tag ist zweimal zwischen sieben Uhr und 22 Uhr jeweils anderthalb Stunden auf der Kreuzung. Das, was die Polizistinnen da leisten, im Mittelpunkt eines weißen Kreises von drei Metern Durchmesser, gewöhnlich ohne weitere äußere Schutzanlage, das ist in der Tat konzentrierte harte Tätigkeit, unabhängig davon, dass in Pjöngjang der Autoverkehr, zumal in den häufig doch sehr breiten Straßen, verhältnismäßig gering erscheint und auch die Stoßzeiten begrenzt sind, selbst wenn die Masse der Autos in den letzten paar Jahren in dieser Stadt mit ihren über drei Millionen Einwohnern zugenommen hat. Insgesamt bleibt Pjöngjang für Autofahrer paradiesisch. In bestimmten Stadtbezirken sieht man eine Polizistin in der Mitte einer Kreuzung stehen, zu bestimmten Tageszeiten minutenlang, ohne dass ein einziges Auto die Ruhe stört.

Weibliche Polizisten, übrigens mit sanft aufgelegtem Make-up, bieten dem Auge des Beobachters, besser, dem Fahrer, oft mehr als ihre männlichen Kollegen das je schaffen könnten, egal wo in der Welt. Die Bewegungen sind von tänzerischer Kraft, haben auf eine Art wahrhaft Bühnenqualität, sind genauestens einstudiert, der Kopf, der Blick, von rechts nach links, von links nach rechts, die Schnelligkeit der Bewegungen, das starke Strecken, dann Zurückziehen der Arme, das Richtungweisen mit dem rotweißen Zeigestock, das Haltesignal der Hand, das Wenden und Drehen des Körpers, jede Bewegung der Beine – alles folgt Regeln.

Polizistinnen werden, sagen die beiden, »von der Bevölkerung sehr respektiert«. In einem koreanischen Beitrag hatte ich gelesen, Frauen seien vielleicht weniger einschüchternd als die

Beim Interview mit den Verkehrspolizistinnen Ri Ryon Hwa und Sok Yun Mi

männlichen Kollegen, seien in Auseinandersetzungen geduldig und würden beim Argumentieren überzeugen. Dennoch, hieß es, Polizistinnen können auch entschieden durchgreifen, wenn sich etwa »übermüdete Soldaten« am Steuer nicht genügend um die Verkehrssicherheit kümmern. Die Bürger seien für solchen Einsatz höchst dankbar und drückten das auch in Zuschriften aus. Männliche Verkehrspolizisten gibt es wohl nur noch in abgelegenen Bezirken – oder in der sehr kalten Zeit im Winter.

Ich frage Sok Yun Mi nach ihrer persönlichen Einschätzung oder Erfahrung mit Reaktionen, wenn Fahrer, besonders Männer, zur Ordnung aufgerufen werden, ob die Reaktionen höflicher oder weniger höflich als gegenüber männlichen Kollegen ausfallen? Antwort: »Gewöhnlich sind die Fahrer, die wir wegen Fehlverhalten kritisieren, uns gegenüber sehr höflich.« Nun, da die Polizistinnen, wie bekannt, von ganz oben im

Staat gefördert werden, überlege ich, könnte eben dieser Aspekt oder dieser Druck vielleicht auch ein Grund für die besondere Höflichkeit oder zurückhaltende Art bei manchen Fahrern sein, die einer Verfehlung schuldig werden? Denn wer klug ist, will schließlich nicht wegen unnötiger Ausfälligkeiten bestraft werden.

Nach der Arbeit folgt unmittelbar die Berichterstattung im Büro. Die Zeit anschließend ist zur freien Verfügung. Sok Yun Mi spielt dann gern mit Kolleginnen und Kollegen Tischtennis. Ri Ryon Hwa liest Romane. Die meisten Polizistinnen stammen aus Pjöngjang und wohnen daher gewöhnlich bei den Eltern. Für die jungen Frauen, die von außerhalb kommen, gibt es ein Wohnheim. Wie reagierten die Eltern, als die beiden, damals noch Mädchen, sich für ihren Beruf entschieden und angenommen wurden? Sok Yun Mi, lachend: »Die waren natürlich stolz auf mich!« Ri Ryon Hwa: »Die freuten sich.«

Die Frauen arbeiten bei der Verkehrspolizei, so die Regel, bis zum Alter von etwa 23 bis höchstens 26 Jahren. Anschließend haben sie das Recht, an der Hochschule ein Studienfach auszuwählen. »Ihr habt das Recht?«, frage ich und verberge nicht meine Überraschung. »Ja, sicher.« Ri Ryon Hwa hat noch nicht genau entschieden, was sie studieren wird, aber sie will »auf jeden Fall zur Armee, um zu helfen, unser Land zu verteidigen«. Sok Yun Mi: »Ich will zur Parteihochschule.« All diese Sätze werden von den beiden, so der Eindruck, voller Vertrauen in das Leben und die Zukunft und gelassen lächelnd gesprochen. Nun, ich frage dazu nicht weiter.

Beide haben übrigens einen Führerschein.

Sind die beiden verheiratet? Nein, erfahre ich, sind sie nicht. Die Regel ist, dass in den Dienstjahren als Verkehrspolizistin nicht geheiratet wird, erst danach. Aber selbstverständlich wollen sie heiraten. Der Kinderwunsch ist bei beiden gleich, nämlich hoffen sie auf je einen Sohn und eine Tochter. Verkehrspolizistinnen, hörte ich schon von verschiedenen Seiten, brauchen sich hinsichtlich der Schaffung einer Familie kaum Sorgen zu machen, gelten sie bei den jungen Männern der Stadt doch als Traumwahl!

»Wenn sie nicht ihre weiße Uniform tragen würde, sie, in ihrer Erscheinung, mit den Grübchen beim Lächeln und den weißen Zähnen, sie könnte ein wunderschönes Model sein«, so die Formulierung in dem oben erwähnten und sicher von einem männlichen Autor verfassten koreanischen Beitrag über eine Verkehrspolizistin.

Auf meine Anekdote, wie junge westliche Männer bei der Fahrt im Bus sich mit allen Tricks anstrengten, an den Kreuzungen freundschaftliche Reaktionen von den Polizistinnen zu kriegen, kam von den beiden Frauen ein herzliches Lachen. »Straßenengel« werden sie von manchen in Pjöngjang genannt. Ich finde, das ist eine schöne Bezeichnung, wie für Wesen, die Freundlichkeit und friedliche Stimmung verbreiten.

Kapitel 11

»Dies ist das erste Mal, dass ich einem Ausländer ein Interview gebe.«
Die neunzigjährige Jon Gu Gang, Generalin der Volksarmee

Wir waren am Eingangstor zum »Museum des siegreichen vaterländischen Befreiungskrieges« mit der offiziellen Englisch-
Dolmetscherin des Museums, Frau Won Sung Hui, verabredet.
Ich hatte sie bei einem früheren Besuch dieses monumentalen
Museums in Pjöngjang bereits kennengelernt. Damals hatte
sich herausgestellt, dass sie und meine persönliche Dolmetscherin Hong Ja Yong mit 14 bis 16 Jahren Schulkameradinnen
gewesen waren. Wohl auch deshalb gestaltete sich die Kommunikation zwischen uns völlig unkompliziert, und ich erfuhr,
Won Sung Hui hatte mit 24 geheiratet, mit 29 hier im Museum
angefangen, war seither Mitglied der Armee, trug also Uniform, und war jetzt vermutlich – ich fragte nicht direkt, aber
da sie einst in der Parallelklasse meiner Dolmetscherin war –
um die 30 Jahre alt, hat eine kleine Tochter, die bereits lernt,
auf der traditionellen koreanischen Gitarre zu spielen. »Ich lese
gern Bücher«, erzählte Won Sung Hui mir über sich, »sehr
gern sogar, und zwar koreanische ebenso wie ausländische,
auch in englischer Sprache, wissenschaftliche und historische
Werke und auch Romane.«
Es ist ein ziemlich weiter Weg vom Eingangstor bis zum
Hauptgebäude des Museums. Er führt vorbei an Wasserspielen,

vor allem aber an einer langen Reihe US-amerikanischer militärischer Objekte, die die nordkoreanische Armee im Krieg 1950-53 erobert hatte: Flugzeuge, Panzer, Bomben, Kanonen, Jeeps, LKWs, Hubschrauber, am Ende auch das Spionageschiff USS Pueblo am Ufer des Flusses Pothong, das 1968 gekapert worden war – eine Tatsache, die die US-Regierung das Grausen lehrte und Präsident Lyndon B. Johnson einen amerikanischen Atomangriff auf Nordkorea in Betracht ziehen ließ.

Wir betraten das dreistöckige Hauptgebäude des Museums, fuhren die Rolltreppe hoch in den ersten Stock und begaben uns in einen mit vielen Sesseln ausgestatteten Konferenzraum. Ich hatte angefragt, ob ich mit jemandem sprechen könnte, der oder die den Krieg miterlebt hatte. In dem Moment trat die Frau ein, mit der das Gespräch anberaumt war, eine Dame von, wie ich nun bereits wusste, neunzig Jahren! Sie hatte ein überaus freundliches, ich möchte sagen, strahlendes Gesicht: Generalin Jon Gu Gang. Sie trug die olivgrüne Uniform, auf dem Kopf eine hohe Mütze, auf der linken Seite der Jacke prangten militärische Auszeichnungen. Won Sung Hui, unsere Führerin, stellte uns vor. Die Generalin ergriff meine beiden Hände. Sie lächelte ein offenes Lächeln. Ich war überrascht und gerührt. Es war das erste Mal, dass ich überhaupt einem Menschen solchen Alters begegnete. Sollte ich anfangs etwas nervös gewesen sein, verflog diese Nervosität aber schnell angesichts der Herzlichkeit und Liebenswürdigkeit der Generalin. Wir setzten uns. Hong Ja Yong übernahm die Aufgabe des Dolmetschens.

»Ich wurde am 15. Juli 1929 in Sinuiju geboren«, begann Jon Gu Gang. Sinuiju ist eine Stadt in Nordkorea, am Fluss Yalu gelegen. »Ich habe die Bedingungen, als unser Land japanische Kolonie war, als junger Mensch voll miterlebt«, sagte sie sachlich und behielt dabei ihr Lächeln. Die Zeit des japanischen Kolonialismus war neben aller allgemeinen Unterdrückung und Ausplünderung des Landes auch dadurch gekennzeichnet,

*Eingangsbereich zum »Museum des siegreichen
vaterländischen Befreiungskrieges«*

dass die Menschen – man stelle sich vor – japanische Namen
annehmen und die eigene Sprache nicht sprechen sollten. In
der Schule und an der Arbeitsstelle war es konsequent untersagt, sich auf Koreanisch auszudrücken.
Das Jahr 1945 brachte das Ende des Kolonialismus. »Für uns
Menschen, für das Volk war dies wirklich und im wahren Sinn
eine Befreiung. Dieser Zustand der Befreiung machte uns
wahrhaftig glücklich.« Jon Gu Gang persönlich brachten die
neuen Umstände die Chance zum Studium der Medizin an der
Kim-Il-Sung-Universität in Pjöngjang.
Doch am 15. August 1948 erklärte der von den USA geförderte
Rhee Syng-man den Süden von Korea zur Republik Korea, mit
ihm selbst – der vierzig Jahre im Exil gelebt hatte – als Staatspräsident. Einen knappen Monat darauf, am 9. September
1948, rief Kim Il Sung, unterstützt von der Sowjetunion, den
Norden als Demokratische Volksrepublik aus. Jon Gu Gang
war zu der Zeit neunzehn Jahre alt. Als 1950 der Krieg aus-
brach, befand sie sich mitten im Studium. »Alle, alle, die ich

kannte«, sagte sie, »waren gegen den Krieg, wollten unbedingt gegen den uns aufgezwungenen Krieg kämpfen. Denn wir wollten so glücklich bleiben, wie wir es seit dem Ende des Kolonialismus waren, und wollten nicht wieder fremder Herren Sklaven werden! Also meldeten sich die Studenten massenhaft an die Front. Aber die Haltung der Regierung, meinen Jahrgang betreffend, war: ihr habt nur noch etwa ein Studienjahr, besser, ihr geht nicht direkt an die Front, sondern arbeitet im Feldlazarett. Ja, und das tat ich.«

Schlaflose Nächte waren von da an der normale Zustand. »Wir hatten Bluttransfusionsstationen, aber wenn aus irgendwelchen Gründen erforderlich, wenn etwa große Eile geboten war, gaben wir unser eigenes Blut. Wir alle gaben unser Blut. Ich war etwa 21 Jahre alt. Ich arbeitete als Chirurgin, ich operierte und behandelte in den Jahren 8100 Soldaten. Aber es gab noch jüngere als mich.« Auf meinen Einwurf, dass es vielleicht nicht nur junges Ärztepersonal gab, sagte Jon Gu Gang: »Nein, natürlich nicht, wir hatten auch erfahrene Ärzte, die aus Krankenhäusern in den Städten kamen.«

»Immerzu in Eile«, sagte ich, »ihr, das ganze Lazarett, wart gezwungenermaßen in Bewegung, abhängig von den Entwicklungen des Krieges, häufig unterwegs zu anderen Orten …«

»Ja, wir folgten der Armee. In meinem Lazarett waren wir zwischen 500 und 600 Ärzte und Mitarbeiter und hatten im Schnitt um die 200 Betten zur Verfügung. In manchen Phasen hatten wir innerhalb von 24 Stunden nur 30 Minuten, uns kurz hinzulegen und oftmals auch keine Zeit zum Essen. Dann wurden wir, ja, gefüttert, während wir operierten. Die Orte, an denen unser Lazarett unterkam, wechselten unablässig. Manchmal richteten wir uns in Schulen ein, in Fabrikgebäuden, in Zelten, in irgendwelchen Häusern … Oh, all das, was ich in der Zeit erlebte, die Erfahrungen mit den Verletzten, die Gefühle beim Operieren ... da ist soviel, was sich nicht beschreiben lässt! Am schlimmsten, am furchtbarsten waren die Auswirkungen, wenn die US-Armee chemische Waffen einsetzte, Napalm. Die Verletzten verlieren das ganze Gesicht oder überhaupt ihr Leben ...«

Ich fühlte, ich sollte die alte Dame besser nicht mit noch mehr Fragen zu dieser Thematik aufwühlen. Überdies hatte ich sie in einer Fernsehaufnahme von 2017 sagen hören, die amerikanische Regierung unter Donald Trump »ist schlecht«. Stärker noch: »Da wird mein Blut ganz kalt.« Und: »Mit denen können wir nicht unter einem Himmel leben.«

Auf meine Frage, ob sie während der Jahre im Lazarett irgendwie Verbindung mit den Eltern unterhalten konnte, erfuhr ich, dass sie vier Geschwister hatte und dass die Mutter sich selber der Armee angeschlossen hatte. Nein, Korrespondenz sei nicht möglich gewesen. Dennoch habe es hin und wieder über verschiedene Wege Nachrichtenaustausch gegeben.

Hat es im Verlauf jener unglaublichen Umstände für sie persönlich auch glückliche Momente gegeben?

»Ja«, sagte sie, »die gab es! Am glücklichsten war ich, wenn ich unvermittelt – doch, das passierte! – in meinem Lazarett Kommilitonen traf, mit denen ich zusammen im Seminar oder in der Vorlesung gewesen war ... Alles, all die Veränderungen, es war alles so plötzlich gekommen. Gleich fünf Tage nach Kriegsbeginn begann ich im Lazarett und war mittendrin im Krieg! Wichtig zu erwähnen ist jedoch, dass wir, die Studenten, 1952, mitten im Krieg, nach einem Aufruf von unserem Staatsführer Kim Il Sung für ein Jahr zurück an die Universität geholt wurden, waren wir doch aus dem Studium gerissen wor-

Eine offizielle Englisch-Dolmetscherin des »Museums des siegreichen vaterländischen Befreiungskrieges« begrüßt die Besucher

den. Für ihn galt das Studium als Teil des Kampfes. Anschließend arbeiteten wir wieder im Lazarett.«

Die Generalin schien bei den Erinnerungen spürbar erregt. Ich
dachte, dass ich unser Gespräch beenden sollte, war selber
stark bewegt von einer solchen Begegnung, und drückte
Dankbarkeit für die Gesprächsbereitschaft und Offenheit
sowie meine besondere Hochachtung angesichts ihrer unglaublichen Erfahrungen aus. Doch die Generalin wehrte ab
und sagte plötzlich:»Oh, im medizinischen Bereich lernen wir
und haben wir so viel von Deutschland gelernt ... Aber gegenwärtig, wegen der Politik der Sanktionen gegen uns, die
sich auch auf den wissenschaftlichen Austausch und den Medizinbereich auswirken, konzentrieren wir uns verstärkt auf
unsere traditionelle koreanische Medizin.« Nach einer Pause
von Sekunden und mit dem Lächeln aus einem ernsten Gesicht fuhr sie fort:»Doch, ja, ich kann hier und will hier sagen:
Dies ist das erste Mal, dass ich einem Ausländer ein Interview
gebe!«

*»Umso mehr erfüllt es mich mit Stolz, dass ich dieses Gespräch
führen durfte!«*

»Ich hoffe, dass Sie unser Land und unsere Kämpfe gegen die
Unterdrückung besser verstehen. Dass Sie im Ausland über die
Fähigkeiten von uns koreanischen Frauen berichten! Und wie
höflich und freundlich und klug wir sind! Außerdem möchte
ich Ihnen sagen: Ich liebe die deutsche klassische Musik!«

*Ich fragte nach diesen Sätzen:»Können wir ein Foto zusammen
machen?«*

»Selbstverständlich.«

Wir standen nebeneinander. Sie ergriff meine beiden Hände. Ich hielt die ihren. Wir lachten. Ich war bewegt, und ich fühlte, sie war es ebenso. Meine Dolmetscherin Hong Ja Yong, die meine Kamera hielt, drückte auf den Auslöser. Das Foto, das dabei entstand, ließ ich in den Tagen darauf vergrößern und mit einem goldenen Rahmen versehen und schickte es Jon Gu Gang.

Meine Begegnung mit ihr – es war der 2. August 2018 – geschah unter den damaligen Umständen, namentlich als die USA den Anschein zu erwecken suchten, auf Nordkorea zugehen zu wollen. Das Zentrale Fernsehen von Nordkorea (Korean Central Television, KCTV) begleitete mich bei meinen Aktivitäten in dem Land zeitweilig mit einem Kamerateam – der Produzent und Kameramann hieß Ri Sin Hyok (44), die Autorin Min Hyon A (27) – und filmte auch das Treffen mit der Generalin. Der Film gelangte über YouTube ins Internet. Ich sage darin über die Begegnung: »Ich finde, diese Dame ist außergewöhnlich, und ich empfinde es als einzigartig, sie zu treffen! Ihre Lebenserfahrungen sind unglaublich. Im Vergleich mit ihr fühle ich mich wahrhaftig demütig und verlegen. Sie ist eine Reihe von Jahren älter als ich, aber die Erfahrungen des Lebens, die sie hatte: wer kann sich mit ihr vergleichen! Alle ihre Erfahrungen in dem Krieg begannen bereits so früh, sie war ein ganz junges Mädchen! Ich hege höchste Bewunderung für sie!«

Nach dem Krieg kam sie zurück nach Pjöngjang. Sie blieb in Uniform, arbeitete in einem Krankenhaus, wurde Direktorin eines Krankenhauses, wurde in der Armee befördert und schließlich in den Generalsrang erhoben. Mit 73 Jahren trat sie von ihrem Posten als Krankenhausdirektorin zurück. Seither wirkt sie in dem Museum, das wir besuchten. Sie hat eine Tochter, einen Enkel und eine Enkelin.

Kapitel 12

Das Spionageschiff USS Pueblo, gekapert von Nordkorea

Am Ufer des Flusses Pothong im Zentrum von Pjöngjang liegt die USS Pueblo der US-Marine vor Anker. Sie wurde am 23. Januar 1968 von der nordkoreanischen Armee gekapert und gilt seither als das einzige Schiff der US-Marine, das sich unter der Kontrolle einer fremden Macht befindet – und als ein brisanter musealer Ausstellungsort benutzt wird. In dem ursprünglichen »Geheimbereich« der Pueblo befinden sich zehn Chiffriermaschinen, die den Eroberern, so die Offenbarung der amerikanischen National Security Agency NSA, massenhaft Amerikas Erkenntnisse auf höchster Geheimebene, Beobachtungen und US-Militärstrategien lieferten und somit – das ist die Einschätzung bis heute – die größte militärnachrichtendienstliche Niederlage in der Geschichte der USA überhaupt verkörpern. Die Macht- und Militärelite der Vereinigten Staaten versetzte das Ereignis einer ihnen bis dahin unvorstellbaren Niederlage eine Zeit lang in Schockstarre. US-Präsident Lyndon Johnson erwog Krieg gegen Nordkorea mit atomaren Waffen, eine Seeblockade aller Häfen des Landes sowie den Einsatz von Bodentruppen.

Ich wurde bei meinen Koreabesuchen in den Jahren mehrmals zu dem Schiff geführt. Alle Türen dort stehen für die Besucher offen. Bei koreanischen wie ausländischen Besuchern konzentriert sich die Aufmerksamkeit besonders auf die massigen Anlagen der Spionagetechnik in den Chiffrierräumen unter Deck sowie auf die mit roter Farbe umkreisten Einschusslöcher an einer Stelle. Letztere entstanden, wird erklärt, als die Mannschaft der Pueblo anfangs Widerstand leistete und nicht der Aufforderung folgen wollte, den nordkoreanischen Schiffen zum Hafen Wonsan zu folgen. Die Pueblo blieb von 1968 bis 1998 in Wonsan. Im November 1998 wurde das Schiff äußerlich umfassend getarnt und gelangte auf dem Seeweg um die koreanische Halbinsel herum nach Pjöngjang, wo es am Nordufer des Flusses Taedong anlegte und für strömende Beschermassen geöffnet wurde. Seit 2016 befindet es sich am Ufer des Flusses Pothong, unmittelbar neben dem »Museum des siegreichen vaterländischen Befreiungskrieges«, und gilt als Teil der Ausstellung des Museums.

An der Anlegestelle empfing mich Kim Jung Rok, der maßgebliche damalige Eroberer des Schiffs, in weißer Marineuniform. Ich erkannte ihn als jungen Mann auf den im Schiff ausgestellten Fotos. Von ihm sowie einer Führerin an Bord in grüner Soldatenuniform wurde ich über die koreanische Sicht des Ereignisses damals aufgeklärt, das mehr noch für die US-Amerikaner bis heute nicht abgehakt ist und dem in den über fünf Jahrzehnten seither immer wieder mal in den US-Medien groß Platz eingeräumt wird, mit Interviews von noch lebenden Beteiligten sowie offiziellen Stellungnahmen zu den Armeegeheimnissen, die damals an die Gegner und schließlich an die internationale Öffentlichkeit gelangten. Für die Nordkoreaner ist die Pueblo ein Symbol für die »vernichtende Niederlage«, die die Vereinigten Staaten erleiden werden, wann immer sie versuchen sollten, die Souveränität des Landes zu stören. Den Vereinigten Staaten gilt das Ereignis von vor so langer Zeit nach wie vor als beispielloser Gesichtsverlust. Und immer wieder liest man in US-Medien die Frage: Wann und wie werden wir uns die Pueblo zurückholen?

Im Schiff sieht man hinter Glas die Kopien der handschriftlichen Geständnisse des Kapitäns wie der Mannschaft, ebenso amerikanische Uniformteile und eine alte zerknautschte US-amerikanische Flagge. Van Jackson, maßgeblicher Pentagon-Berater in der Zeit von Obama, äußerte, das Ereignis der Kaperung dieses Schiffs bestärke die Nordkoreaner in ihrem Glauben, sie repräsentierten die Kraft und Fähigkeit eines David gegen Goliath.

Nordkoreas Sicht des Pueblo-Ereignisses

Die Mannschaft des Schiffs Pueblo umfasste 83 Personen, sechs davon Offiziere. Ein Mann wurde getötet, als er Widerstand leistete. In nordkoreanischen Erklärungen und Dokumentationen heißt es:
Der Kapitän der Pueblo, Lloyd M. Bucher, bestätigte, das Schiff sei ausgerüstet zum Zweck der Spionage, es gehöre zur Pazifikflotte der USA, und die gesamte Mannschaft sei ausgebildet in Spionagetätigkeit. Oberster Verantwortlicher sei Admiral Frank Johnson, Kommandant der US-Marine in Japan. Hauptaufgabe der Pueblo-Mannschaft sei es, militärische Objekte und Radarnetzwerke im Küstenbereich der Demokratischen Volksrepublik Korea ausfindig zu machen. Die Mannschaft sagte, sie habe den Hafen in Japan am 11. Januar 1968 verlassen. Beim Einfahren in die Bucht von Ostkorea verwandelte sie das Schiff äußerlich in ein ziviles Forschungsschiff und machte gleichzeitig Foto- und Radaraufnahmen. Als ihr Schiff sich der Stadt Wonsan näherte, bei einer Entfernung von 7,6 nautischen Meilen (14 Kilometer) bis zur Insel Ryo, erschienen die koreanischen Schiffe und bemächtigten sich der Pueblo. Wie von der amerikanischen Mannschaft einhellig bestätigt, drang die Pueblo 17 mal tief in koreanische Territorialgewässer ein. Die Mannschaft unterzeichnete gemeinsam eine Entschuldigung an die Regierung der Demokratischen Volksrepublik Korea. Da in den US-Medien Gerüchte kolportiert wurden,

die Mannschaftsoffiziere würden in Nordkorea exekutiert, schrieben letztere gemeinsam einen Brief an ihren Präsidenten. Darin heißt es: »Sehr geehrter Herr Präsident, wir genießen gegenwärtig humanitäre Behandlung und werden mit allem Notwendigen für unser tägliches Leben versorgt. Die Behandlung, die wir erfahren, übertrifft unsere Erwartungen, es ist eine Behandlung, die wir nicht verdienen.«

Man war erstaunt, als US-Präsident Lyndon Baines Johnson behauptete, die Pueblo sei ein ziviles Forschungsschiff, das auf dem offenen Meer operierte, und außerdem erklärte, die Pueblo aufzubringen sei eine Verletzung internationalen Rechts. Nach koreanischer Ansicht bewiesen die an Bord befindlichen Materialien die Verbrechen der in koreanische Territorialgewässer eingedrungenen US-Amerikaner.

Die USA brachten das Pueblo-Ereignis vor den Sicherheitsrat der Vereinten Nationen, mit der Absicht, der Demokratischen Volksrepublik Korea Verantwortung zuzuschieben, und erklärten, man würde einen großen Krieg führen, wenn die DVRK die Pueblo und ihre Mannschaft nicht außer Landes ließe. Gleichzeitig lozierten sie massiv Militär und Kampfmittel im Umkreis der DVRK, etwa den nukleargetriebenen Flugzeugträger USS Enterprise. Nordkoreas Regierung erklärte darauf: Einen großen Krieg werden wir mit einem großen Krieg beantworten.

Doch mit der Zeit versuchten die USA, die DVRK weniger mit Gewalt, sondern mittels Verhandlung niederzubringen. Nordkorea darauf: Die US-Regierung muss die Verantwortung übernehmen und sich entschuldigen. Die Gefangenen können freigelassen werden, aber die Pueblo können wir nicht zurückgeben, denn sie ist unsere Trophäe.

Anfang September 1968 kamen zum Anlass der Feierlichkeiten um den 20. Jahrestag der Gründung der Volksrepublik Korea zahlreiche internationale Journalisten nach Pjöngjang. Auf Bitten der Journalisten fand ein Treffen mit der Mannschaft der

Das Spionageschiff »USS Pueblo« in Großaufnahme, 2012

Pueblo statt. Kapitän Bucher gab die Erklärung ab: »Alle unsere Verbrechen sind der Welt bereits offenbart worden. Wenn der Präsident der Vereinigten Staaten und die US-Regierung keine Entschuldigung gegenüber der Regierung der Demokratischen Volksrepublik Korea ausdrücken, werden wir vor Gericht gestellt und nach den Gesetzen dieses Landes zum Tode oder zu langer Gefangenschaft verurteilt.«

Die Mannschaft »bekannte sich einhellig ihrer Verbrechen schuldig und bat um Gnade und sagte: Wir wollen lebend nach Hause kommen. Aber der Präsident und die Regierung, die uns hierher geschickt haben, versperren uns jetzt den Weg. Helfen Sie uns, bitte!«

Ein amerikanischer Journalist, der sich in nordkoreanischen Dokumentarfilmaufnahmen von jener Begegnung mit dem Familiennamen Martin vorstellte, sagte, er fühle als Amerikaner Scham, all das zu hören, was die Gefangenen sagten. Präsident und Regierung der USA sollten sich nicht nur entschuldigen, sondern der Demokratischen Volksrepublik Korea versichern, dass solche Dinge nicht mehr passieren werden.

Am 23. Dezember 1968, genau elf Monate nachdem die Pueblo aufgebracht worden war, drückten die Vereinigten Staaten eine offizielle Entschuldigung aus. In dem Dokument heißt es: »An die Regierung der Demokratischen Volksrepublik Korea, wir stehen voll zu unserer Verantwortung und entschuldigen uns ernsthaft für die von dem US-Schiff nach Eindringen in territoriale Gewässer der Volksrepublik Korea begangenen großen Akte von Spionage gegen die Demokratische Volksrepublik Korea und versichern hier eindeutig, dass es in Zukunft kein Eindringen eines US-Schiffs in die Territorialgewässer der Demokratischen Volksrepublik geben wird.«

Am Vormittag desselben Tages, um 11:30 Uhr, gab die Regierung der DVRK bekannt, sie werde »die über achtzig US-Spione des Landes verweisen«. Die Dokumentationen zeigen, wie ein Navy-Angehöriger nach dem anderen, aus dem Bus kommend, jeweils in längerem Abstand voneinander die Straße nach Südkorea betritt und geradeaus geht, ohne sich umzudrehen. Gleichzeitig sieht man, wie Soldaten in US-amerikanischen Uniformen einen mit der US-Flagge bedeckten Sarg in einen Lastwagen heben.

Nordkoreanische Darstellungen erwähnen, dass Präsident Johnson äußerte, die hier zitierte Entschuldigung sei die einzige dieser Art in der Geschichte der Vereinigten Staaten von Amerika.

US-amerikanische Sichtweisen

Die »Pueblo-Krise« war ein herausragendes Ereignis im Kalten Krieg und wird bis heute in steter Regelmäßigkeit und Jahr für Jahr in den Medien wiederaufgegriffen, mit jeweils aktuellen Beiträgen, etwa in der Washington Post, bei CNN, im National Public Radio, bei ThoughtCo und anderen einschlägigen Quellen. Solche Darstellungen, in nachfolgender Auswahl repräsentativ für US-amerikanische Sichtweisen, werden hier inhaltlich sowie teilweise in originalen Formulierungen wiedergegeben.

Nordkoreas »kaltschnäuziges Kapern« der USS Pueblo traf Washington total unerwartet. »Was ist Ihrer Ansicht nach da los?«, fragt Präsident Lyndon Johnson laut Aufnahme am Morgen nach dem Ereignis im Telefonat den Verteidigungsminister Robert McNamara.

»Herr Präsident, ehrlich, ich weiß es nicht«, antwortet McNamara. »Ich denke, wir müssen da wie in der Kubakrise vorgehen, und, verdammt noch mal, wir sollten in einen Raum eingesperrt werden, und Sie sollten uns da drin halten und darauf bestehen, dass wir da drin bleiben, bis wir Antworten auf drei Fragen liefern: Was war Koreas Ziel, warum haben sie das gemacht? Zweitens, was werden die jetzt tun – uns erpressen, es weiterlaufen lassen? Und drittens, was sollten wir jetzt tun?« So ist es beschrieben von David Welna in »Looking At The Saga Of The USS Pueblo 50 Years Later« (National Public Radio, 23. Januar 2018).

Eine Seeblockade des schwer gesicherten nordkoreanischen Hafens von Wonsan, wo die gekaperte Pueblo anfangs vor Anker lag, wurde als zu riskant erachtet. Nordkoreaner auf hoher See aufzugreifen, wurde abgelehnt aufgrund der Annahme, Geiseln würden Pjöngjang kalt lassen. Der Einsatz taktischer Nuklearwaffen wurde erwogen, dann verworfen.

Johnson war dafür, symbolisch Macht zu zeigen. 350 Kampfflugzeuge wurden auf amerikanische Flugplätze in Südkorea gebracht. Armeereserveeinheiten in den USA wurden aufgerufen, sich bereitzuhalten. Zwei zusätzliche Flugzeugträger und etwa 25 Kriegsschiffe schlossen sich der USS Enterprise im Japanischen Meer an. Doch: Es brachte alles nichts. »Sie dampften herum in Kreisen«, so Jack Cheevers, Autor von »Act of War: Lyndon Johnson, North Korea, and the Capture of the Spy Ship Pueblo«.

Monate später würde McNamaras Nachfolger als Verteidigungsminister, Clark Clifford, dem Kongress erklären, eine militärische Aktion zur Rettung der Pueblo und ihrer Mannschaft käme nicht in Frage. »Einer der hauptsächlichen Gründe, dass wir nicht mit einer Angriffstruppe vorgingen, sagte er aus, war, dass wir unsere Männer nicht zurückkriegen würden; es würde ziemlich sicher ihren Tod bedeuten.« Wie Cheevers es ausdrückte, seien einige in den USA außer sich über die Eroberung der Pueblo ebenso wie über die Abwesenheit jeglicher machtvoller US-amerikanischer Reaktion. »Das Weiße Haus wurde überflutet mit Telegrammen von verärgerten Amerikanern im ganzen Land, sie nennen ihn (Johnson) einen Feigling und sagen, Amerikas Wahrzeichen, der Adler, sollte in ein Huhn verwandelt werden.«

Aber niemand, weder in Johnsons Weißem Haus noch andernorts im Land, hatte große Lust auf einen zusätzlichen bewaffneten Konflikt, denn »die Pueblo wurde gekapert auf der Höhe des Vietnamkrieges, und die öffentliche Meinung drehte sich zu der Zeit wirklich gegen den Krieg«, so Cheevers. »Das Letzte, was wir wollten, war, zusätzlich zum Kampf in Vietnam, gegen die Nordkoreaner kämpfen zu müssen, und potenziell auch gegen die Chinesen auf der koreanischen Halbinsel.« Also blieb die USS Pueblo »in Nordkoreas Händen, bis zu diesem Tag, und mit ihr zehn Chiffriermaschinen und tausende Seiten hochgeheimer Dokumente, deren man sich auf dem Schiff bemächtigte … Es war ein gewaltiger Verlust, viel erschütternder, als man ursprünglich befürchtet hatte … Einer der Historiker der National Security Agency (NSA) bezeichnet es als jedermanns schlimmsten Albtraum, und es wurde beurteilt als der schlimmste Geheimdienstnachrichtenverlust in der modernen Geschichte!«

Das Pueblo-Ereignis hinterließ bei Lyndon Johnson nachhaltig Eindruck. »In seinen Erinnerungen«, schrieb der Korea-Fachgelehrte und Historiker von der Ohio Staatsuniversität, Mitchell Lerner, »sagte er, ›Wenn es einen Tag für mich gibt, der das Chaos von 1968 symbolisiert, war es der Morgen, als ich aufwachte und erfuhr, die Pueblo ist gekapert worden.‹«

Die Pueblo war unter dem Kommandanten Lloyd M. Bucher nach Yokosuka in Japan gekommen. Am 5. Januar 1968 führte Bucher das Schiff Richtung Süden nach Sasebo. Wegen des Vietnamkriegs erhielt er Befehl, durch die Tsushima-Straße zu fahren und vor der Küste von Nordkorea Nachrichtensignale aufzunehmen, so Kennedy Hickman in »Cold War: USS Pueblo Incident« (aus: ThoughtCo, 6. März 2017). Die Pueblo sollte im Japanischen Meer sowjetische Schiffsaktivitäten aufzeichnen. Das Schiff stach am 11. Januar in See und war bemüht, nicht aufzufallen. Das hieß auch, möglichst Funkstille einzuhalten. Nordkorea beanspruchte eine 50-Seemeilen-Grenze für seine Hoheitsgewässer, doch wurde dies international nicht anerkannt, und das Schiff war aufgefordert, außerhalb der üblichen 12-Meilen-Grenze zu operieren. Bucher verlangte zur Sicherheit, die Pueblo 13 Meilen von der Küste fernzuhalten.

Am Abend des 20. Januar wurde die Pueblo von einem nordkoreanischen U-Boot-Jäger gesichtet, doch der schien kein Interesse an dem Schiff zu zeigen. Bucher verließ das Gebiet und fuhr südlich in Richtung der nordkoreanischen Hafenstadt Wonsan. Am Morgen des 22. Januar begann die Pueblo mit ihren Operationen. Um die Mittagszeit näherten sich zwei nordkoreanische Fischkutter der Lentra-Klasse. Es wurden keine Signale ausgetauscht, und Kapitän Bucher verstand, sein Schiff wurde beobachtet. Er gab Anweisung, Admiral Frank Johnson zu informieren, den Befehlshaber der Seestreitkräfte in Japan. Doch wegen der atmosphärischen Bedingungen wurde diese Nachricht erst am folgenden Tag verschickt. Die Pueblo zeigte die internationale Flagge für hydrographische Operationen. Gegen 16 Uhr verließen die Kutter das Gebiet. In der Nacht erkannte der Radarschirm 18 Schiffe in seinem Umkreis, doch keines der Schiffe machte Anstalten, sich der

Pueblo zu nähern. Bucher signalisierte Johnson, dass er die Pueblo nicht mehr unter Beobachtung glaubte. Am Morgen des 23. Januar ärgerte sich Bucher, dass sich die Pueblo in der Nacht um 25 Meilen von der Küste wegbewegt hatte, und brachte das Schiff in die ursprüngliche 13-Meilen-Position. Bei Erreichen der Position nahm die Pueblo ihre Operationen wieder auf. Unmittelbar vor 12 Uhr Mittags erschien ein nordkoreanischer U-Boot-Jäger und forderte von der Pueblo, die Nationalität zu nennen. Darauf wurde auf dem Schiff die US-amerikanische Flagge gehisst. Nach eigener Positionsbestimmung befand sich die Pueblo zu diesem Zeitpunkt außerhalb des nordkoreanischen Hoheitsgebiets. Die Gegenseite ließ sich von angeblicher ozeanographischer Aktivität nicht täuschen oder abhalten und signalisierte: »Beidrehen, oder wir schießen!« Drei Torpedoschiffe näherten sich. Die Pueblo sah sich als fast 16 Meilen von der Küste entfernt und antwortete auf die Herausforderung mit: »Wir befinden uns in internationalem Gewässer!«

Die Torpedoboote formierten sich um die Pueblo. Bucher versuchte, das Gebiet zu verlassen. Er benachrichtigte Japan, und man solle die Vorgesetzten in Kenntnis setzen. Eines der Schiffe näherte sich mit bewaffneter Mannschaft. Bucher beschleunigte und manövrierte, um ein Entern des Schiffs zu verhindern. Ein viertes Torpedoboot erschien. Bucher wollte zum offenen Meer, doch die nordkoreanischen Schiffe trafen Anstalten, die Pueblo nach Süden zum Land hin zu zwingen.

Die Torpedoboote wie die Jäger umzingelten die Pueblo. Ein Torpedoboot eröffnete das Feuer mit einer 5,5cm Kanone. Von den Jägern wurde mit Maschinengewehren geschossen. Die Nordkoreaner wollten die Manövrierfähigkeit der Pueblo beeinträchtigen, sie wollten das Schiff nicht versenken. Bucher befahl, das Geheimmaterial zu zerstören. Die zuständige Mannschaftsabteilung wurde schnell gewahr, dass die Verbrennungsanlage und auch der Reißwolf nicht in der Lage waren, das Material rasch zu zerstören. Also warf man das Material über Bord und zerstörte Ausrüstungen mit Hämmern und Äxten. Bucher, der sich im Steuerhaus aufhielt, wurde informiert, die Zerstörung laufe ab wie befohlen.

Die Pueblo befand sich in kontinuierlichem Kontakt mit der in Japan zuständigen Abteilung zur Unterstützung der Marine. Zwar operierte der Flugzeugträger USS Enterprise um 500 Meilen südwärts, doch waren seine F-4 Phantomjäger nicht ausgerüstet für hier erforderliche Operationen. Es hieß, es würde über 90 Minuten dauern, bis die Flieger eintreffen könnten. (Tatsächlich erschienen sie nicht.) Die Pueblo war mit mehreren Maschinengewehren ausgerüstet, doch befanden sich diese in ungeschützter Position, außerdem war die Mannschaft nicht entsprechend ausgebildet. Der Jäger folgte dicht. Bucher ließ das Schiff anhalten. Der Jäger gab das Signal: »Folgen Sie mir, ich habe einen Lotsen an Bord.« Die Pueblo kam der Aufforderung nach, drehte bei und folgte, während die Zerstörung des klassifizierten Materials fortgesetzt wurde. Als Bucher nach unten kam und der Masse gewahr wurde, die noch zu zerstören war, befahl er »alles Stop«, um Zeit zu gewinnen.

Als der Jäger bemerkte, dass die Pueblo stoppte, drehte er und eröffnete das Feuer. Das Schiff wurde zweimal getroffen, eine Salve traf den Heizer Duane Hodges tödlich. Bucher folgte darauf erneut dem Schiff, bei einem Drittel der Geschwindigkeit. Beim Erreichen der 12-Meilen-Grenze enterten die Nordkoreaner die Pueblo. Sie versammelten die Schiffsmannschaft und hielten sie an Deck mit verbundenen Augen. Sie steuerten nach Wonsan und gingen dort gegen 19 Uhr vor Anker. Die Mannschaft der Pueblo wurde mit Bus und Bahn nach Pjöngjang gebracht. Der Verlust der Pueblo war die erste Eroberung eines Schiffs der US-Marine auf hoher See seit dem Krieg von 1812.

»Im Gegensatz zu der Zeit, als Nordkorea die Gewohnheit hatte, die Vereinigten Staaten anzugreifen, mit leuchtenden, doch leeren Drohungen, betrieb der Schurkenstaat nun eine unverschämte Aktion, nämlich ein amerikanisches Spionageschiff zu kapern, die Crew zu kidnappen und massenhaft kryptologisches Material zu stehlen. Es war ein Erfolg. Der Angriff auf die Pueblo war für Nordkorea ein herausragender Propagandacoup – eine kleinere, technologisch unterlegene Marine hatte das harte, zuschlagende amerikanische Militär in eine peinliche Lage gebracht.« (Michael S. Rosenwald in »›Beaten every day‹ – North Korea tortured USS Pueblo crew members, gathering damaging intel«, Washington Post, 23. Januar 2018.) Weiter: »Über alle Peinlichkeit hinaus erlitten die Vereinigten Staaten solch einen Verlust an Geheimdienstwissen und -ausrüstung, der sie taumeln ließ. Der Verlust – so ein höchstgeheimer Bericht der Nationalen Sicherheitsagentur NSA aus dem Jahr 2012 –, resultierend aus dem klassifizierten Material an Bord des Schiffes, würde alles in der früheren kryptologischen Geschichte der USA in den Schatten stellen. Gleichzeitig gab dies den Nordkoreanern und zweifellos den Sowjets außergewöhnlichen Einblick in die komplexe Technologie hinter den kryptographischen Systemen der USA.«

Zwar hatte sich die Pueblo-Mannschaft angestrengt, die geheimen Objekte und Materialien zu zerstören, bevor das Schiff erobert wurde, doch das misslang wesentlich. Eine entklassifizierte CIA-Analyse von 2015 besagt, »80 Prozent der Dokumentenbewahrung und 95 Prozent der kryptologischen Ausrüstung hat die eilige und chaotische Notfallzerstörung überstanden.«

Die Nordkoreaner wollten herausfinden, wie mit all dem zu arbeiten war. Dazu gab es Befragungen in stundenlangen Sitzungen. »Wir wurden elf Monate lang festgehalten und jeden Tag geschlagen, gedemütigt, hungerten, eigentlich alles, was man sich so vorstellen kann«, erklärte Tom Massie, ein Mitglied der Pueblo-Mannschaft, der Washington Post im Jahr 2016. Was genau die Nordkoreaner jedoch zu erfahren in der

Lage waren, ist in einem Bericht der National Security Agency NSA redaktionell bearbeitet, obwohl es heißt, »die Nordkoreaner erhielten eine beträchtliche Menge höchst klassifizierter Information aus den Befragungen der Mitglieder der Pueblo-Mannschaft«. Die Situation wurde als ein »Fall schlimmster Umstände« beschrieben. Geheimdienstler befürchteten und vermuteten, die Informationen würden in die Sowjetunion gelangen.

Die Behandlung der Mannschaft verschlimmerte sich, als die Nordkoreaner gewahr wurden, dass die Gefangenen auf Fotos, die für Propagandazwecke inszeniert waren, den Stinkefinger zeigten. Auf die Frage, was das auffällige Zeigen des Mittelfingers bedeutete, erklärten die Amerikaner, dies sei in Hawaii das Zeichen für »Glück«. Doch bald erfuhren die Nordkoreaner die Wahrheit darüber aus Artikeln in der US-amerikanischen Presse.

Der Kommandant Lloyd M. Bucher wurde psychischer Folter unterzogen. Man stellte ihn vor ein Erschießungskommando, um ihn zu Geständnissen über die Absichten der USS Pueblo zu zwingen. Gleichzeitig drohte man, die Mannschaft vor seinen Augen zu töten, wenn er nicht spreche.

Nach dem schriftlichen Geständnis der US-Regierung, dass es sich bei der Pueblo um ein Spionageschiff handelte, einer Entschuldigung und der Zusicherung, dass die Vereinigten Staaten in Zukunft keine Spionage mehr betreiben würden, wurden die zweiundachtzig verbliebenen Besatzungsmitglieder am 23. Dezember 1968 mit Bussen zur innerkoreanischen Grenze in der Demilitarisierten Zone gebracht und über die »Brücke ohne Wiederkehr« in den Süden entlassen. Die USA zogen unmittelbar darauf ihr Geständnis als erpresst zurück.

1968 war eine Periode höchster Spannung auf der koreanischen Halbinsel, beschreibt James Griffiths für CNN in »How the seizure of a US spy ship by North Korea nearly sparked nuclear war« (21. Januar 2018) die Lage. Der Krieg, der zur Teilung des Landes geführt hatte, sei gerade erst vor 15 Jahren zu Ende gegangen, und blutige Scharmützel galten als üblich. Die Mannschaft war den Nordkoreanern gegenüber voller Angst. Nachdem der Maat Donald McClarren es bei einer Befragung ablehnte, sein Geständnis zu unterschreiben, griff sein Bewacher zum Gewehr, hielt es an McClarrens Kopf und zog am Drücker. Die nicht geladene Waffe klickte, McClarren wurde ohnmächtig.

Die Eroberung der Pueblo, heißt es, sei bis heute eines der peinlichsten Ereignisse in der Militärgeschichte der USA. Gleichzeitig gilt der Vorfall seither als der Moment, in dem die Welt einem zweiten Koreakrieg am nächsten kam und US-Generäle bereit waren, Nuklearwaffen einzusetzen und die Sowjetunion wie China mit hineinzuziehen.

Nach der Ankunft in Wonsan wurde die Schiffsmannschaft zu einem Bahnhof gebracht, wo sich eine große Anzahl von Menschen versammelt hatte und anti-amerikanische Slogans rief, die Männer anspuckte und sie schlug. Nach annähernd zehn Stunden im Zug erreichten sie Pjöngjang.

Von dem Moment an, als die Nordkoreaner an Bord kamen, war für die Mannschaft einer der verwirrendsten Aspekte der »totale und vollständige Hass« auf die Mitglieder der US-Crew.

»Man fühlte es enorm«, erinnerte sich Stu Russel, der Schiffskoch, in einem Interview mit CNN. Es bestürzte die jungen Amerikaner, von denen viele »Nordkoreaner betreffend null Ahnung hatten«. Erst viel später erfuhr er von den Aktivitäten der USA im Koreakrieg: »Wir haben alles aus Nordkorea rausgebombt. Wir töteten über ein Drittel der Bevölkerung. Es gab keine Familie in Nordkorea, die keine engen Verwandten verloren hatte, wegen Amerika.«

Dieser Hass ließ die Mannschaft um so mehr glauben, dass die Nordkoreaner, von denen sie gefangengenommen worden waren, sie am Ende exekutieren würden.

In jener Nacht im Schnee hatte Russel Visionen von Nazimassengräbern mit Polen, Russen, Juden, erschossen, gebündelt, geworfen in eilig von der SS gegrabene Löcher. Aber nach dem langen Gehen, das wie eine Ewigkeit schien, erreichte man ein kleines Gebäude. Drinnen waren Wasserhähne und Kübel für die Männer, um sich zu waschen.

Die Nordkoreaner hatten keineswegs die Absicht, ihre Geiseln zu töten. Die Eroberung der Pueblo war schließlich ein großer propagandistischer Sieg für Pjöngjang. Und die USA zu zwingen, kriechen zu müssen, um ihre Männer zurückzukriegen, würde allem noch eins draufgeben. Die Mannschaft wurde zu einer anderen Lokalität gebracht – »die Farm« – wo es etwas besser wurde. Man sagte ihnen, sie würden dort bleiben, bis die USA sich entschuldigten.

In der Kommunikation zwischen Pjöngjang, Seoul und Washington kam es immer wieder zu großen Unterbrechungen, bei denen jede Seite nur vermuten konnte, was die Absichten der anderen waren. Eine Wiederholung des Pueblo-Ereignisses heute – so die häufig in den Medien ausgedrückte Meinung – wäre noch weit riskanter, mit Nordkorea im Besitz eines Nukleararsenals und der Zunahme des Drucks in Washington zum militärischen Präventivschlag.

Lloyd Bucher, der Kommandant der Pueblo, und alle verantwortlichen Offiziere wurden vor ein Untersuchungsgericht der US-Marine gestellt, das schließlich ein Kriegsgerichtsverfahren für den Kommandanten sowie den Leutnant Steve Harris empfahl. Aber der Marineminister John Chafee lehnte die Empfehlung ab. Der Kommandant wurde nicht verurteilt und blieb bis zu seinem Ruhestand in der Marine. 1970 veröffentlichte Bucher ein Buch über das Ereignis, »Bucher: My Story«. Er starb am 28. Januar 2004 im Alter von 76 Jahren.

Kapitel 13

»Sage mir, was sind die Verbrechen der kleinen koreanischen Kinder?«
Die Krankenhausstraße im Pjöngjanger Distrikt Munsu

Die Sanwon-Straße im Distrikt Munsu im Ostteil von Pjöng-jang ist die Krankenhausstraße, die tatsächlich auch als Kran-kenhausdorf bezeichnet worden ist. Auf insgesamt etwa einem Kilometer findet man die Entbindungsanstalt Pjöngjang, das Brustkrebsinstitut, das mit der Entbindungsanstalt verbunden ist, das Kinderkrankenhaus Okryu, das Krankenhaus Ryugy-ong für Zahnbehandlung, das Allgemeine Krankenhaus für Augenbehandlung sowie das Kim Man Yu Krankenhaus. Ich hatte die Möglichkeit, mich in vieren davon umzusehen und umzuhören. Besonders hervorzuheben ist die in Verfassung und Gesetz festgelegte und seit Februar 1960 komplett durch-geführte kostenfreie medizinische Behandlung für die Bürger des Landes. Das betrifft ambulante wie stationäre Behandlung, Diagnosen, Operationen, Versorgung mit Medikamenten, Ver-pflegung im Krankenhaus sowie auch Ausgaben für Erholung, die regelmäßige gesundheitliche Untersuchung, Entbindung, Herstellung von und Versorgung mit künstlichen Gliedmaßen und anderem. Ansatzweise wurde dieses System bereits von Ende 1952 an praktiziert, als der Krieg mit den Vereinigten Staaten sich zum Höhepunkt hin entwickelte. All das scheint unsereinem ungewohnt und irgendwie unvorstellbar. Aber ich fand es auch in sehr privaten Gesprächen als selbstverständlich bestätigt. Die durchschnittliche Lebenserwartung in Nordkorea hat sich im Vergleich zu den 38 Lebensjahren von vor 1950 annähernd verdoppelt, und die Zahl der Hundertjährigen, heißt es, wachse mit jedem Jahr.

In der Entbindungsanstalt bat eine Krankenhausmitarbeiterin mich und meine Dolmetscherin, einen weißen Kittel anzuziehen und führte uns durch die Abteilungen. Das Krankenhaus wurde 1980 gegründet, anfangs mit 1500 Betten. Heute gibt es dort über 1900 Betten, 1200 für Mütter und 700 für Babys, bei 60.000 Quadratmetern genutzter Fläche. Das Gebäude ist, erfahre ich, mit über 2000 Räumen auf dreizehn Stockwerken 55 Meter hoch. Neben der Hilfe zur Entbindung werden Frauenkrankheiten behandelt, das angeschlossene Institut ist speziell zuständig für die Behandlung von Brustkrebs. Das Krankenhaus hat gleichzeitig die Aufgabe, Krankenschwestern und Hebammen für die Arbeit in den Krankenhäusern des Landes auszubilden. Überdies sichert es Entbindungsanstalten auf Provinz- wie auf Kreisebene, etwa bei Schwierigkeiten bei der Diagnoseerstellung, Unterstützung zu, auch mittels einer telemedizinischen Einrichtung, also per Video-Kommunikation über das landeseigene Intranet.

Von der Empfangshalle führt eine auffallend breite Treppe aus Marmor und Jade zu den höheren Stockwerken. »Warum solch besonderer Aufgang?«, frage ich. »Sehen Sie«, sagt unsere Führerin lächelnd, »die Treppe wirkt erfrischend, in den Farben wie in der Konstruktion, man möchte sagen, erfrischend wie fließendes Wasser. Die Patientinnen mögen dadurch im guten Gefühl bestärkt werden, dass Krankheiten geheilt und gleichsam weggewaschen werden können.«

Während der Führung wird mir ein Verantwortlicher der Entbindungsanstalt vorgestellt, Herr Mun Chang Un. Er ist, erfahre ich, seit dreißig Jahren hier tätig. Er erklärt, wie alles begann: »Anfangs wussten wir nicht, wie am besten eine Entbindungsanstalt zu organisieren und einzurichten. Wir haben uns in Österreich und Belgien, in Deutschland und auch in Japan umgeschaut. Die Anstalt in Österreich sagte uns in mehrerer Hinsicht am meisten zu. Dort waren 400 Betten. Unser Plan für hier waren damals 1000 Betten für Frauen und siebzig für Säuglinge.«

Ich frage, wie er die aktuelle Lage bezüglich Möglichkeiten zu internationalem Austausch einschätze, ob zum Beispiel Studenten ins Ausland geschickt werden. Mun Chang Un antwortet: »Wir haben Ärzte nach Übersee geschickt, nicht so sehr Studenten, sondern vor allem aktives medizinisches Personal, auch nach Deutschland, damit sie dort lernen und praktizieren. Ja, wir haben uns um Verbindung mit wissenschaftlichen Instituten und mit Krankenhäusern in einer Reihe von entwickelten Ländern bemüht, auch über die zuständigen internationalen Repräsentanten hier in Pjöngjang. Unlängst war eine Delegation aus Deutschland hier und drückte die Hoffnung aus, dass es zu mehr Austausch und Kooperation kommt. Aber es gibt die internationalen Sanktionen gegen unser Land. Die Regierung sorgt sich um die Gesundheit der Frauen. Unser Krankenhaus hat viel Ausrüstung von der Firma Siemens importiert, ich muss das nicht aufzählen, als Beispiel nenne ich nur die Mehrzweck-Röntgenanlage, die Sie bereits gesehen haben. Die Regierung spart nicht in dieser Hinsicht. Ausländische Delegationen und Besucher sind gewöhnlich erstaunt über das hohe technische Niveau der Ausrüstung, die wir hier zur Verfügung haben.«

Täglich, erfahre ich, kommen im Schnitt 400 werdende Mütter sowie Patientinnen, pro Tag werden fünfzig bis sechzig Babys zur Welt gebracht. Es gibt sechs Räumlichkeiten mit Einrichtungen für Entbindungen, auch einen speziellen Raum für Frühgeburten.

»Entschuldigung«, frage ich und bin verlegen über meine, so empfinde ich in dem Moment, unverzeihliche Unwissenheit, »wie schwer ist ein Baby im Normalfall bei der Geburt?«

»Normal sind um die 2,8 kg. Aber wir haben auch schon mal ein Neugeborenes mit 750 Gramm gehabt – das kleine Wesen hat überlebt.«

Die Mütter bleiben gewöhnlich zehn bis fünfzehn Tage in dem Krankenhaus. Um von außen kommende Ansteckungen und Entzündungen zu verhindern, ist es den Familienmitgliedern von Wöchnerinnen fünf Tage lang nicht erlaubt, diese im Zimmer zu besuchen. Stattdessen hat man im Erdgeschoss eine Reihe von Telefonzellen eingerichtet, über die man per Video mit der angehörigen Frau verbunden werden kann.
Hinter Glas sehe ich die besonderen Räume für Mütter mit Drillingen und Vierlingen. In den vergangenen zwei Jahren sollen 477 Drillinge geboren worden sein, auch Vierlinge kamen zur Welt. Die Mütter von gleichzeitig mehreren Babys bleiben solange im Krankenhaus, bis das kleinste Kind sechs Kilogramm wiegt. Weiter erfahre ich: »Familien mit Drillingen und Vierlingen werden von der Regierung speziell unterstützt, bis die Kinder vier Jahre alt sind, und erhalten vom Staat besondere Geschenke.«

Neben den Ärzten für Geburtshilfe stehen in der Anstalt Ärzte zur Verfügung für Blasenerkrankungen, Unfruchtbarkeit, Menstruationsprobleme, auch für Hals-Nasen-Ohren- und für Augen- und Zahnprobleme, für Physiotherapie und mehr. 70 Prozent des Personals sind Frauen.
Die traditionelle koreanische Medizin, etwa Akupunktur und Moxibustion, spielt bei den vielfältigen Behandlungen in dem Mutterschaftskrankenhaus eine maßgebliche Rolle. Es heißt, ein Drittel der Medizin und der Methoden beruhe auf traditio-

nellen Überlieferungen sowie modernen Erkenntnissen der
Akademie für Koryo-Medizin in Pjöngjang. Die Anstalt be-
treibt eine eigene Produktion von Medikamenten und hat auch
eine eigene Apotheke für traditionelle Medizin.
»Wie anderswo in der Welt«, erfahre ich, »gibt es auch in unserem Land mehr und mehr Fälle von Brustkrebs.« Das Brustkrebsinstitut oder Zentrum für Brustkrebsforschung wurde
2012 eingerichtet. Davor gab es für diesen Forschungs- und
Behandlungsbereich allein eine Abteilung. Das Institut verfügt

Außenansicht des Kinderkrankenhauses Okryu

auf vier Stockwerken über 8500 Quadratmeter mit 160 Räumen. Pro Tag kommen um die 150 Patientinnen. Erneut wird
mir bestätigt: Die Behandlung ist kostenfrei. Die nordkoreanischen Frauen zwischen dreißig und fünfzig Jahren sind allgemein aufgefordert, zweimal pro Jahr die Brust untersuchen zu
lassen, Frauen von über fünfzig einmal pro Jahr.
Die Entbindungsanstalt Pjöngjang wurde von der UNICEF als

»Babyfreundliches Krankenhaus« ausgezeichnet, da sie alle zehn von der Weltgesundheitsorganisation WHO sowie von UNICEF diesbezüglich gesetzten Anforderungen erfüllt.

Unmittelbar gegenüber der Entbindungsanstalt, auf der anderen Straßenseite, befindet sich das Kinderkrankenhaus Okryu, benannt nach einer Brücke über den Fluss Taedong, die sich ganz in der Nähe befindet. Der Krankenhausbau mit sechs Etagen ist äußerlich stufenförmig, dabei weitläufig angelegt und farbenfroh gestaltet, außen vor allem grün und orange-

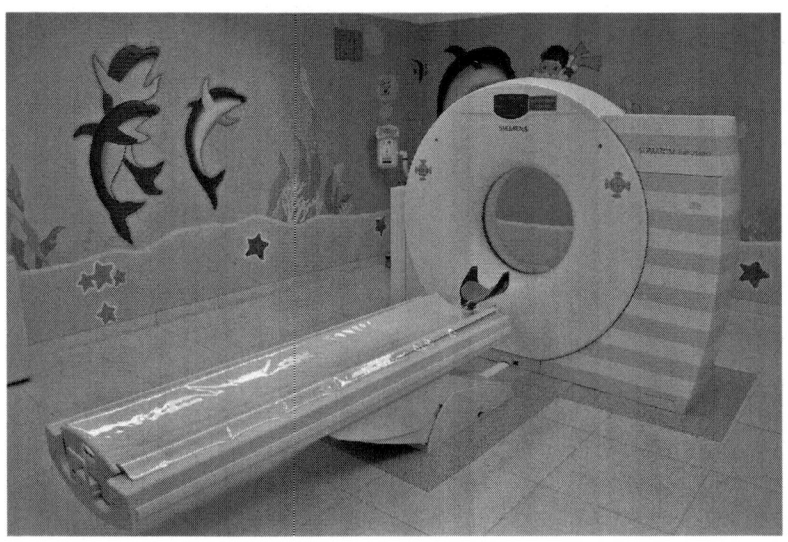

Behandlungsraum im Kinderkrankenhaus Okryu

braun. Schon von der Straße her fällt der Blick auf eine große Steinskulptur: Eine junge Mutter, sitzend, hält ihren kleinen Sohn hoch, auf dessen Hand eine Taube ihre Flügel ausbreitet und zum Flug ansetzt. Das Krankenhaus wurde 2013 eröffnet und hat eine Fläche von 32.000 Quadratmetern, dazu einen Spielplatz und für Notfälle einen Landeplatz für Hubschrauber.

»Ich habe niemals, nirgendwo, ein Kinderkrankenhaus von vergleichbar hoher Qualität gesehen, das sich so sehr bemüht um die körperlichen und emotionalen Nöte der Kinder – und von deren Eltern«, schreibt Carla Stea, Forschungskorrespondentin am UNO-Hauptquartier in New York (»The 4th Media – The Social and Economic Achievements of North Korea«, 12. Juni 2017). Weiter: »Die Abteilung Physische Therapie für Kinder, die verkrüppelt oder mit einer Deformation der Beine geboren sind, die ihnen das Gehen unmöglich macht, war ab-

Mit der Ärztin im Kinderkrankenhaus Okryu

solut unglaublich, da werden Übungen gelehrt, die die Fuß- oder Beinmuskeln aufbauen bzw. wiederherstellen, also Krüppel in Kinder verwandeln, die frei sind, normal zu gehen und zu laufen und zu spielen. Und die Hingabe, mit der die Kinder diese heilenden Übungen zur Wiederherstellung praktizieren, ist ebenso begeisternd wie tiefbewegend.«

Die Wände im Inneren des Gebäudes, der öffentlichen Räumlichkeiten und Korridore, sind bunt bemalt mit lustigen Motiven, etwa Kinder schaukelnd, hängend an einer Mondsichel, auch die kleinen Sitze und Sessel und Tischchen sind in hellen Farben, alles anders als sonst in Krankenhäusern gewohnt, wo die Wände und Decken üblicherweise nur in Weiß gehalten sind. Das Foyer scheint in der Aufmachung wie ein Kindertraum. Insgesamt gibt es, erfahre ich, an Wänden und Decken 1700 Malereien, die vor allem von Kunststudenten erstellt wur-

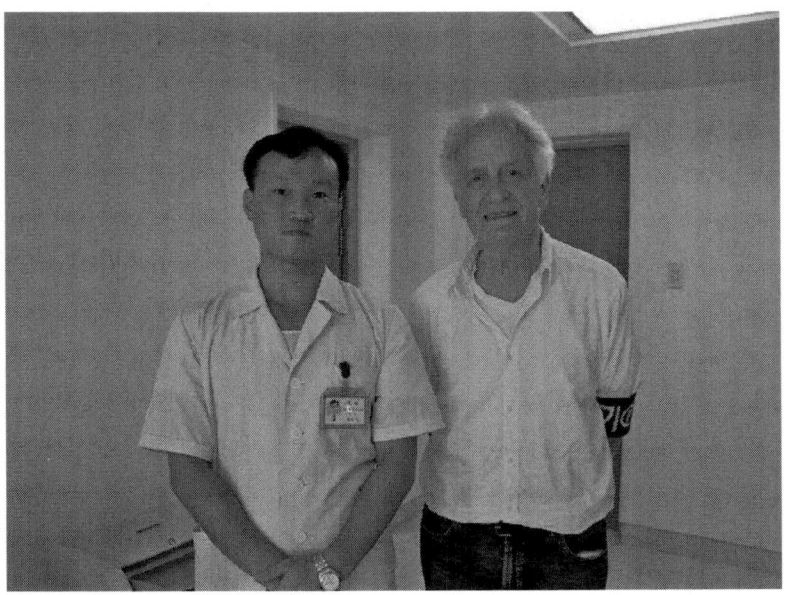

Mit einem Stationsarzt im Kinderkrankenhaus Okryu

den, aber einige seien tatsächlich auch von Kindern gemalt. Überdies steht allerlei Spielzeug zur Verfügung. Die Behandlungsräume sind jeweils in einer Farbe gehalten, etwa in sanftem hellen Grün oder Blau.

Die Etagen eins und zwei betreffen den Zuständigkeitsbereich für Tagespatienten, auf den Etagen drei bis sechs sind die

Langzeitpatienten untergebracht. Im Schnitt kommen täglich um 175 Kinderpatienten. Für diese stehen 180 Ärzte sowie fast 200 Schwestern zur Verfügung, außerdem Büropersonal. Es gibt 300 Krankenbetten. Mütter haben das Recht und die Möglichkeit, während eines längeren Aufenthalts des Kindes im gleichen Raum wie das Kind zu schlafen. Es gibt Räume für Spiel und Unterhaltung, ebenso Räume, die für schulisches Lernen vorgesehen sind. »Wir haben hier eine Abteilung für Erziehung und schulische Ausbildung, und es sind bei uns auch Lehrer angestellt, die sich um die Kinderpatienten kümmern, die längere Zeit gezwungenermaßen der Schule fernbleiben müssen. Das ist, habe ich gehört, in der Welt wohl recht einmalig.« Die junge Frau, die dies sagt, ist Kim Un Song, die uns durch das Krankenhaus führt.

Weiter erläutert sie: »Wir haben hier spezialisierte Abteilungen, das betrifft etwa Herz-Chirurgie für Kinder, die Behandlung von Neugeborenen, Maßnahmen zur Wiederbelebung, zur Erholung, all dies mit modernster Ausrüstung, etwa für Computertomographie. Wir haben viel importiert, auch – Sie sind Deutscher – die Mehrzweck-Röntgenanlage von der Firma Siemens, überhaupt verschiedenartige Anlagen für medizinische Operationen. Neben der Anwendung westlicher Medizin und westlicher Technik haben wir hier Abteilungen, wo der Schwerpunkt auf unserer traditionellen Medizin liegt. In jeder Provinz in unserem Land gibt es selbstverständlich Krankenhäuser mit Abteilungen speziell für Kinder. Die Fachkräfte hier in unserem Krankenhaus sind bestens ausgebildet, und wir unterstützen und beraten die Kollegen anderswo im Land, wenn erforderlich auch über Videokommunikation.«

»Unterhält Ihr Krankenhaus konkret Verbindung zu Krankenhäusern in anderen Ländern?«

»Selbstverständlich … Nun, im Prinzip ja. Wir sind im Kontakt mit der UNICEF, auch mit Nichtregierungsorganisationen. Wir laden ausländische Ärzte ein und führen hier Seminare durch. Unsere Ärzte gehen auch zu Ausbildungszwecken zum Beispiel nach Deutschland, jeweils für über einen Monat. Aber wie Sie sicher wissen, unterliegt sogar der medizinische Austausch gegenwärtig Sanktionen. Das betrifft medizinische Ausrüstung, den Import von Medikamenten und auch die Ausbildung unserer Fachkräfte durch ausländische Ärzte. Das ist die Situation seit nun schon einigen Jahren.«

»Ich verstehe richtig: Auch der Erwerb von technisch-medizinischer Ausrüstung sowie von Medikamenten unterliegt Sanktionen?«

»Sie haben richtig verstanden. Medizin und medizinische Ausrüstung, das ist gegenwärtig schwierig zu bekommen, nicht aus finanziellen Gründen, sondern wegen der Sanktionen.«

Unlängst hatte ein koreanischer Freund – Om Son Guk, Vizepräsident der Pyongyang International Cultural Exchange Society – im Gespräch über die Auswirkungen der Sanktionsmaßnahmen konkret auf die Kinderkrankenhäuser sowie Entbindungsanstalten zu mir gesagt, und ich will ihn hier zitieren:

»In der Tat, wir haben in unseren Krankenhäusern wegen der Sanktionen sehr viele Schwierigkeiten. Dies betrifft die technischen Möglichkeiten und auch den Zugang zu bestimmter Medizin. Sicher, wo unser Zugang zu Medikamenten begrenzt ist, suchen wir unsere eigene Medizin zu entwickeln.« Er fügte hinzu: »Jedenfalls werden sogar unsere Kinder durch die Sanktionen gezwungen zu erkennen, wer und wo der Feind ist. Ich bitte dich, sage mir, was sind die Verbrechen der kleinen koreanischen Kinder, dass sie leiden sollen! Bitte, sage es mir!«

Das Augenkrankenhaus von Pjöngjang hat in der englischen Übersetzung die offizielle Bezeichnung »Ryugyong Ophthalmologic Hospital«, wobei Ryugyong der ursprüngliche Name von Pjöngjang ist und »Stadt der Weiden« bedeutet. Es wurde im Oktober 2016 eröffnet, besteht aus einem vierstöckigen und einem achtstöckigen Gebäude, verfügt über insgesamt 290 Arbeitskräfte, also Ärzte, Schwestern, Büroangestellte, hat 102 Krankenbetten, und täglich erscheinen um 200 Patienten. Dies sagt unsere Führerin Kim Un Ae, deren Vorname Un Ae, übersetzt mir meine Dolmetscherin flüsternd und gleichzeitig lächelnd, etwa bedeutet: »Besonders geliebter Liebling«. Frau Kim arbeitet hier seit der Eröffnung, war davor Lehrerin an einer medizinischen Hochschule.

Wir besuchten die Abteilungen für Katarakte, für Glaukome, für Retinae, für Optische Funktionen, für Trauma und Plastik, für Medizinische Ophthalmologie sowie die Pediatrische Abteilung. Ich war über die moderne technische Ausstattung und die ganze äußere Erscheinung dieser Abteilungen in hohem Maße beeindruckt und drückte das auch aus.

»Ich war noch nicht im Ausland, kann also nicht vergleichen«, räumte Frau Kim ein, »aber ausländische Spezialisten, die uns hier besuchen, sind ziemlich erstaunt und drücken auch Bewunderung aus über das, was sie hier sehen.«

Jedes Volkskrankenhaus in den Provinzen verfüge über Abteilungen für Augenbehandlung, erfuhr ich. Das Krankenhaus Ryugyong stehe mit diesen per Telekonferenz – und, wie ich selber zufällig sehen konnte, über große Bildschirme – beratend in Verbindung. Außerdem würden, wenn erforderlich, Patienten aus der Provinz zur Behandlung zum Krankenhaus Ryugyong transferiert.

»Unser Krankenhaus«, erklärt Kim Un Ae, »repräsentiert unsere politische Überzeugung.« Und diese bedeute:
Der Mensch steht an erster Stelle;
Wir wollen technischen Austausch und Kooperation mit anderen Ländern;
Wir wünschen Kontakt mit Spezialisten aus aller Welt;
Wir wollen unsere Studenten ins Ausland schicken.

Die technischen Anlagen in diesem Krankenhaus stammen insbesondere aus Deutschland, aus der Schweiz und aus Italien. Gegenwärtig gebe es kaum internationale Kooperationen. Vor wenigen Monaten habe man eine Delegation norwegischer Ärzte empfangen. Kim Un Ae: »Wir drückten ihnen gegenüber den Wunsch nach Kooperation aus.« Es gebe allerdings konkret Austausch mit einem nepalesischen Krankenhaus, mit dem man eine Vereinbarung unterzeichnen werde. »Wir unterstützen uns gegenseitig.«

»Haben Sie hier auch schon ausländische Patienten behandelt?«

»Sicher. Das für ausländische Patienten zuständige Freundschaftskrankenhaus Pjöngjang schickt ausländische Patienten, die in Pjöngjang wohnen, also aus Botschaften, NGOs etc., die Probleme mit den Augen haben, regelmäßig zu uns.«

»Nun«, frage ich, der totale Laie, »wenn jemand Probleme mit der Augenlinse hat, und die natürliche Linse muss durch eine künstliche Linse ersetzt werden, ist man hier zu solch einer Operation in der Lage?«

»Selbstverständlich. Die Linse zu ersetzen, das ist völlig normale Praxis.«

Ich darauf, wollte westlich witzig sein: »Wenn bei mir so etwas

oder anderes einmal anstehen sollte, dann komme ich zu Ihnen,
zumal die Behandlung hier doch kostenfrei ist!«

Sie darauf, herzlich lachend: »Oh, ob das auch für Sie kostenlos
sein wird, da bin ich nicht sicher!«

Es gibt in jedem Stadtteil von Pjöngjang ein Krankenhaus für
Zahnbehandlung. Als bestes nicht nur von Pjöngjang, sondern
von ganz Nordkorea gilt das Ryugyong, gegründet 2013, unmittelbar neben dem Augenkrankenhaus gelegen, in den Flächen großzügig, zweistöckig, in gelungen unaufdringlicher Architektur und außen in einer Farbmischung aus Weiß und
Beige. Es verfügt über 40 Ärzte, 28 davon sind Frauen. Im ganzen Land, erfahre ich, gibt es übrigens mehr Zahnärztinnen als
Zahnärzte. Das Alter der Ärzte in diesem Krankenhaus: 26 bis
57 Jahre. Pro Tag werden im Ryugyong im Schnitt 250 Patienten behandelt. Die technische Ausstattung in diesem Krankenhaus, bemerkt der junge Arzt Dr. Ri Hy Ok, der uns durch
das Gebäude führt, sei auf höherem Stand als in den Provinzen.
Das Krankenhaus ist täglich acht Stunden geöffnet, bei Notfällen gebe es auch nachts Zugang.

Die internationalen Sanktionen haben Einfluss, bekomme ich
auch hier bestätigt. Das betreffe bestimmte Medizin oder auch
notwendiges Material zur Herstellung künstlicher Zähne. Also
forscht das Krankenhaus verstärkt selbständig und bemüht sich
in den problematischen Bereichen um eigene Entwicklung, das
heißt darum, eigene Produkte zu schaffen.

»Gibt es gegenwärtig konkrete Verbindung, Austausch, Kom-
munikation mit Krankenhäusern im Ausland?«, frage ich.

Nein, solche Kontakte gebe es gegenwärtig kaum. Die eigenen
Spezialisten besuchen Ausstellungen im Ausland. Ansonsten

kommt bestenfalls mal ein ausländischer Experte für einen Tag, etwa aus Australien, und hält einen Vortrag über diese oder jene neue Technik.

»Wer organisiert solche Kontakte, also wer organisiert, dass so etwas hin und wieder stattfinden kann?«

Das genannte Vortragsereignis, erfahre ich, war organisiert über das Internationale Rote Kreuz in Nordkorea.

Nordkoreas Hauptstadt verfügt auch über zwei äußerlich herausragende Gebäudeanlagen mit Ausstattungen, Räumen und Fachkräften, deren Aufgabe es ist, die allgemeine Gesundheit und das körperliche Wohlbefinden der Besucher zu fördern. Ich besuchte das größere und im Land berühmtere dieser beiden Zentren, das Changgwang-Gesundheitszentrum, das bereits 1980 gegründet und somit das ältere ist, aber fraglos technische Modernität sowie für das Auge Offenheit und für die Benutzer Annehmlichkeit bietet. Es gibt dort Schwimmbäder von quasi olympischen Ausmaßen, 50 Meter lang und 5 bzw. 2,8 Meter tief, ein gläserner Lift fährt zum Sprungbrett hoch, Mosaikkacheln und Terrazzoböden fallen auf, es gibt abgetrennte Familien- wie Ein-Personen-Badeanlagen, weiter Massagesalons, Saunas, Schönheitssalons, Coiffeur und natürlich Restaurant und Kaffeebar.
Wer sich das Haar machen lassen will, die Frisur lässt sich ganz nach Wunsch gestalten, auch etwa nach einem mitgebrachten Foto. Überdies hängen an den Wänden des Salons Fotos mit zahlreichen Frisurbeispielen für Damen und Herren, aus denen man auswählen kann. Der langgestreckte Salon war wesentlich voll besetzt, besonders von Damen jeglichen Alters. Man hatte auch schon einen Coiffeur aus Frankreich eingeladen, der die lokalen Kollegen einen Monat lang im Sinne französischer Beispiele für Damen- wie Herrenfrisuren unterrichtete. (Soviel

übrigens und nebenbei zu der Behauptung, die seit einiger Zeit in westlichen Medien wichtigtuerisch wiederholt wird, in Nordkorea sei, massgeblich für Männer, allein eine konkret vorgegebene kleine Gruppe von Frisuren erlaubt.)

Der Aspekt der Qualität des Wassers, erklärt mir Jo Hui Sun, die seit 20 Jahren im Changgwang-Zentrum arbeitet, gilt als besonders bedeutsam. Der Fluss Taedong ist vier Kilometer entfernt, man hat für das Zentrum ein spezielles unterirdisches Reservoir angelegt, und das Wasser werde gefiltert. Regel ist zudem, erfahre ich: »Jeder, der hier schwimmen will, muss eine normale medizinische Untersuchung über sich ergehen lassen, also eine Untersuchung etwa der Hautsituation etc., ob es möglicherweise Ansteckendes gibt.«

Das Gebäude hat vier Etagen. Pro Tag kommen im Schnitt 5.000 Besucher, doch die Kapazität beträgt 10.000. Manchmal kann die Warteschlange sogar sehr lang werden. Und obwohl die Stadtbezirke über eigene entsprechende Einrichtungen verfügen, kommt ein Teil der Besucher aus ferneren Bezirken.

Bei der Verabschiedung blickte Jo Hui Sun mich an mit einem, nun ja, gewollt kritischem Blick. Mein Haar, meine Frisur, ich weiß und gebe es zu, war in der Tat bereits etwas chaotisch. Sie sagte: »Wenn Sie sich hier Ihre Haare schneiden lassen, werden Sie mit Sicherheit zehn Jahre jünger aussehen!«

Da blieb mir nur zu sagen: »Oh, dafür fehlt mir im Moment die Zeit! Aber das machen wir bei meinem nächsten Besuch in Pjöngjang!«

Darauf lachte sie herzlich und sagte: »Wir haben täglich von 7 bis 21 Uhr geöffnet.« Ich fiel gern in ihr Lachen ein.

Kapitel 14

»In allen Provinzen gibt es sie. Der Staat übernimmt sämtliche Kosten.«
Der Kinderpalast Mangyongdae

Der Kinderpalast Mangyongdae (auch: Schulkinderpalast Mangyongdae) in Pjöngjang wird täglich von tausenden Kindern im Alter von sieben bis siebzehn Jahren besucht, zum Lernen von Malerei, Kalligraphie, Tanz, Stickerei, von europäisch klassischer wie traditionell-koreanischer Musik, von Volleyball, Computerwissenschaft, Kampfsport, Ballett, Mathematik, Gesang, mehreren Fremdsprachen, auch unterschiedlichen Wissenschaftsthemen und mehr. Ich gehe durch die langen Korridore, darf in jeden Klassenraum eintreten und jedesmal ein anderes Ereignis beobachten, in einem größeren oder kleineren Saal, mit hohen, breiten Fenstern, die Kinder, hier fünf, dort zwanzig oder auch dreißig an der Zahl, uneinheitliches Alter, mit konzentrierten Gesichtern, oder es sitzt da in einem großen Raum ein junges Mädchen am Klavier, unterwiesen von der Lehrerin. Manchmal passiert es, dass der Besucher aus der ernsten, angestrengten Atmosphäre heraus ein wunderschön offenes Kinderlächeln gewahrt. Ich bin in den Jahren schon mehrmals so durch die Gänge gelaufen, gehe dann in die Klassenzimmer, bewundere die Professionalität der Malereien von Blumen, Menschen, Landschaften, bin fasziniert von dem Training in unterschiedlichen Sportarten, von den Techniken des koreanischen Kampfsports Taekwon-Do, von den Melodien aus den traditionellen koreanischen Saiteninstrumenten, fotografiere, bin erfreut über die Freude der Kinder ... und muss irgendwann immer ein wenig aufpassen, dass mir vor Rührung nicht die Augen feucht werden.

Beim Besuch einige Monate zuvor hatte ich Kim Song Hui kennengelernt, und mir fiel die natürliche Kinderfreude in ihrem Gesicht auf, sie, eine Frau mittleren Alters. Und bei der Begegnung diesmal sagte ich ihr genau das. Ihre Augen leuchteten, sie lachte und sagte: »Ich werde immer mit Kindern zusammen sein, egal wie alt ich bin!« Sie ist im Kinderpalast im Management beschäftigt und verantwortlich für Aspekte kultureller wie künstlerischer Ausbildung.

Wir saßen in einer Sitzecke im Foyer des Palasts, in der Halle um uns herum viel Marmor und Granit und an den Wänden bunte Farben. Der Kinderpalast wurde im April 1989 eröffnet, als eine öffentliche Einrichtung für Erziehung und Bildung. Die Devise war: Die Kinder sind unsere Zukunft! Dies eben nach der Formulierung des Staatspräsidenten Kim Il Sung, die als Schriftzug an der Wand prangt: »Die Kinder sind der Schatz unserer Nation, die Zukunft Koreas gehört ihnen!«

Zur Zeit der Eröffnung des Mangyongdae Kinderpalasts studierte Frau Kim Song Hui an der Pädagogischen Hochschule. Als sie Kind war, lernte sie Tanz, in einem anderen Kinderpalast im Zentrum der Stadt, in der Nähe des Großen Studienpalasts des Volkes. Der Mangyongdae Palast, umgeben von bewaldeten Hügeln und im Norden des Distrikts Mangyongdae gelegen, wurde mit der Absicht geschaffen, den Kindern die Möglichkeit zu geben, ihre individuellen Begabungen zu entfalten.

»Die Eltern müssen für das Privileg, dass die Kinder hier ausgebildet werden können, vielleicht einiges bezahlen«, sage ich.

Kim Song Hui: »Der Unterricht hier ist für die Kinder kostenlos. Ausländer sind darüber gewöhnlich sehr erstaunt.«

»Ja, da bin ich auch überrascht... Aber auf solche Überra-
schung ist man in Ihrem Land immer vorbereitet.«

»Alles wird vom Staat zur Verfügung gestellt. Wir haben in der
Stadt zwei solche Paläste, und die Kinder und Eltern wählen
den aus, der für sie von der Verkehrssituation her vorteilhaft
ist. Unlängst stellte die Regierung drei zusätzliche Busse zur
Verfügung. Unterricht ist im Anschluss an den üblichen Schul-
unterricht, also 15 bis 18 Uhr, von Montag bis Freitag.«

Der Palast ist von der Größe her gewaltig, halbkreisförmig,
und die mit der Gestaltung der weiten Gebäudeflügel verbundene Idee ist, erfahre ich, das Bild einer die Arme ausbreiten-
den Mutter auszudrücken. Das Areal umfasst insgesamt 30
Hektar, das Hauptgebäude hat zehn Etagen, verfügt über 650
Räumlichkeiten, einen Theatersaal mit 2.000 Sitzen, eine gesamte Gebäudegeschossfläche von über 100.000 Quadratmetern. Ein Teil ist der sogenannte Wissenschaftsblock, ein anderer der Kunstblock, außerdem gibt es Sport- und Schwimm-
hallen – letztere übrigens von Qualität und Ausdehnung her
auch geeignet für internationale Wettkämpfe –, und im Freien
sehe ich Sportplätze. Man verfügt gar über ein eigenes Obser-
vatorium, und für Kinder ab 16 Jahren ist tatsächlich auch eine
besondere Straßenanlage zum Lernen von Auto- und Traktor-
fahren vorhanden. Überdies ist ein mehrstöckiges Wohnheim
eingerichtet für 1000 Schüler, die nicht aus Pjöngjang, sondern
aus den Provinzen angereist kommen.

»Es gibt sicher Prüfungen für die Kinder?«

»Ja, es gibt jährlich Prüfungen. Aber bei Nichtbestehen wird
nicht etwa verlangt, dass der Schüler oder die Schülerin die
Klasse verlässt.«

»Gibt es hier insgesamt mehr Jungen oder mehr Mädchen?«

»Mehr Jungen.«

»Wer entscheidet, was das Kind lernen soll?«

»Nun, es passiert, dass die Eltern das Kind bringen und es beispielsweise zum Gesangsunterricht anmelden wollen. Dann stellt sich heraus, das Kind hat einen ganz anderen Wunsch. So gibt es Diskussion, und da kann es zu Veränderungen und neuen Entscheidungen kommen. Auch später ist der Wechsel in ein anderes Fach kein Problem. Das Alter der Schüler innerhalb einer Klasse oder Gruppe kann unterschiedlich sein, denn es gibt bei den einzelnen Schülern nicht unbedingt die gleiche Vorbildung und nicht das gleiche Talent. Die Lehrer geben auch individuellen Unterricht, sei es für schwächere Schüler, sei es für besonders Talentierte. Überhaupt, jeder Schüler ist anders, und ein Lehrer muss verstehen, auf den einzelnen einzugehen. Die Lehrer haben natürlich alle eine Hochschulausbildung, und viele von ihnen waren früher selbst einmal Schüler hier!« Dann, nach einer kleinen Pause, drückte sie einen schönen, erfrischend naiven Gedanken aus: »Die Amerikaner sollten einmal kommen und unsere Kinder hier in Aktion sehen! Vielleicht würden sie dann ihre Haltung uns gegenüber ändern!«

Ich bin immer wieder erstaunt, was für ein Hass, ja, Hass, aus nicht wenigen Artikeln spricht, die von westlichen Reportern über den Kinderpalast verfasst werden. Nicht selten etwa wird behauptet, im Kinderpalast werden Kinder zu »roboterhaften Erwachsenen« erzogen. So etwa war es zu lesen in der Los Angeles Times vom 5. Mai 2016. Solche Formulierungen erscheinen wie eine aggressive Selbstverteidigung. Solche Reporter stellen ihre Fragen weniger von Mensch zu Mensch und glauben, die Antwort schon zu kennen. Zumal wenn sie ein elfjähriges Kind in Nordkorea (über Dolmetscher) ansprechen: »Ich bin Reporter aus den Vereinigten Staaten und möchte fragen ...«. Das schüchtert das Kind ein. Kommt dann tatsächlich die Antwort in der erhofften Richtung – in diesem Fall: »Ich will in die Armee eintreten und unser Land und unseren Marschall Kim Jong Un verteidigen. Die amerikanischen Imperialisten und die Japaner bedrohen uns, deshalb sollten junge Menschen in der Armee dienen.« – sind solche Reporter voller Freude

Im Kinderpalast, lernend und spielend am Computer

und sehen die Erwartungen, die zu Hause in sie gesetzt werden, als erfüllt an.

Ein westlicher Reporter ist gewöhnlich von der Andersartigkeit dieses »exotischen« Landes irritiert. Die Menschen haben andere Umgangsformen und vieles läuft nicht so ab, wie man es von zu Hause kennt. Im Fall Nordkoreas, das sich seit Generationen militärischer, atomarer Bedrohung seitens der westlichen Supermacht ausgesetzt sieht, kann ein Reporter offenbar nicht akzeptieren, bei Kindern Fähigkeiten, Talente, Leistungen zu beobachten, wie er sie in seinem eigenen Land so konzentriert wohl kaum jemals hat wahrnehmen können. Also reden sie, unglaublich, etwa von einem »Menschenzoo« oder von »perfekt dressierten Kindern«.

Es bleibt die Flucht in ein Gerede von Roboterhaftem und ein Gefühl eigener individueller Größe. Wobei die Autorin des oben genannten Artikels aus der Los Angeles Times sich in der Ausdrucksweise plötzlich ein klein wenig verunsichert zeigte, als die Kinderzuschauer im Theater, die, zuerst verständlicherweise ein wenig eingeschüchtert oder zurückhaltend durch die große Zahl ausländischer Reporter, die in den vorderen Reihen Platz nahmen, dann plötzlich allesamt und gleichzeitig wieder aufstanden und die Kinderzuschauer hinter sich fotografierten, als also die Kinder auf einmal bei einer Gelegenheit am Ende, und zwar jeder einzelne in den Reihen – sichtbar im Foto – freundlichst und eben kindhaft lächelten und den Ausländern auch englische Worte zuriefen … Dennoch, die Rede von Robotern erschien fettgedruckt im Titel.

Bei uns steht die Schülerin Sim Yong Gyong. Sie ist zwölf Jahre alt, schlank, verhältnismäßig groß, trägt eine weiße Bluse, einen kurzen blauen Rock und ein rotes Halstuch. Sie hatte mich und meine Dolmetscherin durch die Korridore und zu den verschiedenen Klassen und schließlich zu Kim Song Hui geführt, zwischendurch auch Fragen von mir beantwortet. Sie kam im Alter von elf zum Kinderpalast. Ich fragte:

»Du hast uns gut geführt, wie eine professionelle Führerin. Bist du dafür speziell ausgebildet?«

»Nein, das können doch alle hier.«

»Wie kamst du zum Kinderpalast, oder, besser, warum bist du hierhergekommen?«

208

»Ich hatte früher in meiner Schule etwas Akkordeonspielen gelernt. Das genügte mir irgendwann nicht mehr, ich wollte mehr lernen, ja, auch mehr Instrumente spielen lernen. Jetzt spiele und lerne ich hier jeden Nachmittag Akkordeon, und meine Lehrerin sagt, ich sei talentiert. Nun hoffe ich außerdem auf Gitarre und Klavier und besonders auch auf Geige.«

»Und gibt es für dich hier noch andere Aspekte, Eindrücke?«

»Hierherzukommen brachte mir insgesamt eine große Lebensveränderung, viele neue Gedanken und Erfahrungen! Ich habe hier auch viele neue Freunde kennengelernt. Klar, alte Freunde und neue Freunde, beide sind sehr wichtig!«

Sie entschuldigt sich, sie sei in Eile, sie müsse zu einem Termin. Sie verabschiedet sich von mir auf die übliche Weise, den rechten Arm bei geöffneter Hand kurz nach oben angewinkelt halten.

Wenn an manchen Tagen viele Gäste aus dem Ausland da sind, gibt es im Theater des Kinderpalasts gewöhnlich eine Vorstellung mit zahlreichen Darbietungen, ausschließlich von Kindern präsentiert. Das sind Darbietungen höchster Qualität, etwa tanzende Trommlerinnen, Soli von einem flötenspielenden Jungen, Akrobatikshows, eine Gruppe von Akkordeonspielern, Soli wie Gruppendarbietung mit traditionellen Saiteninstrumenten, Tänze mit einer auf dem Kopf balancierten Blumenvase, Mädchengesang, Fächertanz, auch ein großes Orchester mit klassischen wie traditionellen Instrumenten, über 100 Personen, mit Tänzerinnen und Tänzern. Die Schau, die mich bisher am meisten fasziniert hat, war ein großes Kinderorchester mit einem kleinen Jungen im Vordergrund, der als perfekter Solist abwechselnd auf drei Musikinstrumenten spielte, einem Xylophon, einer Trommel und einem Klavier – und regelrecht zwischen diesen hin und her rannte.

Ich fragte Kim Song Hui, ob sie Kinder habe. Sie sagte, überaus auskunftsfreudig: »Ja, wir haben eine Tochter, sie ist 22. Mein Mann arbeitet im Sportministerium. Ich liebe ihn sehr. Wir haben zu Hause viele gemeinsame Gesprächsthemen. Als Kind hat meine Tochter auch hier gelernt, und zwar Sport und Musik, und sie war auch in bestimmten Wissenschaftsbereichen aktiv. Sie studiert jetzt Politische Wissenschaft an der Kim-Il-Sung-Universität. Ich hoffe, ihr Studium wird am Ende erfolgreich sein.«

»Ich habe zwei Töchter. Ich liebe Töchter. Aber sie können auch kompliziert sein. Verstehen Sie sich gut mit Ihrer Tochter?«

»Meine Tochter und ich, wir haben unterschiedliche Auffassungen. Doch, ja, ich kann sagen, sie hat mehr Verbindung mit ihrem Vater.«

»Oh, und wenn Sie das fühlen, dann werden Sie manchmal unzufrieden?«

»Ja, manchmal kann ich da ziemlich eifersüchtig werden.«

»Und dann, was passiert dann?«

»Dann gehe ich in die Küche ... und koche ... oder mache einfach irgendwas.« Und nach einer kleinen Pause: »... dann kommen sie beide zu mir und streicheln mich.«

Kim Song Hui fragte mich: »Sie haben zwei Mädchen?«

»Ja, meine Frau wollte auf jeden Fall nur Töchter haben. Wenn sie einen Sohn zur Welt bringen würde, sagte sie, würde sie diesen verschenken wollen ... Ich fragte sie darauf, ob sie ihn

denn vielleicht mir schenken würde. Sie sagte, ja, das ginge auch.«

Kim Song Hui brach in ein wunderschönes Gelächter aus. Sie fragte: »Haben Sie Enkelkinder?«

»Noch nicht. Ich bin nicht in Eile. Aber es scheint, dass ich in einigen Monaten ein Enkelkind haben werde.« (Das passierte dann übrigens tatsächlich!)

Sie, lächelnd: »Oh, wirklich? Sehr schön! Lassen Sie mich erwähnen, wir haben hier im Kinderpalast auch ausländische Kinder! Und wenn Sie ein Enkelkind haben werden, dann kann das auch gern hier zu uns kommen, wir haben so viele unterschiedliche Fachbereiche.«

Ich darauf, lachend: »Ha, das wäre eine Idee! Ich werde den Enkel – es wird ein Junge sein – fragen, wenn er sieben Jahre alt ist, denn so lange müssen wir ja warten, bis er aufgenommen werden kann!«

Sie fiel darauf in mein Lachen ein.

※ ※ ※

In einem Gespräch mit Hong Gum Sok, Direktor einer Abteilung des Verbandes für Literatur und Kunst von Nordkorea, erwähnte ich, mir sei verschiedentlich gesagt worden, das Ausbildungssystem des Landes fördere literarische, künstlerische und andere Fähigkeiten bei Kindern wie auch in späterem Alter. Ich fragte, ob er dies erläutern könnte. Er antwortete – und benannte in dem Zusammenhang auch die in der Hinsicht dem Kinderpalast offiziell zugedachten Aufgaben:

»Alle Kinder besuchen im Alter von sieben Jahren die Schule. 1972 wurde eine Schulpflicht von elf Jahren festgelegt. Doch seit 2012 beträgt die schulische Ausbildung insgesamt zwölf Jahre. Diese umfasst vier Stufen, nämlich ein Jahr Vorschulzeit, also Kindergarten, dann fünf Jahre Grundschule, drei Jahre Mittelschule, drei Jahre Höhere Schule. Es ist eine besondere Aufgabe der Lehrer, in der Zeit Begabungen bei Kindern zu entdecken und zu unterstützen. Die Kinder sind vormittags in der Schule, das ist Pflicht für jeden. Aber für den Nachmittag können einzelne nach Veranlagung sowie nach individuellem Interesse ausgewählt werden. Dies kann etwa Literatur, Malerei, Computerdesign, Musik, bestimmte Sportarten oder sonstiges betreffen. Ich spreche hier über die gesamte Zeit in Grundschule, Mittelschule und Höherer Schule. Es werden dann unterschiedliche Gruppen für besondere Ausbildung eingerichtet. Außerdem gibt es bereits bestehende Vereine, die genutzt werden können. Gleichzeitig ist in dem Zusammenhang von Wichtigkeit: Wir haben die *Kinderpaläste*. Diese gelten als zentral für solche Betätigungen oder die Weiterbildung außerhalb des üblichen schulischen Stundenplans. In Pjöngjang haben wir zwei Kinderpaläste. In allen Provinzen gibt es sie. Der Staat übernimmt sämtliche Kosten. Auf die Höhere Schule folgt die Hochschulausbildung oder die professionelle Ausbildung. Von der Kindheit bis zum Erwachsenenalter haben wir die Möglichkeit, begabte Kinder und Studenten zu finden und ihnen entsprechend zu helfen. Wenn sich jemand zum Beispiel schriftstellerisch betätigt oder betätigen möchte, kann er seine Manuskripte nach eigenem Entschluss an bestimmte Organisationen oder an Verlage, an Medien oder eben auch an unseren Verband schicken, und natürlich kann er auch an Wettbewerben im schriftstellerischen Bereich teilnehmen.«

Kapitel 15

»Wenn ich mich um Kinder kümmere, ist mir, als pflege ich Blumen!«
Besuch in einem Waisenhaus in Pjöngjang

Jahrzehntelanges Unterworfensein als japanische Kolonie, der maßlose Krieg Anfang der 50er Jahre, die große Hungersnot in der zweiten Hälfte der 90er Jahre: das Phänomen der Waisenkinder, einer Masse umherziehender, bettelnder Kinder, hatte immer schon organisiertes Handeln verlangt. Ich wurde eingeladen, einen Kindergarten, eine Grundschule sowie eine Höhere Schule für Waisen zu besuchen. Der Kindergarten für Waisen, den man mir zeigte, ging zurück auf einen Kindergarten, der 1946 geschaffen worden war. Unmittelbar nach dem Krieg, also nach 1953, wurden in Pjöngjang eine Reihe von Kindergärten für Waisen errichtet. Diese reichten aber keineswegs aus, um die Lage wesentlich zu verbessern. Unter diesen Umständen kam es zu dem Beschluss, Waisenkinder konnten und sollten auf freiwilliger Basis von Familien übernommen werden. Gleichzeitig richtete man auf lokaler Ebene Kindergärten für Waisen ein.

Die Frau, die mich durch die im Jahr 2014 entstandene Anlage mit schönen Räumen und Höfen führte, Jang Yong Hui, arbeitet hier seit drei Jahren. Sie war vorher in einer Organisation des Erziehungsministeriums tätig. Die Räumlichkeiten, die ich besuchte, bieten ein farbenfrohes und vom Design her künstlerisches Bild, sei es in der rein äußerlichen Erscheinung, sei es der kleine Tisch für das einzelne Kind, der runde, zusammensetzbare Tisch für die Gruppe, die Spielzimmer mit einer Vielzahl von Spielzeugen, wo die Kleinen herumtollen, die bunten Malereien an den Wänden und Decken, die Schlafzimmer mit Betten für jeweils acht Kinder. Bemerkenswert ist die große, modern eingerichtete, erfrischend helle Küche. Die Kinder werden morgens um sechs Uhr geweckt. Nach dem Mittagessen sind zwei Stunden Schlaf vorgesehen, und abends geht es um 21 Uhr ins Bett.

Die Kindergärtnerinnen haben die zuständige pädagogische Schule absolviert. Sie bewegen sich flink in ihren roten Kostümen und Schuhen oder stehen an ihrem Platz und passen auf die Schützlinge auf. Und da nun mal ein ausländischer Gast gekommen ist, stellen sich die Kinder in einer Reihe auf, halten sich an den Händen und singen ein paar Lieder, begleitet von einer Kindergärtnerin am Akkordeon und einer anderen, ja, am Schlagzeug. Es macht Spaß, da zuzusehen und zuzuhören! An der Wand hinter ihnen aufgemalt ist die Sonne und eine Kutsche mit Kindern, gezogen von freudig springenden Pferden mit Flügeln.

»Haben Sie selber Kinder?«, frage ich Jang Yong Hui, »und, ganz allgemein, wie fühlen Sie sich hier, im Vergleich zu Ihrer Arbeit im Büro bis vor drei Jahren?«

Sie lacht. Ja, sie habe eine Tochter. Und: »Seit ich hier bin, habe ich das Gefühl, ich werde immer jünger! Die Kinder hier bei uns sind oft glücklicher als die Kinder in der Gesellschaft.« Oh, wie war das gemeint? Die Frage kam mir bei der Durchsicht meiner Notizen, und ich sagte mir, dass ich bei nächster Gelegenheit nachfragen werde (siehe unten).

Neben und hinter mir in den Regalen und Schränken und am Boden sehe ich viel Spielzeug, etwa Autos und Busse, die so groß sind, dass Kinder sich hineinzwängen können, Pferde, auf

Kantine für die Kleinen in der Grund- und Mittelschule für Waisen in Pjöngjang

die man sich setzen kann, und die sich, da auf Rädern, bewegen lassen, auch Trompeten und Ziehharmonikas und Propellerflugzeuge, Pinsel zum Malen und Kalligraphieren – all dies tatsächlich in großer Zahl, hilfreich für die geistige Entwicklung, intelligent und ansprechend ausgewählt. Nun, ich sehe auch Pistolen und Maschinengewehre. Ich deute auf diese.

»Warum braucht ihr solche Art Spielkram?«

Jang Yong Hui zeigt keinerlei Veränderung im Gesicht: »Das ist Spielzeug, und viele Jungs in unserem Land wollen Soldaten werden.« Ich nicke. Gleichzeitig taucht bei mir die Erinnerung auf: Ich selber habe schließlich auch Spielzeugpistolen und einen Panzer gehabt und diese ziemlich geschätzt, den Panzer sogar bis heute aufgehoben.

Die meisten der Kinder hier kommen vom Baby-Waisenhaus gleich nebenan, wo die Kleinen bis zum Alter von etwa vier Jahren bleiben. Bis zum Alter von sieben würden sie dann hier untergebracht, um anschließend in die Waisenkinder-Grundschule überwiesen zu werden. Die Grundschule, zu der der Waisen-Kindergarten enge Beziehung pflegt, befindet sich unweit und wurde 1974 errichtet. Es gibt dort 250 Schüler, für die 22 Lehrkräfte verantwortlich sind. Die Kinder bleiben vier Jahre, also bis zu ihrem elften Lebensjahr.
Der ausgedehnte Park, der das Gebäude umgibt, ist nicht allein Kinderspielplatz, sondern wird auch genutzt, den Kindern die Regeln im Straßenverkehr sowie, heißt es, Verkehrsmoral zu vermitteln, zumal die Kleinen dort die Möglichkeit haben, mit den vorhandenen Fahrrädern und Dreirädern zu fahren.

An der Höheren Schule gab es zur Zeit meines Besuchs 543 Waisen, 328 Jungen und 215 Mädchen. Sie lernen dort, sagte mir die Direktorin Kim Un, die mich zusammen mit der jungen Chemielehrerin Cha Yong Sim durch die großzügige Anlage führte, bis zum siebzehnten Lebensjahr und absolvieren insgesamt das gleiche Ausbildungspensum von zwölf Jahren wie alle anderen Kinder im Land.

»Wie kamen Sie hierher und wurden Direktorin?«, fragte ich Frau Kim Un.

»Der letzte Direktor ging vor einem halben Jahr in Pension, und so kam es zu meiner Ernennung«, sagte sie. »Ich habe vorher im Volkskomitee eines Stadtbezirks von Pjöngjang gearbeitet. Dort war ich verantwortlich für das Erziehungswesen des Bezirks. Jetzt allerdings hat meine Arbeit viel mehr unmittelbaren Praxisbezug und macht wahrhaftig Spaß. Lassen Sie mich sagen, ich bin stolz in meiner jetzigen Position!«

Nach dieser Feststellung muss ich die bemerkenswerte wie offene Aussage der ehemaligen Leiterin eines Kinderheims erwähnen, die ich kennenlernte, Frau Choe Chong Sim, die nun seit 2016 in Pjöngjang ein Altersheim leitet. »Ich ziehe vor, mit Kindern zusammenzusein«, sagte sie wunderschön unkompliziert. Sie trug ein rosa Kostüm. »Selbstverständlich kann man von den Erfahrungen der Alten viel lernen. Aber Kinder sind frisch, oder, wenn Sie wollen, erfrischend. Wenn ich mich um Kinder kümmere, ist mir, als pflege ich Blumen! Alte Menschen können sehr leicht missverstehen, was man sagt. Da meine ich immer, ich sollte besser vorsichtig sein mit dem, was ich sage. Von Alten ein Kompliment zu bekommen, ist nicht leicht. Sie haben starke Meinungen und sind kaum bereit, diese zu ändern. Kinder sind in der Hinsicht ganz anders!«

Ich habe Frau Choe Chong Sim in dem von ihr beaufsichtigten Altersheim besucht, das in den Räumlichkeiten und den Höfen, in Ausstattung und Gestaltung mindestens ebenso aufwendig erscheint wie die Kinderheime. Aber sicherlich nimmt man die alten Menschen, zumal als von außen kommender Besucher, im Vergleich zu den Kindern mehr als Einzelpersonen wahr, wenn sie etwa ein Buch oder die Zeitung lesen oder einfach sitzen und, wie es scheint, Dinge überlegen, aber auch, wenn sie gemeinsam Mühle spielen oder im Fitnessraum nebeneinander an diesem oder jenem Gerät trainieren oder am Fluss, gleich draußen vor der Tür, spazierengehen. Kinder fallen dagegen mehr als agierende Gruppe auf, vielleicht auch, weil sie sich weniger auf sich selbst zu konzentrieren scheinen.

Ein Einschub, dessen Schwerpunkt vor dem Hintergrund der oben beschriebenen Inhalte Verwunderung hervorrufen dürfte: Beim Blick in die US-amerikanische Presse, wie sie sich über Nordkorea auslässt, kriegt man verschiedentlich den Eindruck, die Niederschlagung oder Niederhaltung eines kleinen Landes sei vielleicht auch erforderlich, um sich der eigenen Größe zu bestätigen. Es gibt offensichtlich nicht den Wunsch nach einer inhaltlichen Auseinandersetzung, sondern Kern scheint die Absicht, beim eigenen Publikum Angst und Ablehnung hervorzurufen. Ein Beitrag in der Los Angeles Times zum Beispiel, den ich hier ganz zufällig herausgreife, trägt den Titel: »In einer Waisenschule in Nordkorea dreht sich in der Wanddekoration alles um Panzer und Raketen« (Jonathan Kaiman, 13. April 2017). Dieser Titel ist Unfug, denn die Masse der Wandmalereien in dieser Schule, die ich besichtigt habe, hat wahrhaftig eine übergroße Vielfalt an bunten Kinderthemen. Überdies findet die Tatsache, dass Nordkorea sich in einer Waffenstillstandssituation befindet und dies das Land und die Menschen seit Jahrzehnten unausgesetzt unter Druck hält, in dem Beitrag keinerlei Erwähnung. Weiter: Die genannte Schule sei »eine staatliche Vorzeigeinstitution, die einigen Einblick liefert, wie das Land auf die Weise existiert, wie es eben ist«. Die Schule sei »oberflächlich beeindruckend«, heißt es. »Einige Dutzend gesund aussehender Kinder spielten Fußball, sangen Lieder, trugen Texte vor in perfekter Eintracht. Die Schule verfügte über ein gut gestimmtes Klavier, eine gut gefüllte Vorratskammer, sogar über einen Raum mit ausgestopften Tieren für den Biologieunterricht. Dennoch fiel die Schule aus zwei Gründen auf: erstens, weil die meisten Nordkoreaner sich solchen Luxus nicht leisten können, und die Regierung uns eindeutig nur das zeigen wollte, was sie uns zu sehen erlaubte. Und zweitens war es eine Propagandamaschine.« Sonderbare Formulierungsabfolge. Was genau will der Autor sagen? Sicher, die Textabsicht ist insgesamt eindeutig. Unmittelbar darauf dann, fettgedruckt, und ich dachte, jetzt kommt ein Zwischentitel – war aber keiner: »Wir sind in Nordkorea. Wollt ihr wissen, wie es hier abläuft? Schickt uns eure Fragen.«

Der Beitrag weiter: »Ein Wandplakat betraf eine patriotische Fabel über ein einfaches Stachelschwein, das einen furchterregenden Tiger bezwingt – ein nicht sehr subtiles Sinnbild für Nordkoreas Sicht seiner Beziehung zu den USA. Eine andere Karikatur zeigte freudig dreinschauende Kindern nahe dem Abschuss einer interkontinentalen ballistischen Rakete. In der Küche erzählte uns eine Köchin, Kim Jong Un habe die Schule besucht. ›Er ermutigte uns, uns um die Kinder zu kümmern und auf sie aufzupassen‹, sagte sie. Wie sich das wohl anhören muss in den Ohren eines Kindes. Kim würde es natürlich verdienen, verehrt zu werden. Wer würde sich schon kümmern, wenn er nicht wäre?«

Außer einem Halbsatz am Anfang, den ich als überflüssig ausgelassen habe, ist dies der komplette und äußerlich groß aufgemachte Beitrag in der Los Angeles Times. Daran anhängend eine Handvoll bunter Fotos. Jener Autor ist eindeutig nicht interessiert, den lokalen Menschen auch nur eine einzige Frage zu stellen. Jedenfalls hat er in seinem Beitrag keine gestellt. Warum nicht? Offensichtlich weil ihm ein Blick genügt, um alles Fremde und Andersartige zu durchschauen – und die ganze Welt wohl allemal so zu sein hat, wie man es von zu Hause gewohnt ist. Das Land hat keinen Friedensvertrag? Belanglos! Historische Entwicklungen, kulturelle Unterschiede, Fehler auch von unserer Seite? Alles unwichtig! Die haben von uns zu lernen und so zu sein wie wir! Fertig! Eines der dem Beitrag anhängenden Fotos zeigt einen kleinen Jungen. Darunter der Text: »Treffe Kim Hyuk-chol, 9. Er erzählt mir, sein Lieblingsfach ist Mathematik, und er liebt seinen obersten Führer, Kim Jong-un.«

Mit der Art seiner Ausführungen, die sich, nebenbei gesagt, gegen die grundlegenden Ideen wie Prinzipien richten, auf die der Westen berechtigt stolz ist, hat der Autor offensichtlich die Aufgabe erfüllt, die er in seiner Profession für seine Leserschaft wohl erfüllen soll. (Die Los Angeles Times und der Autor, Jonathan Kaiman, trennten sich Monate nach dem Erscheinen jenes Beitrags voneinander, nachdem, wie berichtet wurde, Kaiman von zwei Frauen wegen sexuellen Fehlverhaltens beschuldigt worden war.)

Zurück zur Höheren Schule für Waisen: Es gibt dort auch ein Physiklabor, ein Chemielabor, ein Labor für biologische Untersuchungen, eine Halle für Musik und Tanz, überdies Ausbildungsräume mit Computern, mit optischen und anderen modernen technischen Geräten, aber auch einen Raum mit einfachsten Modellen zum Autofahrenlernen, vor allem zum Verstehen der Motortechnik, einen Raum zum Kochenlernen, einen anderen mit zahlreichen Nähmaschinen, ein Lager mit naturkundlichem Anschauungsmaterial, ein ausgedehntes Schwimmbad mit einer Reihe von Bahnen, außerdem große Sportplatzanlagen, eine gewaltige Turnhalle mit den entsprechenden Sportgeräten und dazu die Lebhaftigkeit der vielen Kinder um uns herum ... Ich war beim Rundgang beeindruckt und konnte die Freude der Direktorin über ihre neuen Aufgaben nachvollziehen.

»Wohnen Sie hier in der Schule oder mit Ihrer Familie in der Stadt?«

»Wir haben eine Wohnung in der Stadt. Ich bin verheiratet. Ich komme nicht direkt aus Pjöngjang, ich bin meinem Mann in die Hauptstadt gefolgt. Jetzt bin ich 51. Ich habe einen Sohn, der ist Ingenieur, und eine Tochter, sie ist Lehrerin. Aber ich bin mir sehr bewusst, wie sehr die Waisen in praktischer wie mentaler Hinsicht unsere Unterstützung brauchen, also bin ich pro Woche nur an zwei Nächten in unserer Wohnung in der Stadt.«

»Ihre Kollegin im Kindergarten für Waisenkinder, die Leiterin Frau Jang Yong Hui, sagte mir, die Kinder im Waisenhaus seien oft glücklicher als die Kinder in der Gesellschaft. Wie denken Sie darüber?«

»Das ist wohl richtig. Und dafür gibt es Gründe. Sie müssen verstehen, im Kindergarten und den Schulen für Waisen wird den Kindern grundsätzlich alles in verantwortungsvoller Weise zur Verfügung gestellt. Das gibt diesen jungen Menschen innere Sicherheit. Das fängt an bei den Mahlzeiten, bei Kleidung und Schulranzen und reicht weiter zu jeglicher Art Unterstützung, etwa auch der direkte Zugang zu Sportanlagen, frei zur Benutzung und immerhin gleich neben der Unterkunft gelegen, auch, wenn erforderlich, die unmittelbare klinische Behandlung im Haus oder der direkte Zugang zu vielseitigen künstlerischen Tätigkeiten … Solche Aspekte werden von den Waisenkindern, die natürlich ihr Leben ganz konkret und innerlich intensivst mit dem der anderen Kinder ihres Alters in der Gesellschaft vergleichen, als vorteilhaft empfunden.«

Mir lagen hier Nachfragen auf der Zunge, aber ich kam nicht dazu, sie auszusprechen. Zumal auch die Kinder, um die es sich drehte, in dem Moment nicht anwesend waren. Stattdessen wollte ich abschließend wissen, ob es auch in der Provinz Waisenhäuser gebe, die so gut ausgestattet sind wie in Pjöngjang. Die überlegte Antwort der Direktorin: »Nun, ich kann sagen, im Prinzip gelten überall dieselben Standardanforderungen.«

Kapitel 16

»Das sind Sanktionen gegen die eigene Sprache: gegen die deutsche Sprache!«
Die deutsche Fakultät an der Kim-Il-Sung-Universität

»Es ist für uns eine große Überraschung, dass Sie kommen«, sagte Dr. Kim Su Chol, der Lehrstuhlleiter für Germanistik an der Kim-Il-Sung-Universität, der zusammen mit seinem Kollegen Kim Chol Jun zur Eingangshalle der Universität gekommen war, um uns zu begrüßen. Obwohl alles in perfektem Deutsch, verstand ich nicht gleich den Sinn mancher Formulierungen. Bedeutsam war für mich weniger das Missverständnis, dass ich keineswegs ein Besucher in offizieller Eigenschaft aus Deutschland war, sondern als ausschlaggebend stellte sich bald heraus, dass es für die Germanistikabteilung seit 2015 keine offizielle Kommunikation mehr mit Deutschland gab. Aber nachdem ich erklärt hatte, dass ich kein offizieller Besucher aus Deutschland sei, gestaltete sich das Gespräch spürbar gelassener.
Die Kim-Il-Sung-Universität in Pjöngjang wurde 1946 eröffnet. Es handelt sich um die erste Universität überhaupt im Norden von Korea. Am Haupteingang steht eine hohe Bronzeskulptur, Abbild des noch jungen Kim Il Sung, der zur Zeit der Gründung der Hochschule gerade 34 Jahre alt war. Heute studieren an der Universität an die 20.000 Studenten. Es gibt Fakultäten für Ökonomie, Mathematik, Physik, Atomenergie, Chemie, Geschichtswissenschaft, Philosophie, Litera-

tur, Geologie, auch Forschungszentren für Sozialwissenschaften, Naturwissenschaften, Medizin und Agrarwissenschaft, überdies eine E-Bibliothek auf einer Fläche von 15.000 Quadratmetern und eine naturwissenschaftliche Bibliothek mit über zwei Millionen Büchern. Außerdem werden in letzter Zeit an der Hochschule insbesondere Werke aus Deutschland ins Koreanische übersetzt. Hervorzuheben sind die grandiosen Sportanlagen auf dem Campus. Da gibt es äußerst verschiedenartige und beeindruckende Sporthallen und ein bemerkenswertes Schwimmbad. In mehrerlei Hinsicht herausragend ist auch das von der Hochschule verwaltete Krankenhaus. Der Campus erstreckt sich über 15 Hektar. Für weit über 10.000 Studenten sowie speziell auch für Lehrkräfte von außerhalb der Hauptstadt gibt es im Bereich der Universität eigens errichtete Wohnheimanlagen. Ausländische Studenten an der Universität, vor allem aus Vietnam, China und Russland, sind insbesondere für das Erlernen der koreanischen Sprache eingeschrieben.

Den Lehrstuhl für Germanistik gibt es seit 1962. Um die Zeit meines Besuchs waren 82 Studenten eingeschrieben. Deutschunterricht ist täglich vormittags, bei einer Studiendauer von neun Semestern. Von den Deutschstudenten sind weit über die Hälfte weiblich. Der seinerzeitige Lehrstuhlleiter Kim Su Chol studierte 1987 bis 1989 an der Karl-Marx-Universität in Leipzig. Er erwähnt auch, dass er 2012 für drei Monate Stipendiat an der Freien Universität Berlin war, die er im Jahr 2014 ebenso wie die Universität Bonn als Gruppenleiter mit zehn Studenten besuchte. Sein Kollege und Nachfolger als Lehrstuhlleiter Kim Chol Jun war 2012 bis 2014 Stipendiat an der Berliner Humboldt-Universität.

Kim Su Chol erzählt: »Bis 2015 hatten wir einen normalen wissenschaftlichen und kulturellen Austausch mit Deutschland. Von 2002 bis 2015 schickte man uns regelmäßig Lektoren aus Deutschland, vermittelt über den Deutschen Akademischen

Austauschdienst (DAAD). Seit 2015 gibt es diese Praxis und Verbindung nicht mehr. Auf unsere Anfrage kriegen wir die Ausrede: Wir haben keinen passenden Lektor gefunden. Im Kern gibt es seit 2015 keine Kommunikation mehr mit dem DAAD. 2014 waren wir in Bonn. Da war die Haltung noch von Freundlichkeit geprägt. 2015 änderte sich alles. Kein Kontakt mehr. Wegen der Sanktionen!«

»Das ist tragisch und sehr bedauerlich, auch angesichts der Tatsache, dass, wie ich gehört habe, mehr und mehr junge Menschen in Ihrem Land besonders gern Deutsch lernen wollen.«

Kim Su Chol: »Ja, hinsichtlich Fremdsprachen ist in unserem Land in den letzten Jahren der neue Trend das Erlernen der deutschen Sprache, auch wenn die Masse der Fremdsprachenstudenten doch Englisch studiert. Jedenfalls hoffen wir sehr auf kulturellen und wissenschaftlichen Austausch mit Deutschland. Der deutschen Wissenschaft wird höchste Anerkennung gezollt. Wir benötigen dringendst deutsche Lektoren sowie Unterrichtsmaterial aus Ihrem Land! Lassen Sie mich auch anmerken: Nach dem Koreakrieg 1950-53 empfingen wir in vieler Hinsicht enorme Unterstützung aus Deutschland und betrieben vielseitigen Austausch zwischen unseren Ländern …«

»Ja, Sie sprechen über die Beziehung Ihres Landes mit Ostdeutschland, mit der DDR …«

Kim Su Chol: »Genau. Manchmal spielen wir hier mit den Wörtern Nostalgie und Ostalgie … Als ich noch in der Grundschule war, hatten wir zum Beispiel immer mal wieder deutsche Besucher und Delegationen, eben aus Ostdeutschland. Ich bin heute 58. Lassen Sie mich sagen, diese Begegnungen mit den Deutschen beeindruckten mich ziemlich, und zwar so sehr, dass sie später für mich ein Grund wurden, Germanistik zu studieren!«

»Und Sie«, wandte ich mich an Kim Chol Jun, »wie kam es bei Ihnen zu der Entscheidung, Germanistik zu studieren?«

Kim Chol Jun: »Ich bin jetzt 34. In meiner Schulzeit hatte ich keine solchen Pläne. Aber mein Vater, der Mediziner war, riet: Wenn du etwas Gutes und Sicheres lernen willst, dann lernst du am besten Deutsch. Darüber habe ich nachgedacht und mich am Ende dann konsequent für Germanistik entschieden.«

»Auf welche Berufe bereiten sich die Deutschstudenten hier vor allem vor?«

Kim Chol Jun: »Sie werden Diplomaten, Wissenschaftler, Bankangestellte, Übersetzer oder auch Verlagsangestellte.«

Kim Su Chol: »Wir haben hier an der Kim-Il-Sung-Universität die Fakultät für Fremdsprachen und Literatur. Dort werden gelehrt: Deutsch, Englisch, Russisch, Chinesisch, Französisch, Japanisch. Deutsch ist im Vergleich zu früher wichtiger geworden. Das wollen wir gern weiterentwickeln. Aber Schwierigkeiten bereitet eben, dass es keinen Austausch mehr mit Deutschland gibt.«

»Ich liebe die französische Sprache, daher möchte ich fragen: Wie ist die Lage mit Frankreich?«

Kim Su Chol: »Das ist interessant, dass Sie fragen. Die Sanktionen hatten und haben keinerlei Auswirkungen auf unsere Beziehungen mit der französischen Seite! Sehen Sie, gerade in diesen Tagen sind sechs Personen unserer französischen Fakultät auf Einladung in Paris. So ist die Situation mit Frankreich – obwohl es, wie Sie vielleicht wissen, keine französische Botschaft in Pjöngjang gibt, wir also keine diplomatischen Beziehungen mit Frankreich unterhalten. Frankreich wird von der

*Mit Dr. Kim Su Chol (rechts), dem vormaligen Lehrstuhl-
leiter für Germanistik an der Kim-Il-Sung-Universität, und
seinem Nachfolger im Amt Kim Chol Jun (links)*

schwedischen Botschaft repräsentiert. Ich kann hier erwähnen,
ich wurde zur Verabschiedung von dem deutschen Botschafter
Thomas Schäfer in die Botschaft der Bundesrepublik eingeladen. Davor war ich auch noch zu diesem oder jenem Anlass in

der Botschaft. Die Beziehungen waren bis 2015 annähernd normal. Lassen Sie es mich so ausdrücken: Die gegenwärtige Haltung, das sind Sanktionen gegen die eigene Sprache, gegen die deutsche Sprache!«

»Starke Formulierung.«

Kim Su Chol: »Finden Sie?«

»Unabhängig vom DAAD, gibt es von Ihrer Seite Beziehungen zu anderen Wissenschaftsinstitutionen in der Bundesrepublik?«

Kim Su Chol: »Ja. Seit 2016 unterhalten wir Verbindungen mit der Gesellschaft für Interkulturelle Germanistik (GiG). 2017 nahmen wir eine Einladung der GiG nach Flensburg wahr. Dem Angebot vor einiger Zeit zu einer Tagung in Benin in Afrika konnten wir aus finanziellen Gründen nicht folgen. Wir hätten sehr gern Verbindung mit deutschen Sprachinstituten, um Studenten-, Lehrer- und Wissenschaftsaustausch zu betreiben. Sie haben erwähnt, dass Sie an der Universität Heidelberg studiert haben. Wenn Sie noch Verbindung zu Ihrer Hochschule haben sollten, möchte ich gern sagen, würden wir uns beispielsweise sehr über die Chance zu einer möglichen Verbindung mit einem Sprachinstitut in Heidelberg freuen!«

»Diese Nachricht werde ich sehr gern weitergeben.«

Während meines darauffolgenden Besuchs in Heidelberg hatte ich ein Treffen mit der zuständigen Abteilung der Universität und berichtete dort, wie von der Deutschen Fakultät in Pjöngjang erhofft. In der zweiten Märzhälfte 2019 wurde mir von jener Abteilung in Heidelberg per Mail mitgeteilt, dass man »aufgrund der aktuellen politischen Situation in Nordkorea keine Basis für eine weitergehende Kooperation« mit der Kim-

Il-Sung-Universität sehe. Ebenso komme ein Studierendenaustausch »derzeit nicht in Frage«. Überdies sei auch von Wissenschaftlerseite aus »die Resonanz sehr zurückhaltend«. Man bedauere, hieß es in der Mail, »keine positivere Rückmeldung geben zu können«.

Wenige Tage nach meiner Diskussion mit der Leitung der Deutschen Fakultät der Kim-Il-Sung-Universität kam von den Verantwortlichen, die meine Besuche organisierten, der Vorschlag, die Höhere Schule Nr. 1 von Pjöngjang zu besuchen. Ich nahm den Vorschlag an, denn diese Schule gilt immerhin als beste des ganzen Landes. Die stellvertretende Schulleiterin Han Son Hui führte mich durch die Schule, in der der Schwerpunkt auf die naturwissenschaftliche Ausbildung gelegt wird. Also war ich nicht überrascht über das hohe technische Niveau der Ausbildungsräume, der Labore wie auch der Computeranlagen.

Es gibt an der Schule 1200 Schüler, 150 Lehrer (ziemlich genau zur Hälfte weiblich, zur Hälfte männlich) plus 150 weitere Arbeitskräfte. Bei Schuleintritt sind die Schüler zwölf Jahre alt, bei Abschluss achtzehn. Alle hier wollen nach dem Abschluss auf die Hochschule. Jedoch wird nicht jeder junge Aspirant von der Höheren Schule Nr. 1 aufgenommen. Es ist eine Aufnahmeprüfung zu bestehen, die mehrere Tage dauert.

Der Schuldirektor Bang Sung Son, mit dem ich im Anschluss an den Rundgang sprach, betonte: »Unsere wichtigste Aufgabe ist die kontinuierliche Verbesserung der Qualität der Ausbildung. Und dazu gehört, dass wir auf unsere internationalen Kontakte, etwa mit Schulen in China oder intensiv auch mit besonderen koreanischen Schulen in Japan großen Wert legen. Gleichzeitig unterhalten wir beste Verbindung mit dem English Language Institute of Canada (ELIC). Es kommen von dort regelmäßig zwei oder auch drei kanadische Lehrer für jeweils ein Jahr zu uns.«

Das war natürlich spannend vor dem Hintergrund der Situation an der deutschen Abteilung der Kim-Il-Sung-Universität. Der Direktor kam selbst auf das Thema des Lernens der deutschen Sprache: »Wir haben den Plan, ab etwa 2020 bei uns die deutsche Sprache in den Unterricht einzubeziehen. Gegenwärtig lehren wir an unserer Schule vier Fremdsprachen. Englisch ist Pflichtfach, die anderen Sprachen sind Wahlfächer.«

Während ich notierte, stellte der Direktor selbst die Frage: »Warum wollen wir Deutsch einbeziehen?« Er erklärte: »Deutschland ist höchst entwickelt in den Wissenschaften, in Technik und Technologie, besonders auch in der Medizin. Das ist für uns der Grund. Daher haben wir den starken Wunsch nach einem kontinuierlichen Austausch mit Deutschland sowie nach einer Kooperation mit Lehrern aus Deutschland. Das heißt, wir hoffen auf konkreten Kontakt mit dem deutschen Ministerium für Bildung und Forschung sowie mit interessierten Sprachinstitutionen Ihres Landes.«

Auffallend beim Besuch einer weiteren herausragenden Schule, der Höheren Schule Changdok, sind die vor dem Schulgebäude gelegenen Sportanlagen, die insgesamt, heißt es, wohl so groß sind wie die Sportplatzanlagen des größten Stadions von Pjöngjang!

Die Lehrerin An Jong Ryon zählt mir die Unterrichtsfächer an der Schule auf: koreanische Sprache, koreanische Literatur, Geschichte, Geographie, Mathematik, Chemie, Physik, Biologie, die Fremdsprachen Russisch, Chinesisch, Englisch, Hygieneunterricht speziell für Mädchen, Fahrunterricht für alle Schüler (ein Führerschein ist jedoch erst erhältlich nach Absolvierung der Schule, ab 18 Jahren). Der Schwerpunkt hier liegt ebenfalls auf den Naturwissenschaften. Die Schule gilt ausdrücklich als eine Schule für besonders Talentierte. Sie hat in internationalen Wettkämpfen höchste Preise errungen. In Pjöngjang gibt es drei solcher sogenannten Talentschulen, die sich unablässig im Vergleich mit den Schulen in der Hauptstadt wie auch im Wettbewerb mit den Schulen auf Landesebene befinden. Der Wettbewerb wird vom Bildungsministerium organisiert. In der Zeit meines Besuchs fand gerade ein Wettstreit zwischen den Talentschulen im Land statt, der mehrere Tage in Anspruch nahm und – wie ich hörte, aber selber nicht wahrnahm –, bei den Schülern ziemliche Nervosität hervorrief. Ein zusätzlicher Grund für die Aufregung: Erstmals lief der Wettstreit mittels Computerkommunikation ab.

Insgesamt gibt es an der Höheren Schule Changdok 750 Schüler und 55 Lehrer. Es stehen 27 Klassenräume zur Verfügung. Schüler, die verkehrsungünstig wohnen, kommen in einem besonderen Wohnheim unter, kostenlos. Der ehemalige Präsident von Nordkorea, Kim Il Sung, war als Kind von 1923 bis 1925 an dieser Schule. Diese Tatsache spielte eine Rolle, dass die Schule später besonders gefördert und in den Jahrzehnten mehrfach renoviert und auch vergrößert wurde.

Von der Schule Changdok werden als Lehrkräfte nur Hochschulabsolventen mit besten Abschlüssen aufgenommen. Die Lehrerin An Jong Ryon, die mich durch die Schule führte, arbeitet seit elf Jahren dort. Sie ist verantwortlich für Unterricht in moderner wie traditioneller koreanischer Literatur. Beim Rundgang erwähnt sie, die Lehrkräfte an dieser Schule seien gegenwärtig zwischen 24 und 54 Jahre alt. Frauen können sich ab 55 pensionieren lassen, Männer ab 60, aber dies ist nicht unbedingte Regel, sondern erfolgt ganz nach persönlicher Absprache.

Wir kommen in eine Klasse, in der gerade Englisch unterrichtet wird. Ich staune mächtig über das hohe Fremdsprachenniveau der Kinder und drücke mein Erstaunen gegenüber An Jong Ryon aus. Sie darauf ganz trocken: »Vielleicht werden wir hier ab nächstem Jahr Deutsch als Fremdsprache einführen.« Jedenfalls sei das im Gespräch.

Bei dem Besuch fühlte ich mich an meine eigene Kindheit und Schulzeit erinnert. Ich fragte, ob die Schüler Angst haben, etwa vor angesagten Elternabenden oder vor Bestrafungen, möglicherweise wegen Versetzungsproblemen. Nein, kam die Antwort: »Diese Schule konzentriert sich konkret auf Talent. Wir brauchen nicht zu bestrafen. Unsere Haltung ist Ermutigung, nicht Bestrafung. Wenn die Noten ungenügend sind, dann wird der Schüler oder die Schülerin zurück auf die ursprüngliche Schule geschickt.«

Ob die Schüler den Unterschied von Ermutigung und Bestrafung ähnlich locker sehen? Das hätte ich, neben anderen Fragen, gern noch den einen oder anderen Schüler fragen wollen. Aber aus Zeitgründen mussten wir uns verabschieden.

Kapitel 17

»Bis zur Heirat, oh, das kann dauern ...«
Gespräch mit Ryang Gwang Ho

Manchmal sitze ich in Pjöngjang mit Ryang Gwang Ho zusammen. Wir trinken beim Abendessen das gute Taedongang-Bier, bei Gelegenheit auch ein paar Gläser nordkoreanischen Schnaps. Letzterer hat gewöhnlich gerade mal über 20 oder etwas über 30 Prozent, wenn es denn nicht der berühmte lokale Ginseng-Schnaps ist, der 40 Prozent hat. Ich schätze die Unterhaltungen mit Ryang Gwang Ho, denn er nimmt kein Blatt vor den Mund. Und auch ich erzähle ihm ganz locker Anekdoten, die mich bewegen. Was für Anekdoten? Ich erwähnte etwa, wie ich bei meinem letzten Besuch in Seoul, der Hauptstadt von Südkorea, durch eine schmale menschenleere Straße spazierte und dann vor mir, aus der Gasse von rechts, plötzlich eine junge Frau kam und in meine Straße einbog, also vor mir ging. Sie war hochgewachsen. Es war Sommer, es war warm. Auf einmal bemerkte ich, dass das Hemd, das sie trug und das über ihren Rock fiel, ganz genau wie das war, das auch ich in dem Moment trug, nämlich in starkem Rot und mit schwarzer Musterung. Ich hatte meins wohl in Heidelberg oder vielleicht in Mannheim gekauft, doch wir waren hier in Seoul! Ohne viel zu überlegen, rief ich: »Hello!« Keine Reaktion. Ich rief erneut: »Hello!« Wieder keine Reaktion, obwohl sie es gehört haben musste. Aber, klar, warum sollte sie sich um die Rufe von irgendeinem Ausländer kümmern. Also beschleunigte ich meine Schritte, bis ich auf ihrer Höhe war, und gab noch mal mein »Hello!« von mir. Die Schönheit drehte ihr Gesicht zu mir nach rechts, mit etwas ärgerlichem Ausdruck. Da sie auf meine Rufe nicht reagiert hatte, wollte ich, der Ausländer, nun nicht einfach auf Englisch daherreden, als habe jeder Englisch zu verstehen. So lachte ich einfach und deutete mit meinem Finger auf mein Hemd und dann auf ihr Hemd. Da sah auch sie auf unsere Hemden. Ihre Augen wurden vor Erstaunen sichtbar größer, und dann lächelte sie ... Ihr Lächeln entwickelte sich in ihrer Überraschung zu einem wunderschönen Lachen ... bis sie wahrhaftig jubilierte. Ja: jubilierte! Es war für mich ein Erlebnis! Bis heute ärgere ich mich, sie nicht gefragt zu haben, ob ich sie nicht in ein Café einladen oder zumindest ein Foto von uns mit unseren Hemden machen dürfte. Ich bog in meine Straße gleich rechts ein, und sie ging weiter ihres Wegs geradeaus.

Ryang und ich, wir erzählen uns also unsere Geschichten, und er hat kein Problem mit der Direktheit der Fragen, die ich ihm stelle. Überdies war er einverstanden, dass ich bei unserem Gespräch mitschrieb. Warum stelle ich gern Fragen, nicht nur in Korea, sondern auch in Deutschland oder China oder wo auch immer auf der Welt? Weil mich Mensch und Leben interessieren.

Ryang schrieb bereits als Junge Kurzgeschichten, später als Student – mit 22 absolvierte er ein Literaturstudium – dann Filmdrehbücher, Gedichte, Lieder. In seinen Liedern möchte er »die Realität der Zeit reflektieren«. Themen in seinen Gedichten sind die Beziehungen junger Menschen zueinander, auch die Härten der Menschen untereinander beim persönlichen Zusammenleben, das Glücklichsein der Liebenden, die Beziehungen zwischen Eltern und Kindern. Seine Lieder wurden auch in Nordkoreas berühmte, unvergleichliche Massengymnastik-Veranstaltung Arirang aufgenommen, die immer wieder mal im 1.-Mai-Stadion auf der Insel Rungna im Fluss Taedong aufgeführt wird, mit bis zu 5.000 Kunstturnern.

»Also bei diesen thematischen Neigungen, vermute ich«, sagte ich lachend, *»Sie haben sicher auch Gedichte über Ihre Frau geschrieben.«*

Ryang Gwang Ho, das Gesicht überrascht: »Über meine Frau? Ich bin wahrscheinlich nicht so bewegt von ihr und habe kein Gedicht über oder für sie geschrieben.«

Also dachte ich, vielleicht sollte ich doch besser etwas vorsichtiger sprechen: *»Darf ich fragen, wie haben Sie Ihre Frau kennengelernt?«*

»Ich lernte meine Frau in der Bibliothek kennen, wo sie angestellt war. Aber für gewöhnlich werden die jungen Liebenden, die Sie hier in der Stadt oder anderswo sehen, einander vorge-

Mit Ryang Gwang Ho im Pyongyang Hotel

234

stellt, mit genau der Absicht, dass sie sich kennenlernen sollen, um vielleicht ein Liebespaar zu werden, oder sie begegnen sich zum Beispiel als junge Kollegen im Büro. Oder auch ganz anders, ein Freund von mir war Patient in einem Krankenhaus und heiratete am Ende die Krankenschwester, die ihn betreute.«

»Wie lang dauert es, bis sich junge Menschen zur Heirat entschließen?«

»Bis zur Heirat, oh, das kann dauern, auch schon mal, in meinem Bekanntenkreis, neun Jahre. Als ich zu meiner Frau sagte, wir könnten vielleicht heiraten, stimmte sie zu. Ich war 33, sie 29. Das gilt vergleichsweise als höheres Alter.«

»Welche Rolle spielen die Eltern? Müssen die Kinder in ihren Handlungen und Entscheidungen irgendwie oder unbedingt den Ansichten und Vorstellungen der Eltern Folge leisten?«

»Nein, die Eltern sollten meiner Meinung nach Berater sein, und die Kinder sollten nicht einfach nur gehorchen.«

»Warum haben Sie geheiratet?«

»Maßgeblich für mich war, dass ich ein Kind haben und ein verantwortungsbewusster Vater werden wollte. Denn ich war, wie gesagt, mit 33 nach unserem Verständnis hier bereits vergleichsweise alt. Außerdem war mein Vater damals krank, und meine Eltern sehnten sich danach, Großeltern zu werden. Ein Jahr nach der Heirat bekamen wir, wie wir es erhofft hatten, einen Sohn, und meine Eltern waren sehr glücklich.«

»Welche Rolle spielt für Sie im Leben die Romantik, ich meine die Romantik zwischen Liebenden?«

»Ha, ja, meine Frau kritisiert mich, ich würde ihr bestenfalls mal eine SMS schicken. ›Du bist oder warst Schriftsteller‹, schimpft sie, ›warum schreibst du mir nicht mal etwas Romantisches?‹ Ich meine, wenn man verheiratet ist, ändert sich die Beziehung zwischen den zwei Menschen, die Gefühle werden geringer, alles etwas weniger bewegt. Heißes Wasser wird mit der Zeit kühl. Natürlich gibt es in der Hinsicht Auf und Ab.«

»Sagen Sie Ihrer Frau manchmal etwas Schönes, worüber sie sich freuen kann, etwa, dass sie gut aussieht, ihre Frisur Ihnen gefällt, ihr Kleid hübsch ist und sowas?«

»Nein. Ich sage ihr eher: ›Du siehst überhaupt nicht schön aus!‹ Es gibt vielleicht keinen einzigen koreanischen Ehemann, der seine eigene Frau als schön bezeichnet! Andererseits, ich höre gern, wenn andere Herren meine Frau preisen. Ja, das macht mich auch irgendwie glücklich … Aber von heute an, versprochen, werde ich von dem lernen, was Sie gerade andeuten, wie ich Ihre Rede verstanden habe, und werde ihr hin und wieder zum Beispiel eine schöne Nachricht schicken und versuchen, ein wenig romantisch zu sein! Klar ist allerdings, unsere Liebe ist irgendwie bereits eine Art Fossil. Da lässt sich nichts ändern. Doch wir haben einen Sohn.«

»Gehen Sie hin und wieder gemeinsam aus, machen einen Spaziergang, besuchen Freunde oder Verwandte?«

»Wir gehen manchmal ins Restaurant oder besuchen Verwandte, natürlich auch zusammen mit unserem Sohn.«

Ich fragte Ryang, ob er Freunde hat, mit denen er sich in einer Bar oder einem Restaurant verabredet, und ob diese Freunde dann Meinungen wie er vertreten. Ja, er habe solche Freunde, die mit ihm in vielem übereinstimmten. Aber sicher, die Frauen betreffend, da gebe es Unterschiede, denn jeder liebe oder denke doch schließlich anders.

»Haben Sie zu Hause Widersprüche und Streit, so wie unter Eheleuten üblich, egal wo in der Welt?«

»Natürlich haben wir zu Hause auch Widersprüche und Streit! Aber gut ist, wir kommen immer auch zu einem gemeinsamen Beschluss, mit der Absicht, die Probleme zu lösen. Das kann bis dahin jedoch schon mal ein oder zwei Tage dauern. Meine Frau ist, will ich hier auch gern gestehen, im Fall von Widersprüchen oft offener und lockerer als ich.«

Pause.

»Anderes Thema: Ich denke, vielleicht sollten wir, meine Frau und ich, ein zweites Kind haben. Allerdings arbeitet meine Frau mittlerweile. Das ist natürlich, beim Gedanken an Haushalt und Arbeitssituation und das ganze tägliche Leben, ein Problem. Aber ich habe darüber noch nicht mit ihr gesprochen.«

»Sie haben noch nicht mit ihr darüber gesprochen, ob ihr vielleicht ein zweites Kind haben wollt?«

»Nein.«

Wie gestaltet sich sonst das tägliche Leben, fragte ich, um wie viel Uhr zum Beispiel steht er auf, wer führt den Haushalt? Ich erfahre: Um sechs Uhr klingelt der Wecker. Die Frau bereitet für die Familie das Frühstück vor, bestehend aus traditionellen Speisen wie Reis, Suppe, Fisch, Gemüse. Die Zubereitung dauert über eine halbe Stunde. Um 7:40 Uhr geht Ryang aus dem Haus. Die Frau bringt den Sohn zum Kindergarten und holt ihn gegen Abend wieder von dort ab. Das

Abendessen nimmt Ryang gewöhnlich zu Hause ein. Häufig geht er anschließend noch mit dem Sohn spazieren oder spielt mit ihm.

»Der Kindergarten ist kostenfrei, vermute ich?«

»Selbstverständlich. Wir wohnen übrigens am Fluss Taedong, in einem hohen Gebäude, das hat 18 Stockwerke. Wir wohnen im 16. Natürlich haben wir Fahrstühle, aber es macht nichts, wenn der Strom mal ausfällt, denn ich mag Treppensteigen.«

»Sie mögen Treppensteigen? Naja, auch gut. Ich mache übrigens Liegestütze, immer mal so um die 90 Stück, habe mich noch nicht bis zu 100 durchgerungen.«

Ryang reagiert gelassen: »Ich mache hundert ... Jedenfalls hat unsere Wohnung drei Zimmer, mit Bad und Toilette insgesamt 120 Quadratmeter. Bei uns wohnt außerdem noch die Schwiegermutter.«

»Und wo leben Ihre Eltern?«

»Meine Eltern wohnen nicht bei uns. Mein Vater war in der Forstwirtschaft tätig, als Wissenschaftler. Ich habe außerdem einen älteren Bruder und eine jüngere Schwester. Sie wohnen beide bei meiner Mutter. Meine Mutter war Tänzerin.« Nach einer kurzen Pause: »Bei uns am Fluss gibt es einen wunderschönen breiten Bürgersteig. Es macht Spaß, dort spazieren zu gehen. Da bin ich oft mit unserem Sohn unterwegs. Aber hin und wieder denke ich, ich würde vielleicht auch gern noch eine Tochter haben.« Ryang schaut mich nachdenklich an und meint dann: »So oder so, lassen Sie mich sagen: Ich bin ein einfacher Mensch und habe nichts, womit ich nicht glücklich bin.«

Kapitel *18*

»In unserem Land zahlen wir keine Miete.«
Besuch bei einer Briefträgerin und einem Professor

Mehrfach hatte ich gebeten, eine Arbeiterfamilie besuchen zu dürfen. Natürlich wollte ich Einblick in die konkreten Lebensumstände kriegen. Auch hatte ich schon lange den Wunsch, einmal eine Wohnung in einem dieser in Pjöngjang vom Design her auffallend schönen Hochhäuser in der Innenstadt sehen zu dürfen, und ich würde dann fragen wollen, wer da wohnt und wie es sich dort wohnt.

Den ersten Wunsch betreffend war mir klar, man würde mich kaum in eine sehr durchschnittliche Wohnung führen. Die Frage war, und da war ich gespannt, was für eine Wohnung ich zu sehen kriegen würde.

Auf einmal stand solch ein Termin an. Wir stiegen ins Auto. Ich war recht schnell überrascht, denn ich bemerkte, wir fuhren nicht in einen der Außenbezirke der Stadt, sondern mitten hinein ins Zentrum. Wir hielten schließlich vor einer im Design modernen Reihe hoher Gebäude, an die 20 Stockwerke hoch. Dolmetscherin Hong Ja Yong und ich betraten eines der Gebäude und fuhren im Fahrstuhl hoch. Wir klingelten. Eine Dame von etwa 50 Jahren öffnete und bat uns herein. Wie üblich, zogen wir die Schuhe aus. Die Frau selber war barfuß. Wir ließen uns in dem verhältnismäßig großen Wohnzimmer nieder, in beigen Sesseln auf hellem Holzfußboden mit einem

Teppich, grün wie Gras. Gegen die Hitze half ein angeschalteter Ventilator.

Die Frau stellte sich vor: »Ich heiße Jang Sun Nyo.« Ich nickte und nannte meinen Namen und sagte auch, dass ich aus Deutschland komme. Letzteres war ihr sicher bereits bekannt. Sie lächelte und sagte: »Mein Mann war Arbeiter bei der Behörde, die verantwortlich ist für die Sauberhaltung der Stadt und auch für die Parkanlagen, für das Anpflanzen von Blumen usw. Ich arbeite bei der Post und trage Briefe und Pakete aus. Wir sind einfache Arbeiter, also war auch unsere Wohnung einfach. Wir wohnten hier, genau an dieser Straße, aber irgendwann wurde entschieden, dass hier alles abgerissen wird. Dann wurden neue Gebäude errichtet, lauter neue Wohngebäude, die ganze Straße entlang! Wir wussten, wir würden hier in einem der neu errichteten Gebäude eine Wohnung kriegen. Der Umzug von der Übergangsunterkunft hierher fand am 2. Juli 2012 statt. Alle, die in dieser Straße gewohnt hatten, Arbeiter, Büroleute, Ingenieure, leitende Angestellte, blieben hier wohnen – aber eben in neuen Gebäuden. Wie groß unsere neue Wohnung sein würde, wussten wir anfangs nichts. Wir erwarteten keine größeren Wohnungen. Wir wussten absolut nichts.«

»Ihre frühere Wohnung war wie groß?«

»Wir hatten einen Raum plus Küche und Bad, insgesamt 30 Quadratmeter.«

»Und jetzt hier?«

»Jetzt haben wir fünf Zimmer, insgesamt 140 Quadratmeter.«

»Ihre Familie umfasst wie viel Personen, und, kann ich fragen, Sie und Ihr Mann, Sie stammen aus Pjöngjang?«

»Als wir geheiratet haben, da waren wir beide 28 Jahre alt. Wir stammen beide aus Pjöngjang. Wir bekamen dann 1999 und 2004 zwei Söhne. Mein Mann ist unlängst verstorben, ja, sehr plötzlich. Es war Leberkrebs ...«

»*Oh ...*«

Jang Sun Nyo fuhr sogleich fort: »Der ältere Sohn ist Student an der Sporthochschule. Er konzentriert sich vor allem auf Fußball. Der Jüngere malt gern und ist in einer Schule, die der Koreanischen Nationalen Universität der Künste angeschlossen ist. Ich selber arbeite hier nach wie vor für das Postamt unseres Viertels.«

»*Was genau machen Sie bei der Post?*«

»Nun, ich stelle täglich die Post zu, Briefe und Pakete, alles zu Fuß, an die Adressen hier im Bezirk.«

»*Wie sind Ihre Arbeitszeiten? Ich meine, wann zum Beispiel gehen Sie morgens aus dem Haus?*«

»Ich gehe um sechs Uhr aus dem Haus und komme zwischen 15 und 16 Uhr zurück. In der Mittagspause bin ich auch zu Hause.«

»*Kann ich fragen, wie hoch die Miete ist?*«

»In unserem Land zahlen wir keine Miete. Das leistet alles der Staat. Es gibt bei uns eine sogenannte Nutzungsgebühr, 800 Won, das ist ein symbolischer Betrag.«

»*Und wenn Reparaturen notwendig werden? Das zahlen die Bewohner?*«

»Nein. Für die Bewohner ist das alles nicht mit Kosten verbunden. Dafür ist eine lokale Arbeitseinheit verantwortlich, also im staatlichen Namen. Wer will, kann freiwillig einen Zuschuss geben und so mitwirken. Oder auch hin und wieder selbständig die Wände streichen. Aber, wie gesagt, ganz nach eigener Entscheidung.«

Jang Sun Nyo saß mir gegenüber auf einem Sofa. Über ihr hing ein gerahmtes Foto, die gesamte Familie war darauf auf demselben Sofa zu sehen, zusammen mit – dem Staatsführer Kim Jong Un und seiner Frau Ri Sol Ju. Frau Jang bemerkte meinen Blick und erklärte: »Das war am 4. September 2012, also etwa zwei Monate nach unserem Einzug hier – und total unangekündigt! Sie besuchten uns und noch zwei weitere Familien in der Straße. Es war ein gewaltiges Ereignis! Unser älterer Sohn war gerade nicht zu Hause, er war bei einer Veranstaltung in der Schule. Unser Staatsführer sagte darauf, das sei nicht gut, der Sohn würde bedauern, dieses Treffen verpasst zu haben. Da machten seine Begleiter unseren Sohn in der Schule ausfindig und holten ihn mit dem Auto ab. Die Ehefrau von Kim Jong Un hatte die lokal bei uns üblichen Knödel zum Essen mitgebracht, insgesamt 240 Knödel! Die hatte sie, wie sie sagte, selbst zubereitet.«

»Donnerwetter«, sagte ich und lachte, »240 Knödel!« Weiter fragte ich: »Sie haben ein regelmäßiges Einkommen. Wann gehen Sie in Rente?«

»Wenn ich 55 bin. Dann kriege ich vom Staat meine Rente. Das ist alles klar geregelt. Seit einiger Zeit gibt es eine zusätzliche Regelung: Wenn eine Frau mindestens 25 Jahre lang in derselben Einheit gearbeitet hat, dann erhöht sich ihre Rente automatisch um einen bestimmten Prozentsatz.«

»Ihre Wohnung ist verhältnismäßig groß. Wenn Ihre Söhne später heiraten und außer Haus gehen, dann wird für Sie alles noch mal etwas größer.«

»Nun, wir haben zwei Bäder und Toiletten, alles ist großzügig angelegt, also keine Frage, auch wenn irgendwann geheiratet wird, können die Kinder weiter hier wohnen bleiben, und ich brauche mich nicht allein zu fühlen oder zu kümmern. Dass Kinder auch nach eigener Familiengründung weiter bei den Eltern zu Hause wohnen bleiben, ist hier bei uns, wie Sie sicher wissen, nicht unnormal.«

»Die Küche, das Kochen, der regelmäßige Einkauf für den Haushalt, ich vermute, das wird alles von Ihnen verantwortet?«

»Richtig. Zum Essen sitzen wir drei zusammen am Tisch und unterhalten uns über Dinge, die uns bewegen, und was sich so ereignet. Manchmal haben wir auch Besuch von Verwandten, von Nachbarn, Freunden, oder wir selber sind irgendwo eingeladen, und wenn der eine oder andere, mit dem wir irgendwie verbunden sind, Probleme hat, helfen wir einander.«

Das kleine Gespräch war beendet. Wir erhoben uns. Jang Sun Nyo bedeutete mir mit ihren Armen, ich könnte mich gern in der Wohnung umschauen. Das tat ich. Die Küche war, oberflächlich betrachtet, so, wie Küchen auch anderswo in der Welt aussehen. Ein offener Durchgang führte von der Küche zum Esszimmer, das unter anderem mit einem hohen silbergrauen Kühlschrank und einem hellen Tisch mit vier Stühlen ausgestattet war. Über eine verglaste Schiebetür gelangte man von dort ins Wohnzimmer. In den anderen Zimmern befanden sich Betten, Wandschränke, kleine Schreibtische, an einer Wand hing die Gitarre des älteren Sohns, in einem anderen Zimmer eine gerahmte Malerei, erstellt vom jüngeren Sohn, auf der ein Junge und ein Mädchen in einem Garten ausgelassen Blumen gießen. Weiter sah ich ein Regal, das mit Büchern vollgestellt war, und zwar so schwer, dass sich die Regalbretter wunderschön riskant nach unten bogen!

Wir machten ein Foto: Die Gastgeberin und ich auf dem Sofa sitzend. Als wir uns verabschiedeten, stand gerade der ältere Sohn an der Tür, äußerlich ganz klar ein Sportsmann, modisch angetan mit rotem Hemd, engen schwarzen Hosen und spitz zulaufenden Schuhen. Auch mit ihm ließ ich mich fotografieren.

* * *

Anderer Ort: Der Hausherr, Professor Ryuk Chong Ryong von der Technischen Universität Kim Chaek, ist nicht zu Hause. Er ist plötzlich verhindert. Aber da mein Besuch länger schon angekündigt war, sollte der Termin bestehen bleiben, also empfing uns Professor Ryuks Frau. Gleichzeitig hatte ihr Mann einen Lehrerkollegen aus seiner Hochschule geschickt, der bei unserer Kommunikation würde helfen können, Herrn Kim Gyong Ho. Die Wohnung war von der Hochschule zur Verfügung gestellt, und der Grund meines Besuchs war, wie erwähnt, mein Wunsch, eine Wohnung in einem der tollen Hochhäuser in der Innenstadt zu sehen. Wer wohnt da? Wie wohnt es sich da? Und wie kommt man überhaupt zu solch einer sicher teuren Wohnung, die, in diesem Fall, immerhin 240 Quadratmeter umfasst, die Veranda nicht eingerechnet? In der Innenstadt? Ja, unmittelbar am Ufer des Taedong gelegen, am breiten Yongwang Boulevard. Tatsächlich handelt es sich um Zwillingsgebäude, 46 Stockwerke hoch. Die Außenfarbe ist ein auffälliges Rotbraun, das die spiegelnde Fensterfläche umrahmt. Gleich neben den Gebäuden sehe ich junge Männer Tennis spielen.

Wir saßen im großen Wohnzimmer in komfortablen Ledersesseln, an der Wand eine Ölmalerei mit einem sonnendurchfluteten Birkenhain, auf zwei besonderen Regalen Pflanzen und kleine Skulpturen, an der Hauptwand Porträts der Führer Kim Il Sung und Kim Jong Il. Nebenan war ein Studierzimmer mit gefüllten Bücherregalen, eine Leseecke, im Esszimmer ein Tisch mit sechs Stühlen, wobei auch acht Stühle bequem passen würden, und verbunden mit dem Esszimmer eine Küche, wie sie ebenso in Deutschland sein könnte, mit blauer Schrankausstattung, im Schlafzimmer über dem Ehebett eine Malerei mit Schwänen im Wasser, die wie mit ihren Jungen spielend wirken, auf einem Schrank ein großer gelber Teddy, an einem Fenster eine Sitzecke mit Tischchen, für das Gespräch zu zweit. In dem Gebäude, erfahre ich, ist ein geothermisches Temperatursystem eingerichtet, so dass die Wohnung im Sommer angemessen kühl und im Winter warm bleibt. Im Erdgeschoss gibt es Lebensmittelgeschäfte, einen Buchladen, eine Apotheke, einen Friseur, einen Schönheitssalon, ein Restaurant und ein Café.

Die Hausherrin stellt sich vor. Sie heiße Paek Jong Sim, und sie gibt gleich in den ersten Sätzen freudig Auskunft über Persönliches. Sie sei 57 Jahre alt und seit 30 Jahren mit ihrem Mann verheiratet, der 62 sei. Sie habe an der Kunsthochschule studiert, und sie hätten sehr bald nach ihrem Abschluss geheiratet.

»Wann sind Sie hier eingezogen? Das kann nicht lang her sein, denn das Gebäude ist wohl sehr neu. Und wie haben Sie solch eine schöne Wohnung bekommen?«

»Wir sind hier im Oktober 2014 eingezogen. Die Wohnung wurde uns von der Arbeitsorganisation meines Mannes zur Verfügung gestellt, der Technischen Universität Kim Chaek ...«

»›Wurde zur Verfügung gestellt‹ – was heißt das konkret?«

»Das heißt, es gab für uns keinerlei Kosten. Wirklich keine Kosten! Wir bekamen alles umsonst, über die Universität, also von der Regierung. Auch die Möbel erhielten wir kostenlos. Nun, das war wie ein Traum! Unsere alte Einrichtung haben wir damals verschenkt, an Verwandte und Freunde. Ich war so gerührt, als wir hier einzogen, ich kann Ihnen ganz offen sagen, ich weinte mehrere Tage.«

»Das kann ich nachvollziehen«, sagte ich lachend. »Also zahlen Sie allenfalls für den Verbrauch von Elektrizität, Wasser und Gas?«

»Ja, aber das sind nur geringe Ausgaben. Wir sind hier sehr glücklich. Die Umgebung hier, Sie haben es gesehen, ist bestens. Die Kollegen meines Mannes wohnen auch hier auf verschiedenen Etagen, das ist sehr praktisch. Wir treffen uns, wir laden uns gegenseitig zum Essen ein. Ich koche gern für Gäste.«

»Haben Sie Kinder?«

»Wir haben einen Sohn. Er ist 30 und hat Fremdsprachen studiert, in der Fremdsprachenhochschule. Sein Hauptfach war Englisch. Er wohnt bei uns.«

»Er wohnt noch bei Ihnen?«

»Ja, üblicherweise wohnen die Kinder bis zu ihrer Heirat im Haus der Eltern. Er hat eine Freundin, und die beiden planen, zum Jahresende zu heiraten. Ich denke, dass sie dann wohl bei uns in dieser Wohnung bleiben und hier wohnen werden. Das ist normal. So wird es bei uns noch lebhafter werden. Seine

Freundin spielt Klavier, unser Sohn treibt Sport, Tennis ist sein
Ein und Alles, und ich, ich höre gern klassische Musik. Mein
Mann, der kann nicht ohne Tischtennis, das war immer schon
so bei ihm. Er will auf unsere Veranda einen Tisch für Tischtennis stellen. Ich habe da bisher erfolgreich protestiert. Aber
ich sage auch immer wieder, vielleicht muss ich selber doch
endlich auch einmal Tischtennisspielen lernen!«

Ich blicke zu Herrn Kim Gyong Ho. Er sagt: »Alle Bewohner
hier in diesem Gebäude sind angestellt an unserer Hochschule,
der Technischen Universität Kim Chaek. Es ist die Regel, dass
die Regierung Wissenschaftlern und Lehrern die Wohnung zur
Verfügung stellt.«

Wie die Wohngebäude befindet sich auch die Technische Universität unmittelbar am Fluss Taedong, im Stadtbezirk Chung-
guyok. Zu der Universität gehören, erfahre ich, achtzehn Fakultäten, zehn Forschungsinstitute, über fünfzig Laboratorien,
eine E-Bibliothek, die fünf Etagen bzw. 6000 Quadratmeter
einnimmt und 2006 eröffnet wurde, außerdem Studenten-
wohnheime und ausgedehnte Sportanlagen. Das 1992 errichtete Hauptgebäude ist 15 Stockwerke hoch. Ursprünglich war
die Technische Universität ein Bereich innerhalb der Kim-Il-
Sung-Universität, wurde dann 1948 als Technisches Institut
Pjöngjang bezeichnet, erhielt 1951 die Bezeichnung Technisches Institut Kim Chaek, um 1988 schließlich in den Rang
einer selbständigen Universität erhoben zu werden.
Nach westlichen Quellen werden Absolventen aus den unterschiedlichen Bereichen der Nuklearforschung in Yongbyon
eingesetzt, Nordkoreas Zentrum für Nuklearforschung. In
Nordkorea heißt es, die Universität Kim Chaek sei ein »höchster Tempel für die Ausbildung der Wissenschaftler des Landes«. Der Name der Universität geht zurück auf den General
und Politiker Kim Chaek, der im Koreakrieg ums Leben kam.

Die Studienfächer an der Hochschule sind zahlreich, etwa Maschinenbau, Informationstechnik, Geologie, Bergbau, Metallurgie, Materialtechnik, Schiffbau, Meereskunde, Elektronik, Computertechnik, Automatisierung, Elektrotechnik, Nuklearphysik.

Ich fragte Kim Gyong Ho: »Sie arbeiten in welchem Bereich?«

»Lassen Sie mich zuerst sagen, wir werden bald den 70. Jahrestag unserer Universität feiern! Da wird es große Feierlichkeiten geben. Möchten Sie kommen? Ich lade Sie gern ein!«

»Oh, vielen Dank! Das ist eine wunderbare Idee. Das werde ich auf jeden Fall überlegen.«

»Ich bin seit 25 Jahren an der Universität Kim Chaek. Mein Forschungsbereich ist Erdöl. Meine Aufgabe ist aber auch, Gäste und Delegationen und Professoren aus dem Ausland zu empfangen. Ich spreche Spanisch und habe auch Russisch studiert, übrigens in Russland. Mit Deutschland haben wir einigen Austausch und haben über den Deutschen Akademischen Austauschdienst (DAAD) eigentlich gemeinsame Forschungsprojekte in die Wege geleitet. Unsere Wissenschaftler sind regelmäßig nach Deutschland gegangen, für jeweils sechs Monate. Aber seit den Sanktionen gibt es keinen solchen Austausch mehr. Die deutschen Partner schätzten die Wissenschaftler unserer Hochschule, natürlich auch die Wissenschaftler von anderen Hochschulen unseres Landes. Unser Land, unsere Wissenschaft hat eine Geschichte des Austauschs mit Deutschland, früher vor allem mit Ostdeutschland, auch zum Beispiel mit der Alexander von Humboldt-Stiftung. Trotz aller gegenwärtigen Schwierigkeiten bin ich überzeugt, unsere Beziehungen mit Deutschland werden sich wieder entwickeln und letztlich immer besser werden.«

Kim Gyong Ho, wissenschaftlicher Mitarbeiter an der Universität Kim Chaek

»Das hoffen wir.«

»Früher hieß es oft, in zehn Jahren wird alles anders sein. Heute sagen wir: Alles ändert sich täglich, nach jedem Tag und nach jeder Nacht können die Dinge tatsächlich ganz anders aussehen. An unserer Universität sind 12.000 Studenten, wir haben 1000 Graduierte und Doktoranden, 2500 Lehrer und Forscher. Unsere Studienthemen sind allesamt industriebezogen ...«

»Grund ist wohl, dass Nordkorea sehr, sehr reich an Bodenschätzen ist, in Asien vergleichsweise herausragend hinsichtlich Gold, Silber, Kupfer, Anthrazit, Eisenerz, Graphit, Seltenen Erden ...«

»Die Eisenvorkommen in unserem Land sind sogar die reichhaltigsten in ganz Asien. Ebenso verfügen wir über Magnesium und über sehr große Vorkommen an Seltenen Erden. Unser Land ist reich an Gold, Silber und zahlreichen Mineralien, auch an nicht-eisenhaltigen Metallen und an Kohle. Richtig, das sind Themen, auf die sich unsere Universität konzentriert.«

»Wie ich gehört habe, gibt es häufig nicht die erforderliche Fördertechnologie und die für die unwegsamen Gebirgsgebiete notwendigen Transportmöglichkeiten. Sehen Sie das so?«

»Ich denke, Fragen des Verkehrs oder der Fördertechnologie sind nicht das Hauptproblem. Das gegenwärtige Hauptproblem sind die Sanktionen. Denn die potenziellen Partner im Ausland, die an einer Zusammenarbeit, vielleicht auch an möglichen Joint-Ventures interessiert wären, machen sich Sorgen, dass sie Probleme kriegen können, wenn sie mit Nordkorea in Kooperation treten.«

»Berechtigte Sorgen.«

»Eben. Dennoch ist und bleibt es notwendig, dass unsere jungen Wissenschaftler ins Ausland gehen und Erfahrung sammeln. Doch viele Länder glauben, sie sind abhängig von den Entscheidungen der Vereinigten Staaten. Sogar unser *kultureller* Austausch mit der Welt unterliegt dem Einfluss der Sanktionen. Sehen Sie, wir hatten zum Beispiel jahrelang durchaus normale Verbindung mit der Syracuse University in New York. Es wurde alles gestoppt.«

Nach einer kurzen Gesprächsunterbrechung sage ich: »Unsere Welt ist gegenwärtig sehr kompliziert. Da ist wichtig, dass wir mindestens eine gute Wohnung für die Familie haben und dass es der Familie gutgeht.«

Kim lacht und sagt: »Da haben Sie sehr recht! Ich habe eine Tochter, sie ist 25 Jahre alt. Ich darf sagen: Ich bewundere sie. Sie ist ausgebildet an der Kim-Hyong-Jik-Universität für Erziehungswesen und arbeitet als Lehrerin hier in Pjöngjang im Großen Studienpalast des Volkes, den Sie sicher besucht haben. Und meine Frau ist Bankangestellte. Sie kommt gewöhnlich um achtzehn Uhr nach Hause, ich gegen zwanzig Uhr. Meistens kocht meine Frau für uns.«

»Ich hoffe, es werden sich Wege finden, dass unsere Länder wieder auf normale Weise Austausch betreiben können, und hoffentlich mehr denn je.«

»Ich bin kein Politiker. Aber ich kann hier erklären: Deutschland hat nach unserer Einschätzung hinsichtlich Wissenschaft und Industrie eine höhere Entwicklungsstufe als alle anderen erreicht. Meine Hoffnung ist, dass sich Deutschland weniger von den Vereinigten Staaten beeinflussen lassen wird. Ich möchte auch erwähnen, in unserer Universität haben wir viele Menschen, die die deutsche Sprache beherrschen.«

»Viele?«

»Ja, viele! Und überhaupt, es ist kein Geheimnis, aber ich möchte es gern betonen, auch wenn Sie es sicher schon wissen: Wir hier, unsere Bevölkerung, wir lieben den deutschen Fußball und verfolgen im Fernsehen jedes deutsche Spiel, das übertragen wird … Bitte vergessen Sie nicht: Wir werden Sie zu unserem Jahrestag einladen!«

»Ich werde versuchen zu kommen!«

252

Kapitel 19

»Niemals als Erster angreifen.«
Der Heilige Palast Taekwon-Do

Koreas nationaler Kampfsport Taekwon-Do hat eine Geschichte von fünf Jahrtausenden und ist reich an einzigartigen, die Menschen verbindenden sowie erschreckend schönen Ideen und Strategien, die dazu beitragen sollen, das Zusammenleben zu sichern und sich durch Verteidigung zu schützen.

»Damals war die Fähigkeit zum Kampf und das Reiten auf dem Pferd wichtig. Und: Niemals als Erster angreifen«, sagte Paek Mi Yong. Sie trug ein dunkelrotes traditionelles Kleid mit langer weißer Schleife, als sie mich bei meinem ersten Besuch durch die Ausstellungsräume in dem auf einem Hügel in Pjöngjang gelegenen, 1992 gegründeten und 2012 auf einer Fläche von 250.000 Quadratmetern neu eröffneten Heiligen Palast Taekwon-Do in der Chongchun-Straße führte, der der Erforschung, der Verbreitung und dem praktischen Erlernen des besonderen Kampfsports gewidmet ist.

Die Ausstellung in den zahlreichen Räumen war angefüllt mit antiquarischen Steinfiguren und Höhlenmalereien, alten dokumentarischen Schriften und Büchern, auch mit Fotos von Personen und Ereignissen aus der neuen Zeit, und mit Medaillen, errungen in internationalen Kämpfen. In einem Lied über Taekwon-Do heißt es, es werde mit der Absicht praktiziert, eine friedlichere Welt zu schaffen, für die Schwächeren zu kämpfen, einen noblen Charakter anzunehmen und sich für Menschlichkeit und Gerechtigkeit einzusetzen.

International hat man Taekwon-Do erstmals im Jahr 1981 in Wien präsentiert. Heute gibt es, erfuhr ich, Taekwon-Do-Organisationen in 128 Ländern der Welt. Die Rede ist von 30 Millionen Mitgliedern im internationalen Dachverband. Die deutsche Taekwon-Do-Praktikerin Penelope Hoeth, die im Alter von acht Jahren mit dem Training begann und inzwischen den Meistergrad hat, schrieb: »Ich habe beim Taekwon-Do gelernt, über meine vermeintlichen Grenzen zu gehen, mich auf meine Ziele zu konzentrieren und mich nicht leicht aus der Bahn werfen zu lassen. Weder beim Taekwon-Do noch in anderen Lebensbereichen.« (Zeit Online, 28.08.2020) Was manche als brutal oder gefährlich wähnen, habe bei ihr vor allem das Selbstbewusstsein gestärkt.

Die höchste Auszeichnung, erklärte meine Führerin Paek Mi Yong, sei der erste Grad. Sie selber sei eine Kämpferin dritten Grades. Allein die grundlegenden Bewegungen für Angriff und Verteidigung im Taekwon-Do zählten – man höre – 3200, davon seien 1200 Handtechniken und 2000 Fußtechniken. Und jede dieser Techniken folgt Theorien hinsichtlich Reaktion, Konzentration, Balance, Atemkontrolle und Geschwindigkeit der Bewegung. Da war ich schon mal ziemlich erstaunt. Überdies wird der Taekwon-Do-Kampf prinzipiell ohne Waffen geführt.

Paek Mi Yong führte mich in die große Halle, wo gerade eine Reihe junger Kämpferinnen und Kämpfer trainierte, um die 20 Jahre alt, hoch springend, den Körper wirbelnd und Kraft für den gezielten Stoß oder Schlag gewinnend, ausgeführt mit den Füßen, den Händen, den Fäusten. Die Kämpferinnen und Kämpfer sind gekleidet in weite weiße Jacken und Hosen, die Jacken mit schwarzem Rand versehen und ein schwarzer Gürtel um die Jacke gebunden. Die Trainer in dieser Gruppe waren kaum älter als die unterrichteten Mädchen und Jungen. Taekwon-Do gilt in Nordkorea als ein Massensport, dessen regel-

Mit der Taekwon-Do-Kämpferin dritten Grades Paek Mi
Yong vor dem Heiligen Palast Taekwon-Do

mäßiges Training, heißt es, zu kräftigem Körperbau, starkem
Willen, Entschiedenheit und Mut führe.

Die Bezeichnung Taekwon-Do gibt es seit 1955, eingeführt
von Choi Hong Hi, dem einstigen Präsidenten des Internationalen Taekwon-Do-Verbands. Choi Hong Hi erforschte den
Kampfsport, dessen Geschichte und wissenschaftliche Grund-
lage, und gründete 1966 den Verband mit der Absicht, den
Sport im eigenen Land wie international mehr zu verbreiten
und weiterzuentwickeln. Heute gibt es auf nationaler Ebene
sowie in den Provinzen und Städten Taekwon-Do-
Mannschaften und Trainingsstätten, auch in ganz normalen
Schulen. Der Kampfsport ist enorm populär und wird in allen
Altersstufen praktiziert, in Parks, in Fabrik- und Bürohöfen,
auf Spielplätzen.

Tae, klärt Paek Mi Yong mich auf, bedeute »mit dem Fuß«, *Kwon* »mit der Hand«, und *Do* sei die »Moral«, der »Geist«. In der einschlägigen Literatur ist noch ein wenig mehr ausgeführt:

> »Tae« steht für springen oder fliegen, mit dem Fuß stoßen oder zerschmettern. »Kwon« ist die Faust, vor allem das Schlagen oder Zerstören mit der Hand oder der geballten Faust. »Do« bedeutet die Kunst oder der Weg – der richtige Weg, gebahnt von den Heiligen und Weisen der Vergangenheit. Also drückt der zusammengefasste Begriff Taekwon-Do das geistige Training und die Technik des unbewaffneten Kampfes aus, zum Zweck der Selbstverteidigung wie der Gesundheit, und dies bezieht ein das geschickte Schlagen und Stoßen, das Sperren oder Ausweichen, bei Einsatz der bloßen Hände wie der Füße zur raschen Zerstörung des sich bewegenden Gegners oder der sich bewegenden Gegner. (»Taekwon-Do«, Gen. Choi Hong Hi, Chang Hon Foundation 2004)

Bei einem späteren Besuch stellte mir Paek Mi Yong zwei in Nordkorea sehr namhafte Trainer vor: Ro Un Chol (männlich) und Jang Kyong Ok (weiblich). An der linken Brust der weißen Jacke tragen sie den Aufdruck »International Taekwon-Do Federation«, an der linken Schulter ein Zeichen aus Stoff in den Farben Schwarz-Rot-Gold. Letzteres, höre ich, bedeute die höchste Trainerauszeichnung. Der Mann ist fünfzig, die Frau sechsundvierzig Jahre alt.

> Es handelt sich um Kampfkunst, doch deren Disziplin, Technik und geistige Schulung geht einher mit dem unbedingten Verstehen von Gerechtigkeit, der Schaffung innerer Kraft, einer Haltung von Bescheidenheit wie von Entschiedenheit. Es sind diese Qualitäten, die den wahren

Praktiker von jenen unterscheiden, die sich allein auf die physischen Aspekte des Kampfes, auf den technischen Sieg konzentrierten.

»Wie kam es bei Ihnen, ich meine, unter welchen persönlichen Umständen«, fragte ich, »haben Sie begonnen, Taekwon-Do zu lernen? Vielleicht bereits als Kinder?«

Jang Kyong Ok: »Ich war dreizehn oder vierzehn.«

Ro Un Chol: »Ich fing mit dreizehn an, mich zu interessieren. Damals spielte ich auch Volleyball. Ich fragte meinen Vater, was er davon hielt, wenn ich Taekwon-Do trainieren würde. Mein Vater war einverstanden.«

Es handelt sich um den wissenschaftlich fundierten Einsatz des Körpers zum Zweck der Selbstverteidigung, eines Körpers, der durch körperliche wie geistige Schulung seine unbedingten Möglichkeiten errungen hat.

»Kommen Sie aus der Stadt oder eher aus einer dörflichen Umgebung?«

Jang Kyong Ok: »Ich stamme aus dem Kumgang-Gebirge. Mein Bruder trainierte Taekwon-Do. Er und auch mein Vater unterstützten, dass ich Taekwon-Do-Kämpferin wurde. Ich hörte, dass in Korea und in der Welt Frauen ebenso Medaillen errangen, also begann ich.«

»Apropos: Wie war Ihr persönliches Gefühl, wie waren Ihre ersten Erfahrungen, fühlten sich die Jungen und Männer in diesem Kampfsport den Mädchen und Frauen gegenüber irgendwie überlegen, lächelten womöglich über euch Mädchen?«

Jang Kyong Ok: »Nein, Erfahrungen solcher Art habe ich nicht gemacht. Tatsächlich hat mir persönlich der Freund meines älteren Bruders ziemlich geholfen.«

Ro Un Chol: »Nun, Mütter sind Mütter. Meine Mutter sorgte sich um meine Gesundheit, ich könnte einen Unfall haben, mir Knochen brechen und sowas. Aber mein Vater ermutigte mich. Wir lebten damals in der Stadt Hamyong. Als ich als Schüler anfing, Taekwon-Do zu lernen, gab es bei uns eine Einrichtung, der konnte man beitreten.«

Jang Kyong Ok: »So war es auch bei mir.«

Ro Un Chol: »Bei uns im Kreis hatten wir eine Sportorganisation, und zu dieser gehörte eine Abteilung für Taekwon-Do. Ich gewann dort eine Medaille und hatte auch schon einige Bewunderer.«

Unaufhörliches Training ist erforderlich, bei Einsatz aller Muskeln des menschlichen Körpers. So wird es möglich, alle zur Verfügung stehende Kraft zusammenzuführen und zu konzentrieren, gegen das Ziel, nämlich auf den sich in Bewegung befindlichen Gegner, besonders gerichtet auf dessen angreifbare, schwächste, ungeschützte Stellen.

»Bei Taekwon-Do kämpfen Männer gegen Männer und Frauen gegen Frauen, oder gibt es auch gemischte Kämpfe zwischen den Geschlechtern?«

Ro Un Chol: »Die Wettkämpfe sind getrennt, Männer gegen Männer und Frauen gegen Frauen.«

»Wie oft wird trainiert?«

Ro Un Chol: »Alle zwei oder drei Tage, je zwei Stunden.«

»Und größere Wettkämpfe finden wie oft statt?«

Ro Un Chol: »Drei- bis viermal im Jahr. Es gibt jedes Jahr auch internationale Wettkämpfe, etwa die asiatischen Spiele. Alle zwei Jahre finden Kämpfe um die Weltmeisterschaft statt.«

»Gab es Zeiten oder Umstände, in denen ihr persönlich dachtet: Jetzt wird es mir zu viel, ich halte es nicht mehr aus?«

Jang Kyong Ok: »Es flossen bei mir damals als Kind immer wieder viele Tränen! Taekwon-Do ist sehr hart. Ich kann sagen, zu hart. An keinem Tag darf man die Muskelarbeit vergessen. Und immer gibt es andere Kämpferinnen, die einen übertrumpfen. Eine Zeit lang wollte ich aufhören, oder, nach meinem Verständnis damals: aufgeben! An einem Punkt hörte ich tatsächlich für einen ganzen Monat auf. Eines Tages in jener Phase regnete es, und ich brachte einen Schirm zu meiner Mutter in die Fabrik, wo sie arbeitete. Da hörte ich hinter mir jemand sagen: ›Ah, das ist die, die ihr Taekwon-Do nicht mehr schafft und aufgehört hat! Ihre Mutter wurde als gute Arbeiterin gepriesen, aber die Tochter bringt's nicht mehr!‹ Das versetzte mir einen ziemlichen Schlag, und … es gab mir die Kraft, die mir in der Zeit davor vielleicht gefehlt hatte. Ich setzte das Training fort. Von da an wollte ich nicht mehr hören, dass Mädchen und Frauen nicht für Taekwon-Do geeignet seien. Natürlich standen mir auch Freundinnen und Freunde persönlich bei.«

Taekwon-Do befähigt eindeutig die Schwachen, sich Kräfte anzueignen, die zu Waffen werden, und schafft das Vertrauen zur Selbstverteidigung sowie, wenn erforderlich, zur Niederschlagung eines Gegners. Taekwon-Do kann, wenn nicht der originalen Richtung folgend, zur todbringenden Waffe werden. Deshalb ist für den Lernenden das geistige Training von unbedingter Bedeutung, damit die Kräfte nicht in falscher Absicht eingesetzt werden. Für Frauen, für zerbrechliche Frauen, heißt es, ist Taekwon-Do die Waffe schlechthin, ungebetene Wölfe auf sichere Weise zu verjagen.

Ro Un Chol: »Ich hatte in der frühen Zeit auch Phasen, wo ich aufgeben wollte. Aber gleichzeitig dachte ich dann und fragte mich, wie würde ich es den Eltern und Freunden erklären können? Das half mir, solche Zeiten zu überwinden.«

»Ihr habt dann die Höhere Schule abgeschlossen. Wie ging es weiter?«

Ro Un Chol: »Ich wurde in die Sporthochschule aufgenommen und erhielt eine Ausbildung als Sportlehrer.«

Jang Kyong Ok: »So war es bei mir auch.«

Ro Un Chol: »Wir beide lernten uns anlässlich eines Wettkampfs kennen … (lachend) eine lange und schöne Geschichte! Ich kam schließlich mit 29 nach Pjöngjang, durch meine Erfolge beim Taekwon-Do. Das war 1997.«

Jang Kyong Ok: »Ich errang mit 20 einen wichtigen internationalen Taekwon-Do-Titel, das war im Jahr 1992 in Pjöngjang und war der Grund, dass ich zu einem Empfang bei unseren Führern Kim Il Sung und Kim Jong Il eingeladen wurde. Anschließend zogen meine Eltern und ich zusammen nach Pjöngjang. Mein Kollege Ro Un Chol war der Trainer unserer Nationalmannschaft bis zum Jahr 2008. Seither ist er häufig im Ausland, um ausländische Kämpfer zu trainieren. Ich bin seit 2008 Trainerin der Frauenmannschaft an unserer Hochschule.«

Oftmals kommt es allein darauf an, die Wucht, den Schwung der Bewegung des Angreifers zu nutzen, dieser seiner Bewegung einen Stoß zu versetzen, ihn aus dem Gleichgewicht zu werfen und stürzen zu lassen. Solch ein Ergebnis kommt für den Praktiker nicht etwa aus Überlegung in der Aktion heraus, sondern ist allein möglich als automatischer Reflex durch kontinuierliches Training.

»Wieviele Kämpferinnen und Kämpfer umfasst die National-mannschaft?«

Ro Un Chol: »Vierzig.«

»Und die sind wie alt?«

Ro Un Chol: »Neunzehn bis dreißig Jahre.«

»Welche Länder haben Sie besucht oder als Trainer unterstützt?«

Ro Un Chol: »Ich war in Russland, Kanada, Kasachstan, Bulgarien, Ungarn, Tadschikistan, Argentinien, Brasilien, Australien und auch in vielen Ländern in Afrika, wie Uganda. Ich kann sagen, Taekwon-Do findet in der Welt mehr und mehr Verbreitung. Das erfüllt uns natürlich mit großer Freude. Wir vergleichen manchmal, wie es vor drei Jahrzehnten war, und stellen insgesamt große Veränderungen fest. In England gibt es großes Interesse an unserem Sport. Deutsche Kämpfer haben uns auch schon besucht. Gegenwärtig werden die 21. Taekwon-Do Weltwettkämpfe vorbereitet, die in Liverpool stattfinden werden. Im letzten Jahr fanden die Wettkämpfe hier bei uns in Pjöngjang statt.

Kapitel 20

»Das könnte ein großes Thema werden!«
*Der Schriftsteller Ho Mun Gil und das Drehbuch über
eine wahre Geschichte*

Ho Mun Gil ist einer der bekanntesten Schriftsteller Nordkoreas. Er hat mehr Werke als jeder andere Autor im Land
veröffentlicht. Also fragte ich die Partner, die mir halfen, das
Programm für meine Begegnungen zu organisieren, ob ich ihn
kennenlernen könnte. Der Wunsch wurde ihm über den nordkoreanischen Schriftstellerverband mitgeteilt, und zu meiner
Freude stimmte er zu. Er kam zu meinem Hotel, dem Pjöngjang Hotel, und wir ließen uns in einem vorbereiteten Zimmer
mit Sesseln und Tischchen nieder. Ho Mun Gil, 71 Jahre alt,
schlank, gern lächelnd, zeigte sich mir, dem Ausländer gegenüber, sehr offen. Er wurde von dem mit ihm befreundeten jüngeren Schriftsteller Choe Hung Rok begleitet.
Ho Mun Gil hat den Krieg als kleines Kind erlebt. Er hatte fünf
Brüder. Die Familie lebte in einem Dorf von 100 Haushalten im
äußersten Norden Koreas. Der Vater war Bauer. Auch die
Großeltern waren Bauern. Aber in einer Hinsicht war der Vater
anders als viele andere: Er liebte Bücher. Zu Ho Mun Gil, seinem drittältesten Sohn, sagte er einmal voller Überzeugung: »Du
wirst Schriftsteller!« Nach dem Schulabschluss, mit 17, verließ
Ho das Dorf. Er ging zur Armee und wurde Soldat. Sieben Jahre
lang war er Soldat, dann schaffte er es auf die Kim-Il-Sung-
Universität in Pjöngjang und studierte Literatur. Nach dem Stu-

*Der Romancier und
Drehbuchautor Ho Mun Gil*

dienabschluss schrieb er den Roman »Die Tage an der Universität«, der ihm einen gewissen Erfolg brachte. Sein Traum war,
Berufsschriftsteller zu werden. Doch das konnte er nicht selbst
entscheiden. Er war lange Zeit in der Verwaltung bei der Vereinigung der Jugend angestellt, und diesen Posten konnte er nach
den Regeln nicht einfach auf eigenen Entschluss verlassen.
»Irgendwann, da war ich bereits 53«, sagte er, »schrieb ich einen
Brief an unseren Führer Kim Jong Il. Zwar hatte ich schon einige
Romane veröffentlicht, konnte aber keineswegs als namhaft oder
gar berühmt bezeichnet werden. Ich schrieb ihm, dass ich gern
ausschließlich als Schriftsteller arbeiten würde.«

*Ich unterbrach Ho: »Waren Sie mit Kim Jong Il persönlich be-
kannt?«*

»Nein«, sagte er, ohne weiter auszuführen, als ob alles ganz normal sei. Darauf sagte meine Dolmetscherin mir, ebenso locker
und direkt: »Jeder hat das Recht, an den Führer zu schreiben.«
Nun, meine Frage ging ein wenig in eine andere Richtung, aber
egal. Kim Jong Il, erfuhr ich, hatte Verständnis für Hos Wunsch,
und von da an änderte sich Hos Arbeitsleben. Bis heute hat er
21 Romane und sechs Sachbücher veröffentlicht, außerdem zwei
Drehbücher. Drei seiner Romane wurden verfilmt, drei weitere
befinden sich in Vorbereitung für eine Verfilmung. Kernthema

seiner Bücher sind die unendlichen Auswirkungen der Spaltung des Landes auf die Gesellschaft. »Diese Spaltung bezeichnet das Leid unseres Volkes und ist der Grund, dass ich mich auf dieses Thema konzentriere.«

Sein bedeutendstes Werk der letzten Jahre ist der Roman »Der Fluss Rimjin« über die Trennung von zwei Liebenden durch die Schrecken des Krieges. Der Mann, aus dem Norden, macht sich auf den Weg nach Süden, um die Geliebte zu suchen, die aus dem Süden stammt, aber von der durch die Verhältnisse im Land keine Nachricht mehr durchkommt. Er wird als Spion verhaftet. Zur gleichen Zeit reist die Frau nach Norden, sie sucht nach dem Mann. Gerade als sie im Norden ankommt, wird die Waffenstillstandsgrenze zwischen Nord und Süd festgelegt, die von da an nicht mehr überquert werden kann, in keine Richtung. Das Sehnen der Liebenden, ihr Nichtwissen um das Schicksal des anderen erscheint für die Ewigkeit hoffnungslos. Es bleibt allein das Warten und die Wut.

Unser Gespräch konzentrierte sich nicht ausschließlich auf Schriftstellerei. So finde ich in meinen Notizen etwa auch die für mich bemerkenswerte Feststellung von Ho Mun Gil: »Die USA haben immer schon verbreitet, sie können Atombomben auf Nordkorea werfen. Das war Grund für so manche Mutter, den Sohn oder die Söhne aufzufordern – zu deren Lebenssicherheit – zu sehen, ob sie nach Süden durchkommen könnten.«

Es kam der Punkt, an dem ich aufhorchte, denn Ho Mun Gil sprach über sein Drehbuch »Engel in Flammen«, von dem ich gehört hatte. Es handelt von Isang Yun, der als deutscher Komponist koreanischer Abstammung gilt. Yun wurde 1967 von Deutschland nach Südkorea entführt, des Landesverrats angeklagt und in Seoul ins Gefängnis geworfen. Wie DIE ZEIT damals schrieb, galt er unter Sachkennern als »einer der bedeutendsten lebenden Komponisten«.

»Isang Yun« ist die in Deutschland übliche Schreibweise des Namens. Auf Koreanisch lautet sein Name Yun Yi Sang, der

Familienname Yun ist vorangestellt. Die Koreaner sind stolz auf Isang Yun. In Nordkorea gibt es die »Yun Yi Sang Musikhalle«, das »Yun Yi Sang Institut für Musik« und das »Yun Yi Sang Orchester«.

Ho: »Das Drehbuch, der Film soll zeigen, wie Isang Yun mit dem Mittel der Musik Frieden in der Welt schaffen will. Der Süden wollte Yun benutzen, wollte ihn umkrempeln, wollte ihn von der Politik des Südens überzeugen. Doch Yun ließ das nicht mit sich machen.«

Am 17. Juni 1967 wurde Isang Yun, der seit über einem Jahrzehnt in Deutschland lebte, morgens um sieben Uhr in Berlin von zwei koreanischen Herren angerufen. Sie verabredeten ein Treffen in der Stadt. Von dort aus rief Yun seine Frau an, er müsse sofort zu wichtigen Gesprächen nach Bonn, Rom und Paris fliegen. Fünf Tage darauf wurde Frau Yun von der koreanischen Botschaft in Bonn angerufen, sie sei eingeladen, ihren Mann nach Paris zu begleiten, sie möge zusätzliche Kleidung für ihn einpakken, die Botschaft werde sich um ihre Reiseangelegenheiten kümmern. Sie verabschiedete sich von ihren zwei Kindern. Tage später wurden sie und ihr Mann in Seoul ins Gefängnis geworfen, entführt von der Korean Central Intelligence Agency (KCIA), dem südkoreanischen Geheimdienst. Für Isang Yun kündigte der südkoreanische Generalstaatsanwalt den Antrag auf Todesstrafe an. Yun und sechzehn weitere Koreaner aus Westdeutschland wurden beschuldigt, im Kontakt mit nordkoreanischen Stellen die Revolution gegen das Regime in Südkorea zu planen. So ist es beschrieben in der ZEIT vom 20. Oktober 1967, in dem aufsehenerregenden Artikel »Die Entführung des Isang Yun – Ein Plädoyer für die Freilassung des koreanischen Komponisten«.

Die westdeutsche Regierung veranlasste zwar die Ausreise von drei südkoreanischen Botschaftsmitarbeitern. Doch im weiteren Verlauf hieß es, eine Entführung sei in dem Fall nicht beweisbar, und Ausländer könnten nicht gehindert werden, »freiwillig« die Heimat zu besuchen. Die Rede von Freiwilligkeit wurde allein vom offiziellen Deutschland vertreten. Isang Yun hatte nachweisbar keine einzige seiner gewichtigen Verabredungen für die folgenden Tage in Kiel, Berlin, Bonn, Amsterdam oder Köln abgesagt. Die Freiwilligkeitsthese jedenfalls ersparte der Bundesanwaltschaft »Ermittlungen wegen Verschleppung (§ 234a StGB), die nach Bonner Informationen sehr wahrscheinlich einen Täterkreis einbeziehen müssten, mit dem die Bundesanwaltschaft seit Jahren zusammenarbeitet: nämlich den deutschen Geheimdienst« (so der Zeitungsartikel).

In der Frankfurter Allgemeinen Zeitung vom 18. Juli 1967 heißt es, »in unterrichteten Kreisen Bonns« gelte es »als wahrscheinlich, dass die Entführung von siebzehn südkoreanischen Bürgern durch den Geheimdienst Südkoreas aus der Bundesrepublik nicht ohne Hilfe und Kenntnis bestimmter deutscher Stellen und möglicherweise unter Mitwirkung auf dem Boden der Bundesrepublik stationierter alliierter Streitkräfte habe geschehen können. Die Rolle des deutschen Geheimdienstes, der an dem Unternehmen mitgewirkt haben soll, ist noch unklar. Es liegen aber Informationen darüber vor, dass mit seiner Hilfe die Namen der Betroffenen festgestellt worden seien. Ferner soll es seine Sache gewesen sein, die Wohnungen der Südkoreaner zu finden und sie so lange zu ›observieren‹, bis die südkoreanischen Geheimdienstbeamten eingreifen konnten. Weiter heißt es, dass vor dem Eintreffen der etwa fünfzig südkoreanischen Geheimdienstbeamten fünf bis sieben Personen als Vorkommando die Aktion vorbereitet hätten.« Die Dementis der Bundesregierung sowie der Bundesanwaltschaft gegen diese Meldungen ließen, so DIE ZEIT, »manchen Zweifel offen«. Ist Isang Yun »das Opfer einer antikommunistischen Verschwörung des südkoreanischen und des deutschen Geheimdienstes geworden? Bonns Tatenlosigkeit trägt wenig dazu bei, den Verdacht zu entkräften.«

Isang Yun wurde am 17. September 1917 geboren, im Süden von Korea, seine Mutter stammte aus einer bäuerlichen Familie, der

Vater, Yun Ki Huon, war Dichter. Yun bekundete: »Ich bin so glücklich, dass ich in einer ländlichen Umgebung mit alten Traditionen und mit der Natur, wunderbarer Natur, aufgewachsen bin. Das ist alles in mir tief als musikalische Quelle geblieben.« Er lebte mit seinen Eltern in der Stadt Tongyeong. Doch es gab in der Zeit einen anderen Einfluss, der dem jungen Yun zu schaffen machte, nämlich dass Korea von der Kolonialmacht Japan besetzt und maßlos unterdrückt wurde. Die koreanischen Menschen wurden gezwungen, ihre ureigene Sprache aufzugeben und die japanische Sprache, japanische Namen sowie japanisches Wesen anzunehmen. Yun arbeitete als Volksschullehrer, komponierte Lieder und erhielt Unterricht in Violoncello. Er schloss sich dem Widerstand an und wurde 1943 ins Gefängnis geworfen, gefoltert, nach zwei Monaten freigelassen. 1945 endete die japanische Besatzung. 1953 zog Yun nach Seoul, 1956 gewann er für sein erstes Streichquartett den Kulturpreis der Stadt Seoul, der ihm ein Studium in Europa ermöglichte. Er machte sich auf nach Europa, zuerst nach Paris und sehr bald nach Berlin. Da war er vierzig. Er besuchte bei Boris Blacher die Klasse für Komposition und bei Josef Rufer die Zwölftonkurse und schrieb darauf das Orchesterstück »Bara«. 1959 schloss er in Westberlin sein Studium an der Hochschule für Musik ab (heute: Universität der Künste). Es dauerte weitere fünf Jahre, bis er sich 1964 entschied, in Berlin zu bleiben. 1966 erlebte er auf dem Festival in Donaueschingen mit seinem Orchesterwerk »Reak« maßgeblichen internationalen Erfolg.

Von Anfang an, also seit 1961, war Isang Yun Kritiker des südkoreanischen diktatorischen Regimes von Park Chung Hee. Über Nordkoreas Botschaft in Ostberlin bahnte er Verbindungen zum Norden an, den er auch persönlich besuchte. Der Yun-Experte Walter-Wolfgang Sparrer schreibt darüber: »Isang Yun wurde entführt wegen seiner Kontakte zur nordkoreanischen Botschaft und des Besuchs von Nordkorea 1963.« Das Regime in Seoul denunzierte ihn als Spion und benutzte ihn in der Folge als Spielball.

Die Wahrheit ist, wie Hyoung Jin in einem Beitrag für das Goethe-Institut Korea von 2017 formuliert, Isang Yun »war im Laufe
seines Lebens nicht nur Komponist, sondern auch Musiker,
Künstler, Sprachrohr der Unterdrückten sowie ein Mensch, der
universelle Brüderlichkeit vorlebte. Als Nomade bereiste er die
Welt und überschritt dabei immer wieder die Grenzen zwischen
verschiedenen Kulturen.« Mittels seiner Musik bemühte er sich,
die Wiedervereinigung seines Landes zu unterstützen.

Yun war am Ende des sogenannten Gerichtsprozesses und nach
Folter in Seoul zu lebenslänglichem Gefängnis verurteilt worden. Doch die zahlreichen internationalen Proteste und Demonstrationen waren zu gravierend für das Regime in Südkorea. 181
bedeutendste Musiker der Welt hatten seine Freilassung verlangt, darunter Strawinsky, Schostakowitsch, György Ligeti,
Herbert von Karajan. 1969, nach zwei Jahren, konnte er daher
das Gefängnis verlassen. In einem Interview nach seiner Rückkehr nach Deutschland sagte Yun: »Ich möchte in Ruhe weiter
komponieren können. Das ist alles, was ich hoffe: in Frieden zu
leben und weiter immer gute Musik zu schreiben.« Er erhielt die
deutsche Staatsbürgerschaft und wurde Professor für Komposition an der Hochschule der Künste in Berlin.

Gegen die Gewalt der Militärdiktatur, die im Mai 1980 den Auf-
stand der Bevölkerung im südkoreanischen Gwangju brutalst
niederschlug, schuf Isang Yun die Tondichtung »Exemplum in
memoriam Kwangju«. Sie wurde exakt ein Jahr nach dem Auf-
stand vom Rundfunk-Sinfonieorchester des Westdeutschen
Rundfunks in Köln uraufgeführt. Bald darauf nahm auch Nordkorea diesen Titel in das Repertoire außergewöhnlicher Werke
auf. Yuns Hoffnung in seinen Werken war genau die Überwin-
dung der Spaltung der Nation, die Herbeiführung der Einheit,
zwischen den Systemen im Norden und im Süden zu vermitteln.
Besonders drückt diesen Gedanken sein Oratorium »Mein
Land, mein Volk!« aus, das mit dem Ruf nach Wiedervereinigung endet. Yun: »Ich war so ratlos, wie ich dieses Ereignis (die

Spaltung) in meiner Musik irgendwie zum Ausdruck bringen konnte. Ich habe strikt abgelehnt, diese nackte Realität in Musik umzusetzen. Aber auf die Dauer ging es nicht.«

Weiter betonte Yun, wir dürften heute nicht nur Asiaten oder Europäer sein, denn die Welt bewege sich unablässig, und alles gehöre zusammen. Jeder Hörer seiner Musik »sieht meine Position zwischen Osten und Westen anders, und das ist richtig so. Man kann meine Musik so oder so hören, als östliche oder als westliche. Dass man das kann, bezeichnet genau meinen Ort.«

Was ist es, das die Musik von Isang Yun auszeichnet? Wo, um es so auszudrücken, treffen sich südkoreanische Musiktradition und westliche Musik? Die Flötistin Roswitha Staege, die an der Aufführung zahlreicher Werke von Isang Yun beteiligt war, drückte es im Juni 2018 im Deutschlandfunk folgendermaßen aus: »Ich empfinde seine Musik als hoch expressiv. Wahrscheinlich, weil so viel Koreanisches, Asiatisches an Ausdruck mitschwingt. Zum Beispiel die Phrasierung ist anders, die Artikulation ist anders. Im Zentrum steht ein Ton, ein langer Ton. Unsere westliche Musik bezieht sich auf Harmonie, also vertikal, und Melodie, horizontal. Ein Ton ist bei uns wirklich nichts. Der ist nur wichtig im Zusammenhang mit anderen Tönen, sei es mitklingend oder folgend. Das ist bei Yun nicht so! Der eine Ton ist so lebendig, mit seinem Anfang und wie er sich bewegt, verschiedene Vibrati, verschiedene Ornamentik – der eine Ton ist quasi schon eine Phrase! Und das ist eine vollkommen andere Herangehensweise an Musik.«

Der Cellist Mischa Meyer und der Oboist Thomas Hecker äußerten sich gemeinsam über Isang Yuns Techniken: »Je mehr man hört von ihm, desto mehr hört man die Anklänge an die asiatischen Instrumente. Das ist interessant, weil die klassischen Instrumente, wie jetzt mein Cello, oft auch wie Schlaginstrumente verwendet werden. Das sind zum Teil neue Techniken, die man lernen muss. Es ist auch eine andere Tonsprache. Es geht sehr viel mehr um Vibrato, wie schnell man vibriert, wie stark die Amplitude ist, das wird sehr stark ausgereizt. Das Stück ›Piri‹, das ich heute spiele, ist nach einem Instrument aus Korea benannt, der Oboe relativ ähnlich, aber man kann eben diese Glissandi über mehrere Takte viel natürlicher spielen als auf der Oboe. Das muss man sich erst langsam erarbeiten.«

Isang Yun starb am 3. November 1995 in Berlin. Er erhielt ein Ehrengrab der Stadt. Im Jahr 1988 war er mit dem Großen Bundesverdienstkreuz ausgezeichnet worden. Vor seinem Ableben wurden vom Philharmonieorchester Tokio in der Suntory-Halle in Tokio sein Werk »Engel in Flammen mit Epilog« und in Berlin sein »Quintett für Klarinette und Streichquartett II« uraufgeführt. Es war ihm bis zum Ende seines Lebens versagt geblieben, in seine Heimat Südkorea zurückzukehren. Erst seit 2017 ist er dort voll rehabilitiert.

»Er besuchte Nordkorea«, betonte Ho Mun Gil und sah mich gedankenvoll an. Er hat Isang Yun persönlich getroffen, bei dessen Besuch in Pjöngjang, auch Isang Yuns Frau. Das war nach der Entlassung aus dem Gefängnis. Ho: »Er ist der einzige Koreaner, nach dem im Süden wie im Norden unseres Landes bestimmte Gebäude benannt worden sind.«

Und dann drückte Ho Mun Gil die Hoffnung aus, sein Drehbuch »Engel in Flammen« könnte eine koreanisch-deutsche Film-Koproduktion werden. »Wäre das nicht passend?«, fragte er und lächelte. Er schien sichtlich bewegt. »Wenn Sie interessiert sind«, sagte er, »oder wenn Deutschland interessiert ist, können wir für die Produktion eines solchen Films über Isang Yun in verschiedener Hinsicht kooperieren, die Schauspieler betreffend zum Beispiel. Es gibt viele Möglichkeiten. Ich meine, das könnte ein großes Thema werden.«

Ich darauf: »Sehr spannend! Wirklich eine packende Idee! Die Welt braucht Menschen, die so klug und mutig und weltoffen sind wie Isang Yun. Ich werde mich umhören. Ich bleibe mit Ihnen in Verbindung!«

»Ja, melden Sie sich. Ich kann hier Dinge in Bewegung setzen.« Ho Mun Gil hat im Alter von 29 geheiratet. Seine Frau ist Ärztin. Sie haben einen Sohn und eine Tochter. Der Sohn hat Japanisch studiert, die Tochter Wirtschaft. Ho hätte gern, sagt er in schöner Offenheit, dass mindestens eines seiner Kinder schriftstellerisch tätig wird, aber beide sind bis heute nicht daran interessiert. Als sei dies für ihn eine ziemliche Niederlage, hofft er nun auf die Enkel.

»Also denke ich«, sagte ich lachend, »muss in der Familie wohl mindestens Ihre Frau Sie bewundern?«

Ho Mun Gil: »Wie gesagt, sie ist Ärztin. Sie interessiert sich leider überhaupt nicht für Literatur. Sie hat meines Wissens, jedenfalls ist das mein Eindruck, kein einziges meiner Bücher vollständig gelesen! Vielleicht mal jeweils um die sechs Seiten durchgesehen. Sie hat kein Gefühl, kein Verständnis für die Anstrengung, die es verlangt, einen Roman zu schreiben. Einen Roman zu schreiben, sagt sie, das ist doch gar nichts! Andererseits ist sie Ärztin und kümmert sich gut um meine Gesundheit. Aber manchmal schicke ich sie zu den Kindern. Nach einem Monat will ich, dass sie zurückkommt. Aber dann will sie nicht. Darauf reagiere ich natürlich und sage etwa: ›Gut, ich nehme mir eine neue Frau!‹ Dann kommt sie ganz schnell zu mir zurück! So oder so, jedesmal, wenn ein neues Buch von mir erscheint, will sie unbedingt 15 Exemplare haben.«

Zum Jahresende findet immer die große Konferenz der Schriftsteller statt. Zu diesem Anlass im Jahr 2006, sagte Ho, »wurde mir, damals für mich eine gewaltige Überraschung, der Kim-Il-Sung-Preis verliehen! Ich hatte in den fünf vorangehenden Jahren neun Bücher veröffentlicht, und den Preis erhielt ich für diese Werke.«

»*Eine ›gewaltige Überraschung‹, oh, ich kann Ihre Gefühle sehr gut nachvollziehen! Verstehe ich richtig, der Preis wird gewöhnlich nicht allein für einen besonderen Titel, sondern für ein Gesamtwerk verliehen?*«

»Richtig. Jedenfalls war es eine ziemliche Überraschung!«

Ich fragte Ho Mun Gil, wie er als Schriftsteller den Kontakt mit den Menschen, mit der Gesellschaft und mit all dem Leben der gewöhnlichen Bevölkerung hält.

»Bei uns im Land wird gerade dieser Aspekt immer wieder betont«, antwortete er, »dass ein Autor aktiv Verbindung hält mit der uns alle umgebenden Gesellschaft. Ich treffe häufig Kämpfer, die den Krieg erlebt haben, und tausche mich mit ihnen aus, ebenso mit Bauern und Arbeitern, und reflektiere über deren Erfahrungen, Gedanken und Standpunkte. Das brauchen wir. Autoren betrachten es als ihre Aufgabe, immer wieder mal eine Zeit im Dorf zu leben oder in der Fabrik zu arbeiten, manchmal auch für Jahre! Wie es bei uns heißt: Man muss den Boden, die Pflanzen, das Erdöl *riechen*!«

»*Sie stammen aus dem Dorf, leben aber in der Stadt. Vermissen Sie das Dorf, oder, genauer: Ihr Dorf?*«

»Ich vermisse mein Dorf mehr und mehr, je älter ich werde! Tatsächlich war ich seit fünf Jahren nicht mehr dort. Das hat mit dem Alter und der Gesundheit zu tun. Denn die Reise ist anstrengend und dauert mit Zug und Bus einen ganzen Tag. Auch der Tiger, wie wir es ausdrücken, wenn er sich auf das Sterben vorbereitet, sucht den Weg zurück zu seinem Ursprung. Daher sage ich zu meinen Kindern: Wenn ich sterbe, bringt mich in mein Dorf!«